Wolf Ruede-Wissmann

FRAUEN WEHRT EUCH

Erfolgreich kämpfen in der Männerwelt

Wolf Ruede-Wissmann

FRAUEN WEHRT EUCH

Erfolgreich kämpfen in der Männerwelt

Wirtschaftsverlag Langen Müller/Herbig

Schutzumschlag: Wolfgang Heinzel
Illustrationen: Gert Wiescher, München
Satz: Fotosatz Völkl, Puchheim
Druck: Jos. C. Huber KG, Dießen
Gedruckt auf chlorfrei gebleichtem Papier
Binden: Großbuchbinderei Monheim
Printed in Germany
ISBN: 3-7844-7327-X

Inhalt

»Vor«-Wort
… natürlich von einem Mann …!

Warum dieses Buch?

»Muß das denn unbedingt sein?« – bis heute kann ich nicht einschätzen, ob diese Frage, die mir Männer auf meinen Hinweis, dieses Buch zu schreiben, ironisch oder ehrlich gemeint war. Auch Schmunzelantworten gab es: *»Verraten Sie doch nicht alles …!«*

THE BEST MAN FOR THIS JOB IS USUALLY A WOMAN.

Das sagten mir einige Frauen. Die Begründung zielte vor allem auf die Psyche von Frauen, die für Männer eben nicht immer zugänglich sei. Schlußfolgernd daraus, so diese Frauen, muß beachtet werden, daß Frauen mit »Waffen« kämpfen können, gegen die Männer meistens keine Chance haben. Und die Realität? Unsere Gesellschaft wird nach wie vor von Männern beherrscht. Zugegeben: Frauen wehren sich. Doch wie? Die Männer werden auf die »Anklagebank« gesetzt. Einschlägige Gazetten »emanzipierter Frauen« heizen mit geradezu hanebüchenen Beispielen die Stimmung an und empfehlen sogar den »Liebesentzug« für Männer (erwünscht: Lysistrata-Effekt). Das mag in dem einen oder anderen Fall eine recht originelle Empfehlung sein, doch die Mehrzahl der Frauen ist in die Alltagswelt so eingebunden, daß eine wie auch immer geartete »Revolution gegen die Männer« eine Utopie ist. Welches Risiko kann und darf z. B. eine Mutter mit Kindern eingehen? Was soll eine Verwaltungsangestellte gegen die Kollegen und ihren Chef im Amt ausrichten? Welche Chance hat eine Redakteurin in einer Tageszeitung, ständig gegen das Patriarchat zu wettern? Wo und wann soll man/frau beginnen – und wie endet es? Und das Wichtigste: Will die Mehrzahl der Frauen überhaupt »Revolution«? Sind nicht die meisten Frauen in *ihrer* Welt zufrieden und glücklich?

Darauf hat ohne Zweifel jede Leserin »ihre Antwort«. Doch in

diesem Buch geht es nicht um »Revolution«, die nur zur weiteren Dissoziation mit der Männerwelt führen würde, sondern um ganz pragmatische, wirkungsvolle Hilfen, »als Frau in der Männerwelt erfolgreich zu kämpfen«.
Es geht um die *konkrete Gleichberechtigung* der Frau und nicht darum, die alten Fehler zu wiederholen. Und es wäre ein unsinniges, naives Ziel, die Männer »auszugrenzen«. Alle Bereiche unseres Lebens werden überwiegend in der Gemeinschaft gestaltet – und das wird voraussichtlich so bleiben. Aber: Es muß eine *gleichberechtigte* Gemeinschaft werden.
Dieses Ziel ist durchsetzbar. Aber um dieses Ziel zu erreichen, muß neben der »Psyche einer Frau« auch akzeptiert werden, daß es eine »Psyche des Mannes« gibt, die durchaus für das weibliche Geschlecht eine Blackbox sein kann. Kennen Sie die »Psyche der Männer« wirklich? Sind wir Männer einfacher strukturiert und damit leichter zu erkennen und zu durchschauen?

In den letzten Jahren stürzte eine Flut von Schriften wissenschaftlicher und populärwissenschaftlicher Art über dieses Thema auf Männer und Frauen ein. Es wird unterstellt, daß vielfältige Formen des Patriarchats, was die Nicht-Chancengleichheit der Frauen anbelangt, eine gesellschaftliche »Krankheit« sind. Doch alle wissen, daß eine Krankheit nicht dadurch bekämpft wird, daß man sie bedauert, bejammert und geduldig erträgt, sondern daß man sie analysiert, um eine richtige Diagnose zu erstellen, die zu einer heilsamen Therapie führt. Stimmt allerdings die Analyse nicht, ist auch die Diagnose falsch, und letztlich ist dann eine darauf aufbauende Therapie reine Glückssache.

Die Männerwelt ist eine eigene Welt, mit Männergesetzen, Refugien der Macht und spezifischem Männerverhalten, seit Jahrtausenden gewachsen – das ist sicherlich keine neue Erkenntnis. Aber sie stimmt immer noch und hat Konsequenzen. Wenn Sie z. B. eine Arbeitsstelle haben, in der vorwiegend Männer beschäftigt sind, dann kann es Ihnen für eine begrenzte Zeit gelingen, mit weiblichem Charme und Liebenswürdigkeit die Männer zu fesseln. Diese »Waffe der Frau« jedoch ständig einzusetzen heißt, daß Sie »Grenzgängerin« sind, denn die Grenzen zwischen

Charme und »Hoffnungmachen« sind für Männer nicht immer genau erkennbar. Und vielleicht macht sich ein Mann an Ihrem Arbeitsplatz »Hoffnungen«. Wenn Sie ihm diese nicht erfüllen und er Ihnen dennoch in den Po kneift oder an den Busen grabscht, werden Sie »Maßnahmen ergreifen«. Wenn es offensichtlich zu schamlos wird, greifen rechtliche Maßnahmen. Es gibt aber auch Maßnahmen (wenn Sie die klassische Ohrfeige nicht zum »Maß aller Dinge« erheben wollen oder können), die mit Ihnen selbst, respektive mit Ihren Fähigkeiten und Ihrem Selbstbewußtsein zu tun haben. Wie oft kommt es vor, daß ein Mann eine selbstbewußte Frau, die rhetorisch scharfzüngig ist, »ungestraft« in den Po kneift?

In der Tat gilt in unserer Gesellschaft »ein anderes Reglement«, aber leider kein gleichberechtigtes, trotz aller Gesetze. Darum haben sich viele Frauen eine »Subkultur« geschaffen, in der sie auf »ihre« Art Macht ausüben. Wer z. B. als Handelsvertreter glaubt, er könne die Sekretärin seines potentiellen Kunden »übergehen«, wird (vermutlich) »überfahren«. Pfiffige Vertreter haben darum das Spiel raus: Sie fragen nach dem Namen der Sekretärin und sprechen diese damit häufig an, geben sich da und dort auch mal eher »hilflos«, vermeiden Macho-Gehabe, sind höflich ... und es soll auch Vertreter geben, die den »Vorzimmerdamen« ein paar Blumen auf den Tisch stellen, oder sonstige kleine Geschenke und Aufmerksamkeiten vorbeibringen. Der Vertreter, der das nicht macht, dennoch einen Termin beim Chef haben will und somit gegen die »Vertreter Höflich« beruflich antreten muß, wird schnell erfahren, welche Macht eine Frau in ihrer Subkultur haben kann. ...

»So weit brauchen Sie gar nicht zu gehen!« – sagten mir einige Kollegen, *»denn was glauben Sie, welche Maßnahmen sich Ehefrauen einfallen lassen. Es gibt genügend Fälle, da wäre es ein Hohn, von ›Gleichstellung‹ der Frau zu sprechen. Hilfeleistung hätte der Mann nötig ...!«* Eine selbstbewußte Frau sagte mir, daß es für die meisten Geschäftsfrauen Selbstwertprobleme nicht gäbe. Und für die anderen müßten Gleichstellungsprobleme auch nicht sein, wenn die Frauen nur die Courage aufbringen würden, sich mehr *durchzusetzen*. Doch es geht nicht um die »schon selbständigen Frauen«, nicht um die, die wissen, wie man sich erfolgreich wehrt,

nicht um die Kämpferinnen in der Politik, nicht um die (wenigen!) Frauen in den Führungsetagen, nicht um die wortgewandten Wissenschaftlerinnen, Journalistinnen, Moderatorinnen, Pädagoginnen, nicht um die »Frau an der Spitze«, usw.
Das Buch wendet sich an all jene Frauen, die DAS NICHT SIND!

Es geht um diejenigen Frauen, die staunend eine Diskussion mit rhetorisch geschulten Frauen im Fernsehen verfolgen, die den anwesenden Herren *»locker zeigen, wo der Bartel den Most holt«*, sich argumentativ durchsetzen können und sich auch nicht – von welchem männlichen Gehabe auch immer – beeindrucken lassen. Es geht um diejenigen, die daraus lernen wollen – aber eben nicht nur ideologisch, sondern vor allem auch praktisch. Praktisch heißt hier: **Was mache ich konkret jetzt, morgen, übermorgen?** Wie fange ich es an, mich zu wehren gegen den unverschämten Hausmeister, den großmäuligen Kollegen, den arroganten Chef, den ausgebufften Kunden, den Anmacher im Lokal usw.?

Es geht um die, die sich generell fragen: WIE wehre ich mich als Frau gegen die Widrigkeiten in unserer Gesellschaft und die männlichen Fallen? Und ganz konkret: Wie beginne ich? Was ist zu tun? Was muß ich beachten? Wo liegt der Nutzen für mich, was ist der Erfolg danach – und wo sind die Grenzen? Wo beginnt man, und – was noch wichtiger ist – wo endet alles? Dieses Buch gibt Ihnen Antworten auf diese Fragen.

Doch nicht alle Antworten kann ein Mann geben. Mit fachlichem Rat zu den Kapiteln 3 und 4 stand mir Frau **Aisha Rokovsky** zur Seite, die in vielen TV-Talkshows und Rundfunksendungen als anerkannte Typ-Beraterin zu Gast war. Gemeinsam führen wir seit vielen Jahren Frauenseminare in München durch.

München, im September 1994

Dr. Dr. Wolf Ruede-Wissmann
Postfach 22 13 40
80503 München

1. Einleitung
Die Frau sei dem Manne untertan ...?

Schon Ende des vorigen Jahrhunderts begannen die Frauen sich zu wehren, verspottet als »Blaustrümpfe« und »Flintenweiber«. In den letzten Jahren wurden zwar viele Gesetze zugunsten der Frauen geändert, doch von der absoluten Gleichstellung der Frau in unserer Gesellschaft sind wir noch meilenweit entfernt. In der Politik treibt man(n) Augenwischerei mit einer »Quotenregelung«, die den Verdacht nahelegt, daß es sich um eine sehr subtile, moderne »Abart« des Patriarchats handelt – ein von Männern inszenierter, »quotengeregelter Polit-Unfug«, der zwar »in« ist und von vielen Frauen beklatscht wird, sich aber letztlich wieder zu Lasten der Frauen auswirkt, weil »Masse« noch nie »Klasse« ersetzt hat. Beispiel »Frauen im Vorstand«. Eine einzige, fähige, kluge und wehrhafte Frau kann den ganzen bornierten Männer-Rest-Vorstand zur Verzweiflung bringen. Und daran sind wir Männer weiß Gott nicht interessiert. Wenn schon Quotenregelung, dann in »unserem« Sinne. Und so holt man(n) sich lieber zwei oder drei »Vorzeigefrauen« in die Führungscrew. Das hat viele Vorteile. Einer davon ist, daß man(n) die Frauen gegeneinander »ausspielen« kann, ein anderer, daß die Frauen selbst oft »aufeinander schießen«. Das tun Männer natürlich auch. Aber was haben *Sie* davon? *»Teile und herrsche«* – war das erfolgreiche römische Cäsaren-Prinzip. Fehler dürfen Frauen allerdings nicht machen, denn die zählen doppelt. Zwar gibt es überhaupt kein vernünftiges Argument, warum Männer weniger Fehler machen als Frauen, aber da sind wir beim Kern: Fehler der Männer sind eben anders und entschuldbar obendrein.
Der »Männerbonus« hilft dabei ...!

Es gibt auch einen »Frauenbonus«. Der schmeichelt allerdings den Frauen nicht gerade, denn er lebt von Vorurteilen, Klischees und eher Dümmlichkeiten gegenüber den Frauen. So muß sich der weitaus größte Teil der Frauen in sehr vielfältiger Form gegenüber Männern durchsetzen. Viele Frauen scheitern. Es gibt berufstätige Frauen, die haben darum eine eigene »Subkultur«

entwickelt, sich z. B. durch den Aufbau eines Machtrefugiums eine Waffe gegen Männer zu schaffen. Das kann der »Informationsvorbehalt« sein oder spezielle Kenntnisse, die eben der Chef nicht besitzt oder kennt. Daß so mancher Chef ohne seine Sekretärin »aufgeschmissen« wäre, ist ein bekanntes Thema, und stolz erzählten mir Mitarbeiterinnen von diesem selbsterschaffenen »Refugium«. Sie konnten mir allerdings nicht erzählen, wie sich das auf die Wertigkeit ihrer Person und damit ... auf ihr Gehalt auswirkt. Wie selbstverständlich – und oft kopfschüttelnd – erklärten sie mir, daß sie *»durchaus höher bezahlt werden als vergleichsweise andere Kolleginnen«* ihres Berufes. Meine Frage, warum sie nicht *»vergleichsweise so bezahlt werden wie ihre männlichen* **Kollegen***«*, erzeugte eher ein resigniertes Achselzucken ...!

Verlassen wir diese Männerwelt und konzentrieren wir uns auf das vorliegende Buch und unsere Absichten.

Schlagen Sie nun, bevor Sie weiterlesen, unverzüglich die Seite 90 auf!

Der **größte Schwachpunkt vieler Frauen** ist:

mangelndes
1. **Selbstwertgefühl** ... und damit mangelnde
2. **Selbstsicherheit** ... und damit mangelndes
3. **Selbstbewußtsein.**

Es geht zunächst einmal darum, diese Schwachpunkte zu erkennen, abzustellen und auszumerzen!

Wenn Sie sich in der Männerwelt **erfolgreich und positiv durchsetzen** wollen, gleich, wo Sie sich befinden, ob am Arbeitsplatz, im Café, in der U-Bahn, im Sportverein, auf der Behörde, im Tanzlokal/in der Disco, beim Kunden, bei Freunden Ihres Mannes usw., **benötigen Sie Sicherheit und Vertrauen zu sich selbst und ... Selbstbewußtsein!** Wenn diese unerläßliche Voraussetzung fehlt, so fehlt das Fundament, auf dem Sie ein sicheres Haus bauen wollen. Ihre rhetorischen Waffen werden (oder sind) stumpf. Männer merken das sehr schnell und nutzen das aus.

Trainieren Sie Selbstbewußtsein! Das ist erlernbar!

Daß Unterdrückungsmechanismen durch die Zuweisung der Rolle als Frau nach wie vor auch heute noch zu finden sind, hat u. a. auch historisch-religiöse Gründe. Es soll in diesem Buch aber keine Abhandlung über das Entstehen dieser Mechanismen geführt, sondern es sollen lediglich einige Zitate aus drei Religionen dargestellt werden. Erstaunlicherweise sind sich ganz offenbar die großen Religionen, trotz erheblicher Unterschiede, in einem Punkt einig: Die Rolle der Frau. Die Zitate sprechen für sich:

---

34. Wie in allen Gemeinden der Heiligen lasset eure Weiber schweigen in der Gemeinde; denn es soll ihnen nicht zugelassen werden, daß sie reden, sondern sie sollen untertan sein, wie auch das Gesetz sagt.
35. Wollen sie aber etwas lernen, so lasset

sie daheim ihre Männer fragen. Es steht den Weibern übel an, in der Gemeinde zu reden.
Bibel, 1. Korinther, 14. Kap., Vers 34, 35

---

18. Ihr Weiber, seid untertan euren Männern in dem Herrn, wie sich's gebührt.
Bibel, Kolosser, 3. Kap., Vers 18

---

35. Die Männer sind die Verantwortlichen über die Frauen, weil Allah die einen vor den andern ausgezeichnet hat und weil sie von ihrem Vermögen hingeben. Darum sind tugendhafte Frauen die Gehorsamen und die (ihrer Gatten) Geheimnisse mit Allahs Hilfe wahren. Und jene, von denen ihr Widerspenstigkeit befürchtet, ermahnt sie, laßt sie allein in den Betten und straft sie. Wenn sie euch dann gehorchen, so sucht keine Ausrede gegen sie; Allah ist erhaben, groß.
OUR-AN (Koran), Sura 4:35

Ein Mann sollte seine Frau respektvoll, freundlich und aufrichtig behandeln. Er sollte ihr den Haushalt überlassen und für die Befriedigung ihrer Bedürfnisse, wie z. B. den Kauf von Schmuck, sorgen. Gleichzeitig sollte sich eine Frau mit dem Haushalt Mühe geben, die Bediensteten weise führen und ihre Tugend als eine gute Ehefrau bewahren. Sie sollte das Einkommen ihres Mannes nicht vergeuden und den Haushalt anständig und gewissenhaft führen. Wenn diese Regeln befolgt werden, wird ein glückliches Heim erhalten bleiben, und es wird keinen Streit geben.
BUDDHA, Die Brüderlichkeit, zweites Kapitel, »Das Familienleben«

»Mit den Waffen einer Frau« – das ist ein schöner Filmtitel und suggeriert drehbuchgerecht durch eine vorausgeplante Handlung, hübsche Dialoge und schöne Schauspieler/innen eine zunächst rauhe, uneinnehmbare, aber dann durchaus ritterliche Männerwelt, die letztlich vor dem Charme und der verzeihlichen Raffinesse der Hauptdarstellerin dahinschmilzt und sich lächelnd mit einem Handkuß »geschlagen« gibt. *Ende des Films.*
Das wirkliche Leben schreibt andere Drehbücher.

Nun denn, meine Damen! Auf geht's! Stellen Sie die Klingel und das Telefon ab, seien Sie aufmerksam, strengen Sie Ihr hübsches Köpfchen an, lesen Sie sorgfältig Seite für Seite durch (wenn nötig, zweimal!), beachten Sie genau, was ich Ihnen mitteile, denn wir trainieren jetzt **»Selbstbewußtsein für Frauen«!**

Und zwar im nächsten Kapitel. Jetzt sofort umblättern!

2. Training des Selbstbewußtseins für Frauen

2.1 Geseire aus dem Patriarchat – da haben Sie drauf gewartet ...

Es wurde schon mehrfach einen »Ton angeschlagen«, der als alles andere als freundlich und verbindlich bezeichnet werden kann. Wenn Sie das nicht mögen und sich darüber möglicherweise ärgern, so freut mich das. Das ist keine neuerliche Attacke, sondern soll nur meine Absicht verdeutlichen, daß ich Sie ständig an bekannte, oft subtile Formen der Autorität, des Patriarchats erinnere. Natürlich würde es ausreichen, Ihnen das nur einmal drastisch vorzuführen. Aber erreiche ich damit die Sensibilisierung, die erforderlich ist, um jeder Form der Manipulation vorzubeugen? Es muß gelingen, daß Ihnen ein »gesundes Mißtrauen« in Fleisch und Blut übergeht und Sie nahezu automatisch »die Antennen ausfahren«, um jeglichen Überrumpelungsversuchen zu widerstehen.

Das Risiko, welches ich als Autor dabei eingehe, ist nicht unerheblich. Denn eine ständige Nerverei der Leserin könnte auch dazu führen, daß Sie das Buch in die Ecke feuern – oder schlimmer noch: Sie verschenken es! Dann müssen Sie sich halt weiterhin mit Ihren jetzigen Mitteln in der Männerwelt herumplagen. Darum: In diesem Buch geht es nicht um einen »Schönheitspreis«, den der Autor gewinnen will. Doch bitte beachten Sie auch eine Tatsache: Wir Männer sind oftmals einfach strukturiert und daher leicht zu führen, wenn ***frau*** es versteht, denn abgesehen von einigen »komplizierten Exemplaren« lieben Männer meistens einfache Wahrheiten. Der überwiegende Teil der Männer ist berufsorientiert und möchte – wie die Frauen ebenfalls – in eine Partnerschaft eingebunden sein, die vor allem auf Vertrauen, Verständnis und Liebe gegründet ist und damit familiären Rückhalt bietet. Doch viele Beziehungen scheitern, obwohl sie so hoffnungsvoll begannen: Das erste Kennenlernen, das »unsterbliche« Verlieben und die Wünsche für eine gemeinsame Zukunft. Aber welche Fehler wir immer machen und wie immer das Ende einer Beziehung auch aussehen mag: Wir verlieben uns stets aufs neue. Das ist das Schöne, Wunderbare an der Liebe. Sich zu verlieben heißt auch, träumen zu dürfen von einem Menschen, den man sich »vorstellt«, zu träumen von einer zauberhaften Frau. Ich gebe es gerne zu, daß dieser Gedanke äußerst reizvoll ist. In Gottes Garten blühen viele Blumen, und welche Vielfalt von Reizen, Charme und Schönheit, welche interessanten Frauen kann ich doch über dieses Buch erreichen. Ein unendlich schöner Gedanke, der zur Versonnenheit einlädt. Wie gerne würde ich Sie kennenlernen, mit Ihnen in ein zauberhaftes Lokal gehen, um uns von den wundervollen Genüssen wider alle Vernunft verführen zu lassen, um im Schein von romantischen Kerzen Sie zu sehen, anzusehen, miteinander zu reden über Gott und die Welt, über die Liebe, das Leben, über alles. Über Reisen an die schönsten Plätze dieser Welt würde ich mit Ihnen sprechen, mit Ihnen tanzen, lachen und lustig sein …

… Sie mit meinen Fingerspitzen zärtlich streicheln, berühren und Ihren Atem spüren, Ihre weiche Haut sanft mit meinen Lippen entdecken, erleben dürfen, wie Sie sich bewegen, an mich schmiegen, Ihren wundervollen Duft genießen, Ihr glänzendes Haar bewundern, ganz nahe bei Ihnen sein, mit Ihnen träumen und gemeinsam in einer alles umhüllenden Nacht die Welt vergessen können; Nächte voller Leidenschaft und Liebe erleben, Nächte unendlicher Zärtlichkeit, die nur uns gehören …

Allerdings haben wir dafür keine Zeit!!

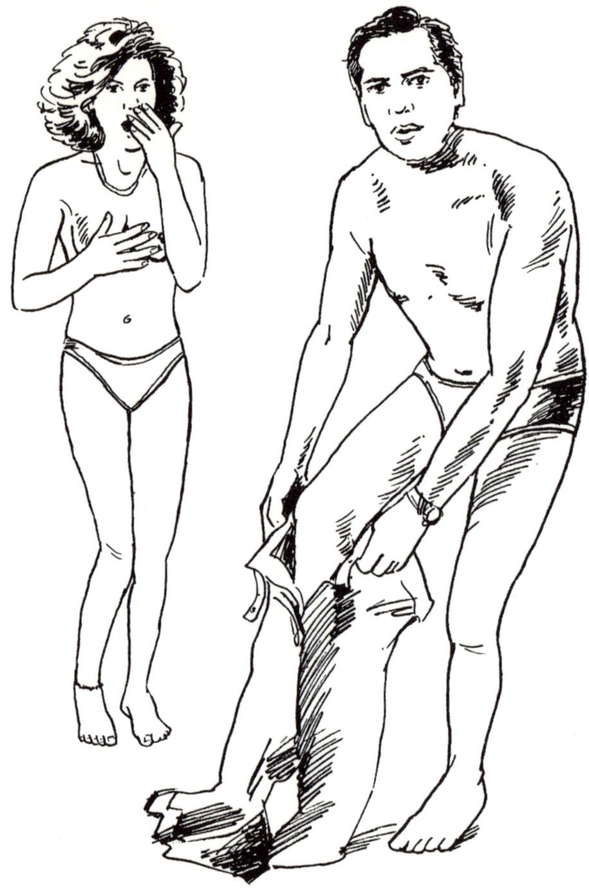

Jetzt werden die nächsten Kapitel durchgearbeitet!!

Alles klar? Falls nicht, so lesen Sie doch noch einmal die letzten Seiten, und seien Sie bitte das nächste Mal bei derartigem »Lover-Geseire« etwas kritischer ...!

Und seien Sie froh, daß es diesmal »nur im Buch geschah«! Was glauben Sie, was sich Männer alles einfallen lassen, um »ans Ziel zu kommen«? Und wenn Sie meinen, dabei gehe es immer nur um »das eine«, dann muß ich Sie erneut belehren. Zwar scheint diese Taktik auch bei Frauen als »weibliche Waffe« nicht ganz unbeliebt zu sein, aber wir Männer sind auch nicht völlig unbedarft. Und wenn Ihnen ein solcher Reinfall passiert, so wären Sie wahrlich nicht die erste Frau, der ein Mann auf diese Tour das Geld aus der Tasche zog, die einem Heiratsschwindler zum Opfer fiel oder betriebliche bzw. politische Geheimnisse ausplauderte. Dieses Mittel des seelischen, psychischen und oft genug sexuellen Abhängigmachens besonders von Frauen mittleren Alters ist sehr beliebt; übrigens nicht nur bei Agenten, die gerne auf die Zielgruppe »einsame Sekretärin« regelrecht »angesetzt« werden, nein, auch so manches strenggehütete Unternehmensgeheimnis wurde schon durch »schwach gemachte Info-Damen« auf diese Art und Weise der Industriespionage ausgeplaudert. Und was glauben Sie, was es für einen Wettbewerber bedeuten kann, frühzeitig zu wissen, daß sein schärfster Konkurrent mit dem Produkt AB zum Termin XY auf den Markt kommt ...!

Bestimmt werden Ihnen meine »Wechselbäder« nicht mehr so stark auf die Nerven gehen, wenn Sie sich in Erinnerung rufen, welche Möglichkeiten der Manipulation im zwischenmenschlichen Bereich, in den Geschlechterbeziehungen stecken. Aber auch hier muß Mißverständnissen vorgebeugt werden. Eine wie auch immer geartete Beziehung zwischen Ihnen und einem Mann, ob sie sich letztlich wie in meinem Beispiel oder anders zeigt und artikuliert, soll und darf keinesfalls nur von Zweifel und Mißtrauen begleitet werden – das wäre ja geradezu furchtbar. Es wäre das Ende jeden »menschlichen Kontaktes«, den wir für unsere Seele wie die Luft zum Atmen benötigen. Nein, angebracht ist ein ***gesundes Mißtrauen***, statt blinder Vertrautheit. Das zeigt sich erforderlichenfalls eben dann, wenn durch Ihre – sich *sicher* einstellende – Sensibilisierung bei bestimmten Verhaltensweisen des Mannes bei Ihnen »die Antennen ausfahren« bzw. die Alarmglocken schrillen. Einfache Fragen an sich selbst, nämlich: *Was kann das bedeuten? Warum tut er das? Erreicht er das, was er will, nur über* ***mich****? Welchen Nutzen hat* ***er*** *davon? Kann mir das schaden?«* usw. bringen in den meisten Fällen schon Klarheit und räumen Zweifel aus – so oder so.

Am besten, Sie sind vorurteilsfrei, rechnen aber stets mit allem und bleiben darum wehrhaft, denn:
Im Krieg zwischen den Geschlechtern hat es noch nie Kriegsdienstverweigerer gegeben.

2.2 Sehr wichtig: Selbstmotivation für Frauen!

Gründe und Ursachen für eine mangelnde Motivation – oder umgekehrt die Notwendigkeit – zur Selbstbefreiung von Frauen aus dem Rollenverhalten und der Nicht-Gleichstellung in unserer Gesellschaft wurden oft, ausreichend informativ bzw. z. T. sehr gut beschrieben. Heutige Geschlechterrollen stammen ohnehin aus einer Zeit strikter Arbeitsteilung zwischen Mann und Frau, in der berufstätige Frauen Ausnahmen waren, und stehen somit im Widerspruch zur Gegenwart. Hier werden also keine neuen Aspekte einfließen. Besser sind praktische Übungen zum Selbstbewußtsein. Die meisten Frauen kennen ohnehin »ihren Stellenwert« in unserer Gesellschaft, und der ist bei den meisten Frauen alles andere als beglückend. Selbst in den Wissenschaften ist offenbar die Gleichstellung noch nicht überall »durch«. So wurde z. B. jahrelang nur die »Lohnarbeit« erforscht, die »Hausfrauenarbeit« erledigte sich offenbar von selbst. Der Mann ist der »Normalfall«, nach dem sich dann auch logischerweise die Altersversorgung richtet.
Und das ist wohl mehr als merkwürdig, denn eben jene (untersuchten) Männer konnten doch nur deswegen ihrem Arbeitsleben ohne Unterbrechung nachgehen und »ihre« Rentenansprüche erwerben, weil daheim die Frau die Kinder versorgte, die Wohnung putzte, einkaufte und somit dem Rentenerwerber »Mann« den Rücken freihielt. Das scheint den verantwortlichen Politikern nicht viel wert zu sein. Frauen bekommen nämlich nur im Bestfall 70 % der Männerrente – aber auch nur dann, wenn sie Glück haben und 45 Versicherungsjahre nachweisen können. Wenn Sie etwa Kinder großgezogen haben und die Versicherungsjahre nicht erreichen, haben Sie halt Pech gehabt. So ist das! Zwar gibt es bestimmte Veränderungen nach dieser Reform für Frauen (z. B. Halbbelegung entfällt, statt einem drei Erziehungsjahre pro Kind), aber die Doppelbelastung von Frauen durch »Beruf und Kind«, die vielfach den Normalfall darstellt, wird von der Rentenreform »bestraft«. Eine Möglichkeit wäre, die Berufstätigkeit einfach zu unterbrechen – der Kinder wegen. Danach wieder in den Beruf »einzusteigen«, ist in unserer Gesellschaft bei allem Verständnis für die Frauen »doch ganz einfach und sooo problemlos ...«!

Im Klartext: Wer arbeiten will, bekommt auch Arbeit. Das müssen auch ***Sie*** verstehen, meine Damen! Und wenn Sie's nicht verstehen (wie der Autor), dann hilft sicher ein Schnellkurs in Sachen »Gerechtigkeit für Frauen«, Marke »Patriarchat«, dargebracht von einem »Sprecher«, einem »Frauenfreund« vom Sommer 1991: *»Die Rente folgt eben dem Lohn – das ist schließlich ein verläßliches Kriterium«.* Es sei *»ein Durchbruch gewesen«*, so dieser »Sprecher«, *»Kindererziehung überhaupt anzurechnen. Wir wollen die Benachteiligung der Frauen vermeiden, die wegen ihrer Kinder nicht arbeiten können«* – sagte dieser »weise« Mann.
Ein wahrlich hehrer Grundsatz.
Endlich etwas Frauenfreundliches? Doch der »Hammer« kommt noch.
»Keineswegs darf man«, so ebendieser verständnisvolle Frauenfreund, *»die Frauen belohnen, die arbeiten* ***und*** *erziehen!«*
Äh ...! Nanu, mein Herr, warum denn das nicht?
»Weil das nicht kontrollierbar ist. Vielleicht paßt ja die Oma aufs Baby auf, wenn die Mama arbeiten geht!«
Na, also! Die Katze ist aus dem Sack. Das ist doch nicht etwa »frauen**feindlich**«, aber bitte, meine Damen, ruhig, ruhig!! Nein, »gerecht« ist das! Demokratisch und christlich obendrein! Und wenn Sie nun baff sind ob dieser Polit-Rabulistik und keinen Quieker mehr hervorbringen können, dann sei Ihnen auch gesagt, wer diese Verheißung für Frauen verfaßte: Es war der Sprecher im Bundesarbeitsministerium; er heißt Ludger Reuber (Sie haben richtig gelesen. Reuber). Alles wäre so schön gewesen: *»Doch im Wald, da sind die Räu-heuber, halli – hallo ...!«*
Er sprach übrigens nicht über die Unkündbarkeit und den Nebenverdienst von Beamten.
Natürlich können Sie sich mit dem Wahlschein »wehren« – das ist *eine* Sache **(einmal gewählt, jahrelang entmündigt?).** Eine *andere* Sache ist es, sich im täglichen Leben mit »Ihren Mitteln« zu wehren, denn es gibt, was die konkrete Gleichstellung der Frauen in unserer Gesellschaft betrifft, eine unüberschaubare Zahl von »Fehlfarben«, die das verhindern wollen.
Der Begriff »Fehlfarben« darf übrigens nicht so wörtlich genommen werden. Er stammt aus der Zigarrenindustrie und bezeichnet Exemplare, die statt schwarz zu braun geraten sind ...!

Geradezu »zynisch« ist es, daß erst 45 Jahre nach Kriegsende Kriegerwitwen ein »Erziehungsgeld« zugesprochen bekamen. Zynisch deswegen, weil dieses erstens den lächerlichen Betrag von 30 DM pro Kind und Monat ausmacht, und zweitens, weil die betroffenen Jahrgänge mehrheitlich ausgestorben sind. Vielleicht haben Sie, verehrte Leserinnen, auch noch die mehr als zynische Bemerkung des Bundesarbeitsministers Norbert Blüm (CDU) in Erinnerung, der angesichts der Finanzierung seiner Rentenreform (1991), die er »für die frauenfreundlichste Reform hält, die es je gegeben hat«, sagte: *»Früher sind die Leute fröhlich mit 30 gestorben, heute jammern sie sich bis 70 durch!«*

Nicht das Warten auf »Veränderungen von oben« wird das Maß der Dinge für die Frauen sein, sondern die »Evolution von der Basis«. Dazu müssen sich Frauen »erfolgreich wehren« können.

Also, nicht schlappmachen!

Weiter geht's mit »Frauen, wehrt euch«!

2.3 Der erste Schritt: Praktische Maßnahmen für Frauen

2.3.1 »Frauen-Ängste« begreifen und abbauen

Jungen werden oft schon frühzeitig ermahnt, nicht wie »kleine Mädchen zu heulen«, sondern sich »wie ein Junge« zu benehmen und sich »nichts gefallen zu lassen«. Sie raufen miteinander und prügeln sich; Mädchen haben mit Puppen zu spielen und schöne Liedchen zu singen. Jungen sind vereint in einer großen Gruppe, die hierarchisch strukturiert ist und im Freien agiert. Und stets gibt es einen »Anführer«, der »bestimmt«, was zu tun ist. Mädchen spielen zumeist in kleinen Gruppen oder gar nur zu zweit, wobei die Beziehung zu der besten Freundin im Mittelpunkt steht. Die Erwachsenen lehnen mehrheitlich eine Änderung dieser früh gelernten Verhaltensmuster ab, im Gegenteil, sie unterstützen sie. Dieses vorgeformte Erziehungsprogramm, die Vorbereitung der Männer auf eine »Führungsrolle« und der Frauen auf »Mutterschaft, Hausfrau«, begleitet Männer wie Frauen das ganze Leben. Es setzt sich bei Männern fort in der Schule, im Militär, im Beruf usw. Bei Frauen ist es die Familie, die Schule und der Beruf, besser: die Berufe, die das vorgeregelte Rollenverhalten determinieren. Es wird also ein ganz bestimmtes »Rollenmodell« gelernt – manchmal auch »andressiert«. Ein »unveränderbares Naturgesetz«? Vielleicht, aber dann scheint etwas am Naturgesetz nicht zu stimmen, denn wenn es so ist, daß der »Mann von Natur aus« aggressiv, selbständiger und weniger gefühlsbetont als Frauen ist, warum muß man ihn es dann noch »lehren«? Und wenn »Frauen von Natur aus« gefühlsbetont, sanft und ordentlich sind, warum werden dann Mädchen gerügt, wenn sie sich mit Jungen balgen und ihre Sachen dabei schmutzig machen? Vielleicht stimmt auch ganz einfach unsere »Rollendressur« nicht.

Und doch haben diese früh gelernten Verhaltensmuster besonders für Frauen vorrangig im Sprach- und Sozialverhalten eine eminente Bedeutung. Als wissenschaftlich gesichert gilt die Erkenntnis, daß das Erziehungsverhalten der Eltern, die Lernfähigkeit und der Schulerfolg der Kinder durch das schichtenspezifi-

sche Sprachverhalten stark beeinflußt wird, denn viele Sachverhalte, Zusammenhänge und Bewertungen werden durch die Sprache gelernt und anderen mitteilbar gemacht. Das Kind lernt somit einen Code am Sprechmodell. Von besonderer Bedeutung ist dabei das Sprachverhalten der Mutter. Diese steuert, korrigiert und konditioniert – durch Lob und Tadel – die Sprachentwicklung des Kindes. Der englische Sprachforscher *B. Bernstein* schuf zur Klassifizierung Merkmalskomplexe, die als »idealtypisches Modell der Sprachstruktur« anzusehen sind, indem er den »elaborierten Code« (differenzierter Sprachgebrauch) und den »restringierten Code« (restriktiver Sprachgebrauch) im »statusorientierten« und »personenorientierten« Rollensystem und deren »Appelle« unterschied.
Doch was sich hier so zäh wissenschaftlich anhört, beinhaltet bei genauerer Betrachtung ein wichtiges Phänomen in unserer Kultur: geschlechtsspezifische Sprachmuster und Verhalten. So sind bestimmte Sprachmuster, die Männer durch ihre früh gelernten Verhaltensmuster verwenden, darauf gerichtet, Wertsysteme, bestehende soziale Strukturen und Herrschaftsverhältnisse zu konservieren. Bei den Sprachmustern von Frauen hingegen werden entweder aufgezwungene Wertsysteme abgelehnt, oder es findet eine resignierte Anpassung an die Umwelt statt. Die gravierenden Unterschiede werden erst später im Kommunikationsverhalten zwischen Mann und Frau sichtbar. Männer, frühzeitig auf »Führung« getrimmt, verwenden eine »Statussprache«, erteilen Anweisungen und setzen diese durch. Frauen, frühzeitig an Harmonie und Konfliktvermeidung im Gespräch, aber auch an Verhaltensrestriktionen gewöhnt, schwächen ihre Forderungen oftmals dadurch ab, indem sie diese in Fragen kleiden. Die Folge: Frauen werden im Gespräch stärker und häufiger unterbrochen – und lassen sich auch stärker unterbrechen. Zwar bringen Frauen, so belegen viele anerkannte Studien, sehr viel häufiger Themenvorschläge ein, diese werden aber von Männern oft nicht aufgegriffen. Andererseits scheint es Männern besser zu gelingen, bestimmte Themen einzubringen – und dann ist die Frau plötzlich wieder »gefragt«, denn sie muß ja zustimmen, damit man(n) das Thema mit Hilfe der Frauen bearbeiten kann. Alltagsarbeit: Eine Frau macht in einer Besprechung einen Vorschlag und wird gar

nicht beachtet. Wenig später bringt ein Mann den gleichen oder einen ähnlichen Vorschlag ein – und dieser wird dann sofort beachtet. Die Frau wird sodann mit Fragen in das Gespräch »eingebunden«, um ihre Unterstützung zu sichern. Die Frau im Beruf als »Hausmacht« für den Mann?

Es gibt einen wichtigen »Dreh- und Angelpunkt«, der Ihnen immer wieder in meinen Empfehlungen begegnen wird:
Selbstbewußtsein.
Und das heißt: hartnäckig »dranbleiben«. Weg von dem andressierten Rollenklischee, wenn Sie es für richtig halten! Keine Selbstzweifel. *(»Kann ich das überhaupt?«)* Sie können! Ihr größter Feind sind keinesfalls die Männer, sondern ***»Ihr Zweifel an sich selbst«.*** Ein Mann sagt: *»Greife zu den Sternen, und das Schlimmste, was dir passieren kann, ist, daß du dabei auf den Mond fällst!«* Und die Frau meint: *»Sicherlich – aber* ***ich*** *falle bestimmt in einen Krater!«* (B. Schlüter-Kiske, 1987).

Die Selbstmotivation ist die wichtigste Voraussetzung für Ihr »psychologisch richtiges Verhalten« in der Männerwelt – denn was nutzt Ihnen Kraftmeierei mit anschließender »Bauchlandung«. Wichtig ist vor allem, daß Sie »zu sich selbst stehen«, so, wie Sie jetzt sind – mit allen Vorzügen und Nachteilen. Es kann eben nicht jede Frau Ministerin, Modeschöpferin von Weltformat o. ä. werden. Nur wenn Sie sich selbst bejahen, wenn Sie zu Ihren Fehlern und Vorzügen stehen, wenn Sie also ein positives Selbstwertgefühl aufbauen und Ihre **soziale Kompetenz** erstrangig positionieren, nur dann beginnt Ihre Selbstmotivation. Wer als Frau Minderwertigkeitsgefühle entstehen läßt, die u. U. andere »eingeredet« haben, die fachliche Kompetenz als »Schutzschirm« benutzt und Gefühle als Antrieb ablehnt, beendet bzw. verbaut latente Fähigkeiten, sich selbst zu motivieren. Die Selbstmotivation ist eine der schwierigsten Aufgaben für Menschen. Im Grunde setzt sie eine umfassende Betrachtungsweise, Analyse und Bewertung des bisherigen und gegenwärtigen Lebens, vor allem der »sozialen Umwelt« voraus. Mit Tricks, flotten Sprüchen oder Short-actions ist eine dauerhafte Selbstmotivation nicht erreichbar. Der einen oder anderen Frau mag es kurzfristig helfen, kräftig mit dem Fuß aufzustampfen und dreimal *»Ich will!«* zu rufen, eine bleibende Motivation sollte freilich nicht erwartet werden.

Nochmals zur »sozialen Kompetenz« (auch: Sozialkompetenz). Sie beschreibt das Sozialverhalten des Individuums, sich selbst helfen zu können und sozialen Kontakt zu Mitmenschen aufzunehmen, aber auch die Fähigkeit, sich an andere Menschen bzw. an soziale Bindungen anzupassen (Soziabilität). Damit verbunden ist die Verantwortung des Menschen für sich selbst und für andere Individuen aufgrund von Persönlichkeitseigenschaften. Führungskräfte, Männer wie Frauen, mit ausgeprägter sozialer Kompetenz können Mitarbeiter/innen meistens sehr gut motivieren. Das sind die wichtigsten Attribute der »Führungsqualifikation«. Personalberater, die mit der Suche und der Auswahl von Führungskräften beschäftigt sind, wissen eines sehr genau: Chef wird man nicht ausschließlich aufgrund einer fachlichen, sondern vorwiegend aufgrund der sozialen Kompetenz (von einigen Sonderfällen abgesehen). Dieser Hinweis ist für Frauen deswegen so wichtig, weil besonders sie es nicht schaffen werden (den »Männerbonus« haben sie nicht), ausschließlich mit einer fachlichen Kompetenz »an die Spitze« zu gelangen, denn die **fachliche Kompetenz ist nicht alles. Aber ohne fachliche Kompetenz ist alles nichts.**

2.3.2 *Praktische Maßnahmen zur Selbstmotivation*

Der wichtigste Schritt dazu ist zunächst die Erkenntnis, daß das das »Negative« überwunden wird. Die Ursachen des Negativen sind nicht immer sofort erkennbar, weil dieses oft vielfältige Gründe hat. Nun ist es zwar psychologisch nicht ganz einwandfrei, wenn ich Ihnen empfehle, daß Sie nicht zu tief in die eigene Ursachenforschung einsteigen, denn es ist bekanntermaßen wichtig, zunächst einmal ein Problem zu analysieren. Erst dann kann gezielt mit einer wirksamen Therapie begonnen werden. Doch wir müssen unterscheiden zwischen wirklich tiefsitzenden Depressionen und Demotivationen – die kann nur ein Psychotherapeut lösen – und einfachen moralischen »Durchhängern«, Stimmungstiefs, die uns in unserem Leben »begleiten« und die oft auch aus einer momentanen Stimmungs- oder Situationslage heraus entstehen können. Wir alle kennen das. Da gab es einen Tag, an dem so ziemlich alles schiefging. Am besten, wir wären morgens gar nicht erst aufgestanden. Stimmung: gleich Null. Und dann wiederum gibt es Tage, da überschlugen sich förmlich alle positiven Ergebnisse. Stimmung: super. Und so wußten schon unsere Altvorderen: *»Wenn du meinst, es geht nicht mehr, kommt von irgendwo ein Lichtlein her!«*

Moralische Durchhänger,
Stimmungstiefs,
depressive Phasen,
das sind negative Gefühle, die emotional bedingt sind, und daher können diese auch nur durch das Ansprechen Ihrer Gefühle/Sinne »umgekehrt« werden. Das bedeutet konkret, daß wir zu jedem unserer Sinne eine (oder mehrere) geeignete Maßnahmen finden müssen, die dieses Gefühl, diesen Sinn positiv stimulieren. Und das könnten Sie tun:

Schmecken … etwas Gutes essen. Leisten Sie sich einfach einmal ein fürstliches Mahl in einem schönen Lokal – entweder allein oder mit einem/einer Bekannten. Das bedingt zwar keine Dauermotivation, stimuliert aber besser als die zu Hause aufgewärmte Tiefkühlpizza. Stellen Sie nicht den Preis in den Vordergrund, und schau'n Sie nicht auf die Kalorien. Und wenn Sie Ihrer Familie ohne besonderen Anlaß das

Lieblingsessen servieren und auf die verwunderten Fragen nach dem Anlaß schlicht sagen: *»Mir war heute danach!«*, werden Sie alles andere als Demotivation von Ihren Lieben ernten!

Fühlen … Hautkontakt mit Ihrem Partner/Kind. Nicht unbekannt ist jeder Frau, wie wichtig es sein kann, sich bei einem anderen Menschen einmal »fallen zu lassen«; und nicht nur die Seele muß manchmal gestreichelt werden! Kinder sind nicht nur ein Glück, sondern der Sinn unseres Lebens. Schauen Sie einmal dem fröhlichen Treiben von Kindern zu. Beschäftigen Sie sich mit Ihnen bewußt, auch wenn Sie meinen, daß Ihnen der *»Lärm gerade heute auf die Nerven geht«*. Kinder sind unbeschwert, unbekümmert und vorurteilsfrei. Wer sich mit Ruhe, Geduld und Liebe (auch fremden) Kindern widmet, kann und wird mehr Kraft für sich selbst gewinnen als in oftmals dubiosen Gruppen, in denen ein »Latschen-Guru« etwas »von transzendenter Selbstfindung und dem wahren, tiefen Sinn des Lebens« sabbert und anschließend im Rolls-Royce mit Chauffeur verduftet.

Hören … Musik, die man liebt. Musik ist ein wahrhaft prächtiger Stimulator für alle Menschen. Jede/r hat »ihre/seine Musik«, ob Sie nun ein Klassik-, Rock-, Volksmusik- oder sonstiger Musikfan sind. Doch achten Sie darauf, daß nicht die Musik gewählt wird, die Ihre depressive Stimmung eher verstärkt als auflöst. Wer in einer momentanen miesen Stimmungslage Trauermärsche, das Largo oder bestimmte, den Weltschmerz besingende Hits wählt, verdüstert noch mehr seine eigene Welt.

Sehen … Kino/Spaziergang/Kunst. Wenn Ihnen *»die Decke auf den Kopf fällt«*, gibt's im Grunde nur eines: **raus aus der Bude**. Sehen Sie sich Dinge an, die z. B. mit Ihrer Arbeit überhaupt nichts zu tun haben. Ein Spaziergang entlang einem verträumten See kann ebenso Wunder wirken wie ein schöner Kinofilm. Der Besuch eines Kunsttempels, eines Museums, einer Galerie kann und wird Sie ebenso ablenken wie ein einfacher Bummel durch ein Kaufhaus oder ein Schaufensterbummel auf dem Boulevard, bei dem Sie vor allem Menschen, »Typen« und Leben beobachten können. Manchmal begegnet uns dabei auch ein »Schicksal«, z. B. ein behinderter Mensch. Spätestens dann müssen wir erkennen, daß wir – trotz allem – zu den Glücklichen gehören.

Riechen ... Wald/Blumen/Essen/Parfüm/Partner. *»Für mich ist nichts beglückender, als meinen Partner zu schnuppern«*, das sagte mir eine Sekretärin, als ich sie nach Beispielen zu diesem unserer fünf Sinne befragte. Daß sie Blumen gern riecht und auch den Duft edlen Parfüms gern hat, wird sie sicher mit vielen Frauen gemeinsam haben. Umgekehrt gilt's auch. Ob Sie's nun glauben oder nicht, verehrte Leserinnen, wenn Sie »eine Sache« oder auch einen Menschen »nicht mehr riechen können«, hilft es tatsächlich, Ihr Sinnesorgan mit schönen, natürlichen Düften oder einem wertvollen Odeur positiv »umzukehren«. Im Urlaub z. B., wenn wir das Meer »riechen«, die Berge, Wiesen, Blumen und den Wald oder eine Landschaft in einem anderen Land mit ihren oftmals fremdartigen Gerüchen »in uns aufnehmen«, so hat das eine beruhigende und stimulierende Wirkung auf unser Nervensystem und ist ein Grund, warum wir Menschen »gerne in Urlaub fahren« – und müssen.

Auch andere kleine Maßnahmen sind geeignet, wie z. B.:

* Sport treiben. Probleme quasi »ablaufen«.
* Kaufentscheidungen treffen (Buch/Kleid/Blumen etc.).
* Freunde einladen/besuchen/reden.
* Kleine, unerwartete Freude im Privatbereich schaffen. Beherzigen Sie ein Wort von Peter Rosegger (österr. Volksschriftsteller 1843–1918):

»Es gibt Großes und Erhabenes im Leben.
Das Schönste aber ist es, Menschen Freude zu machen.«

2.4 Praxistraining zur selbstbewußten Frau: »Auf geht's«!

Überall im täglichen Leben kann man schüchterne Menschen beobachten: Den jungen Mann, der sich nicht traut, die reizende junge Dame anzusprechen, und statt dessen nur schmachtende Blicke zu ihr wirft, und umgekehrt, die junge Frau, die den scheinbar »tollen Mann« gerne kennenlernen möchte, aber keinen Mut hat, irgendwelche »Zeichen« zu geben *(»Das kann ich doch als Frau nicht tun. Wie sieht das denn aus? Nachher denkt der noch, ich wäre eine …!«)*; die Leute, die schleunigst das Weite suchen, wenn auf der Straße Interviewer mit Kamera und Mikrophon zu sehen sind; die (mehr oder weniger mündigen) Bürger, die auch heute noch ehrfurchtsvoll ins Behördenzimmer »schleichen«, nicht ohne zuvor zaghaft angeklopft zu haben, und mit schuldbewußter Miene und süß-saurem Lächeln den Raum rückwärts verlassen, wenn ein kleiner Beamter wichtigtuerisch schnauzt: *»Draußen warten! Sie werden reingerufen!«* Und wie dankbar sind viele Mitmenschen, wenn Sie dann mit *»Meier, Müller und Möller sind die nächsten!«* hereingerufen werden. Sie springen auf, schweigen und folgen. Haben Sie schon einmal erlebt, daß jemand sagte: *»Ich heiße* ***Frau*** *Müller, bitte!«*

Sofern keine tatsächlichen psychischen Probleme vorhanden sind, kann Selbstbewußtsein bis zu einem gewissen Grad in der Praxis trainiert werden. Wer es schafft, die ersten Hemmschwellen zur Durchführung verschiedener Praxisübungen zu überwinden, wird unweigerlich Spaß an diesen Übungen bekommen und erstaunt feststellen, daß sich ein eigenes »Machtbewußtsein« entwickelt. Sie werden erkennen, daß man nicht mehr »zurückgehen«, sondern das erworbene Macht- und Selbstbewußtsein halten und fördern will. Viele Verhaltensweisen können so regelrecht »antrainiert« werden – und diese sind auch meistens nicht mehr durch andere zu zerstören. Aber wie gesagt: **Aller Anfang ist schwer – Sie müssen Ihre Hemmschwelle überwinden »lernen«!**

Eine sehr wichtige Empfehlung: Nehmen Sie zum Selbstbewußtseinstraining bei einigen Übungen eine Kollegin/Freundin mit, die das ebenso trainieren will. Das hilft, und zu zweit sind Sie stärker. Sie haben einfach mehr Mut. Aber nehmen Sie nicht einen Mann mit. Der stiehlt Ihnen nämlich entweder die Show oder steht wie ein »Depp« da ...!

Übung »Platz für den Herrn«:
Was tun Sie, wenn Ihnen auf einem engen Flur z. B. Ihr Chef oder »eilige Herren« entgegenkommen? Springen Sie artig-dienstbeflissen-unterwürfig oder gar »weiblich andressiert« beiseite? Bleiben Sie doch einfach mal mittendrin stehen (aber nicht provokativ!), und warten Sie ab, was passiert. Es wird natürlich »passieren«, daß man(n) Sie auffordert, Platz zu machen. Schön und gut. Aber der Ton macht die Musik. Ihr netter Kollege wird vermutlich sagen: *»Grüß Gott, Frau Müller, darf ich mal eben vorbei?«* Klar, darf er. Alles in Ordnung! Nicht in Ordnung wäre, wenn er grantig raunzt: *»Frau Müller, Mensch Sie sehen doch, ich will vorbei!«* oder gar mürrisch: *»Machen Sie mal Platz!«*, denn er müßte fürchten, daß Sie ihm nach der Lektüre dieses Buches freundlich lächelnd (das ist wichtig! Nur nicht den gleichen Fehler machen) antworten: *»Lieber Herr Kollege, Sie haben sich mit Ihrem Ton wohl im Jahrhundert vertan ...!«*

Übung »Aufzug«:
Es ist zwar eine eher alberne, aber zur Stärkung Ihres Selbstbewußtseins geeignete Übung. Es ist nämlich faszinierend, was die »Transportgemeinschaft« eines Aufzuges alles so am Boden oder an der Decke sucht und findet (manche »studieren« gar die Etagenknöpfe wie ein Erbtestament). Für manchen »Gast« ist das allerdings mehr ein Spießrutenlaufen, dessen Ende sehnsüchtig erwartet wird. Synchron mit der Stockwerksanzeige (beobachten Sie das bitte mal ...) fällt der Kopf in Richtung Türschwelle und hebt sich erst wieder – nicht ohne ein vernehmliches erleichterndes Schnauben, wenn die Tür sich öffnet und die Schwelle überschritten wird. Kein Wunder, man kennt sich nicht, muß aber ertragen, daß andere in die eigene Distanzzone »drängeln« – und umgekehrt. Sie werden dadurch »gezwungen«, jedes Odeur zu schnuppern. Was spricht eigentlich dagegen, daß Sie dieses »Millionenritual« charmant lächelnd durch einen flotten, netten oder auch leicht flapsigen Spruch durchbrechen? Z. B.:

»Grüß Gott, ich bin hier fremd. Wohin fährt denn der Aufzug?«
»Ich will in den fünften Stock. Hoffentlich verfahre ich mich nicht!«
Oder direkt:
»An den Wänden hängt ja nichts zum Lesen. Da muß ich doch glatt an die Decke oder auf den Boden schauen!«

Wenn Sie das nett und charmant bringen, werden Sie in nahezu allen Fällen eine sehr schöne Erfahrung machen: Die Leute lächeln/lachen, scherzen oder »blödeln« mit und sagen auf Ihr *»Bye-bye«* ein freundliches *»Tschüß«* oder *»Wiedersehen«*. Es ist eine alltägliche Situation, die geeignet ist, zum Selbstwertgefühl durch Überwinden der eigenen Hemmschwelle beizutragen. Und das alles kostenlos! Zum Üben wie geschaffen. Und wenn niemand reagiert und Sie auch noch augenverdrehend angesehen werden oder gar eine »zickige Antwort kassieren«, so lächeln Sie die schlechte Laune der anderen einfach nieder. Nichts ist entwaffnender (und entblößender ...!) als »Muffelköppen« in die Augen zu sehen und zu lächeln. Und freuen Sie sich nachher, wenn Sie »durchgehalten« haben. Es geht nur um Sie!

Übung: »Lautes Sprechen«:
Bei Ankündigung dieser Übung kenne ich es aus meinen Seminaren, daß einige Frauen Bedenken haben. *»Eine Frau, die bewußt laut spricht«*, so die meisten Einwände, *»wirke unnatürlich und oft auch unsympathisch.«* Das ist nicht genau richtig, aber auch nicht exakt falsch ...
Daß laut redende, vielleicht schreiende oder gar in hohen Tönen »kreischende« Frauen nicht sympathisch wirken, ist grundsätzlich nichts Neues. Doch es geht in dieser Übung darum, Streß abzubauen – und das kann durch (sicherlich unübliches) lautes Sprechen, durch »dynamischen Stimmeinsatz« erfolgen. Indem »Dampf abgelassen« wird, bauen Sie Streß ab, der durch eine verstärkte Hormonausschüttung aufgebaut wurde. (Bestimmt kennen Sie die Erleichterung, wenn Sie mal »so richtig von Herzen explodiert« sind und danach sagen: *»So, jetzt ist mir wohler!«*) Es gibt zu jedem Zeitpunkt und in jeder Situation die Gelegenheit, dynamischen Stimmeinsatz zu üben. Beginnen Sie, verehrte Leserinnen, allerdings mit einer Übung, von der Sie annehmen dürfen, daß Sie nicht gleich zu Beginn kräftigen »Retour-Pfeffer« bekommen. Das folgende ist auch für »Geübte« ein mit Vorsicht zu genießendes Beispiel: Wenn Sie auf dem Münchner Viktualienmarkt »Originale«, Marktfrauen, von denen bekannt ist, daß diese Frauen auf kritische Fragen oftmals geharnischte »Münchner Antworten« geben, laut fragen, *» ... wieviel Schadstoffe Ihre Reherl (Pfifferlinge) aufweisen«*, werden Sie zweifellos erfahren, daß »Becquerel« offensichtlich das Maß für die Rotfärbung Ihres Kopfes ist.

Sinnvoller für »Nichtgeübte« ist es, morgens beim Bäcker oder beim Kaufmann Selbstbewußtsein (und nicht »Kunden-Demut«) zu »üben«. Stellen Sie eine höfliche, aber laut vorgetragene Frage, und scheuen Sie sich nicht, »zurückzublaffen«, wenn man Sie ungeduldig anraunzt.
Oder: Wechseln Sie im Supermarkt mit einem Verkäufer laut und für alle vernehmlich ein paar Sätze, oder, wenn er zu sehr mit dem Verteilen neuer Ware statt mit Kunden beschäftigt ist und auf Ihre Frage: *»Wo ist denn bitte der Kaffee zu finden?«* antwortet: *»Da hinten, müss'n Se mal schau'n!«*, so wehren Sie sich laut, aber höflich und bestimmt mit den Worten: *»Wir Kunden erwarten von Ihnen, daß Sie mehr tun, als uns nur abzuwimmeln! Und jetzt sagen Sie mir* ***bitte genau****, wo der Kaffee zu finden ist!«*
Oder: Sie gehen über den Wochenmarkt und fragen laut (obwohl vor Ihnen drei Reihen wartender Kunden stehen!), ob die »Kartoffeln glasig

oder mehlig« sind. Was dann (sofort) von den Wartenden kommt, ist bekannt. Seien Sie also auf typische Kommentare gefaßt: *»Sie sind ja noch gar nicht dran!«* oder: *»Warten Sie mal schön, bis Sie dran sind!«*
Antworten Sie laut, aber selbstbewußt und ... lächelnd: *»Ich will auch nicht vorher drankommen, ich will nur* ***fragen****, und das werden Sie mir kaum verbieten können!«* Wenn Sie sich dann umdrehen und »im Rücken« Wortfetzen hören wie: *»Also ... Unverschämtheit ... so eine Person ... früher hätten wir ...«* usw, dann haben Sie einen ganz gewaltigen Schritt gemacht – vorausgesetzt, Sie lächeln still vor sich hin und freuen sich über diesen gelungenen Schritt, denn Sie freuen sich über sich selbst!

Übung: Restaurant:
Das ist bekannt: Sie betreten ein Lokal, der Ober empfängt Sie und weist Ihnen einen Platz/Tisch zu. Dieser Mann hat es täglich mit vielen Menschen zu tun, er kann (und wird) sehr schnell »kategorisieren« und Ihnen damit an der »Nasenspitze« (Ihr Äußeres, Ihr Verhalten, Ihre Worte, Ihre Blicke, Mimik etc.) ansehen, ob man mit Ihnen »Schlitten fahren« kann oder nicht. Führen Sie doch, verehrte Leserinnen, seine »Kategorien ad absurdum«, indem Sie beim Betreten des Lokals (freundlich!) laut und bestimmt »Ihre Macht als Gast« demonstrieren, z. B.: *»Guten Tag. Ich möchte gerne ausgiebig und gut bei Ihnen speisen und dazu einen schönen Tisch haben!«* Zu welchem Platz man Sie jetzt auch führt: nichts ist in diesem Moment so unwichtig wie der zugewiesene Tisch, und wenn es auch der schönste Platz im ganzen Lokal ist. Lassen Sie sich unter allen Umständen eine Alternative zeigen. Wehrt man dieses mit den (üblichen) Worten ab: *»Leider ist sonst nichts mehr frei«*, so weisen Sie auf einen freien Tisch hin und gehen Sie ein paar Schritte darauf zu. Natürlich wird man Ihnen jetzt sagen: *»Der ist leider reserviert. Die Herrschaften/Gäste kommen in einer halben Stunde.«* Bleiben Sie selbstbewußt und sagen Sie: *»Ich bin eine Herrschaft, die schon da ist. Was können Sie* ***mir*** *bieten?«* Sicher nehmen Sie nun den Ihnen zuerst gezeigten Tisch an. Das Procedere kann weiter getrieben werden – man sollte es aber nicht zu weit treiben.
Sicherlich werden Sie nun fragen, was Ihnen dieses Übung bringt bzw. welchen »Vorteil« Sie jetzt haben. Bedenken Sie bitte, daß sich die meisten Menschen in einem solchen Fall mit dem vom Ober zugewiesenen Tisch zufriedengeben, obgleich sie bestimmt einen anderen gerne gehabt hätten. Aber ein erfahrener Ober kennt »seine Pappenheimer«. Wie oft ist zu erleben, daß ein Gast z. B. statt Knödeln eben Salzkartoffeln haben möchte. *»Salzkartoffeln sind leider aus«*, oder: *»Da muß ich in der Küche fragen, ob das möglich ist«* – sind häufige Antworten. In den meisten Fällen bekommen Sie dann einen negativen Bescheid. Natürlich sind Salzkartoffeln da, aber wahrscheinlich hat der Ober gar nicht gefragt oder möchte sich nicht die »Arbeit« mit einer neuen Menü-Berechnung machen. Nicht so bei Ihnen, denn er müßte sonst fürchten, daß Sie aufstehen und (freundlich) laut sagen: *»Dann frag' ich eben selbst mal den Küchenchef ...!«* Erfüllt aber der Ober alle Wünsche (und das sind bestimmt keine Einzelfälle) und ist trotz

allem noch höflich (in einem guten Restaurant ist das die Regel), **so ist es Ihre Pflicht**, auch mit Fairplay zu reagieren, höflich zu sein (kein »bissiger Ton«) und sich für den *»aufmerksamen Service«* (sagen Sie nicht: »Bedienung«) zu bedanken – das gehört einfach dazu! Und wenn weder das eine noch das andere stattfindet, dann **»lächeln Sie die Ober-Unfreundlichkeit nieder! Lächeln, lächeln und nochmals lächeln!«** – aber bitte nicht »grinsen« ...!

Übung: Okkupation (Besetzen):
Eine Übung, die wahrlich Überwindung kostet! Hand aufs Herz, verehrte Leserinnen, was tun Sie, wenn Sie eine fast leere Straßenbahn oder einen Bus besteigen, also wohin setzen Sie sich? Klar, Sie setzen sich (wie der Autor) auf einen freien Platz – möglichst ungestört von den Mitfahrenden. Ähnlich verhält es sich im Wartezimmer eines Arztes, in der »Wartebox« auf dem Flughafen, im Kino, im Lokal usw. Wenn sich diese Räume langsam füllen, wird zunächst ein Sitzplatz besetzt, und der daneben bleibt frei – so lange, bis jemand kommt, der 50 % plus 1 ist. Der muß sich nämlich auf einen freien Stuhl zwischen zwei besetzten Plätzen setzen. Besonders in Zügen oder gar in engen Flugzeugen, wo zumeist ein »Hautkontakt« herrscht, können dabei erstaunliche Verhaltensweisen der Sitznachbarn beobachtet werden: Mit süß-saurem Lächeln, manchmal auch abschätzigem Verziehen der Mundwinkel wird die Zeitung, mit der der Nachbarsitz »okkupiert« war, weggenommen. Sodann räkeln sich die beiden Nachbarn rechts und links in ihren Sitzen, diese werden »besetzt«, und es wird demonstrativ eine Zeitung gelesen (oder im Flieger auch nur das immer stinklangweilige »Flugmagazin«). Dieses Verhalten, verbunden mit dem beiderseitigen »klammheimlichen Kampf« um ein Stückchen Armlehne (*»Oh, pardon!« – »Macht nix!«*), ist ein Beispiel für den »Territorialanspruch«, den wir besser als »Distanzzone« kennen. Um auch in diesen Situationen Selbstbewußtsein zu trainieren, setzen Sie sich bitte das nächste Mal in ein mit nur wenigen Fluggästen besetztes Flugzeug in den mittleren Platz eines Dreiersitzes, bei dem der Fenster- und der Gangplatz besetzt ist. Die gleiche Übung kann in der Tram, der U-Bahn, im Bus, im Zug, im Kino usw. durchgeführt werden. Die Frage ist dabei nicht, was die Nachbarn denken, murmeln, sagen oder mimisch ausdrücken, sondern nur, ob Sie den Mut haben, den Platz überhaupt zu »okkupieren«, wo doch der Rest der Plätze unbesetzt ist. (Häufigster Einwand: *»Pardon, hier kommt gleich noch mein/e Frau/Mann«. Ihre Antwort: »Nanu, hat sie/er etwa den gleichen Sitzplatz wie ich? Unwahrscheinlich. Aber wenn sie/er kommt, kann ich ja immer noch aufstehen!«*) Wollen wir wetten, daß »er/sie« nicht kommt ...? Blamiert hat sich da gerade unser Nachbar!
Die gleiche Übung kann in einem fast unbesetzten Restaurant durchgeführt werden. Sie setzen sich an einen Tisch, an dem schon jemand sitzt. Sie verletzen damit ein »heiliges Tabu« – zumindest in unserem Kulturkreis. Na und?

»Von uns würde keiner das freiwillig tun!« – sagten mir Seminarteilnehmer/innen, und doch ist gerade diese Übung ein ganz wichtiger Teil unseres Selbstbewußtseinstrainings. Steigen Sie in einen Bus, eine Straßenbahn, eine U-Bahn, einen Zug usw., und »besetzen« Sie den »unmöglichsten Platz« zwischen anderen Gästen, obwohl alle anderen Plätze frei sind. Ein kleiner Trick dabei, der Ihnen hilft: Schauen Sie nicht grantig, lächeln Sie Ihre Nachbarn an, wechseln Sie ein paar Worte, und wenn man Sie dennoch muffig fragt: *»Warum setzen Sie sich denn nicht da drüben hin, da ist doch Platz genug!«*, antworten Sie höflich lächelnd: *»Ach, wissen Sie, bei/zwischen netten Menschen finde ich es schöner!«* Sie werden sich sehr wundern, wie diese Menschen plötzlich als »Mitmenschen« reagieren. Nicht selten kann sich daraus ein heiteres, freundliches Gespräch ergeben. Und die 0,01 % der Menschen, die dennoch unfreundlich reagieren, dürfen Sie getrost »abhaken« und sich freuen, nicht zu Ihnen zu gehören ...! Gehen Sie einfach freundlich auf Ihre Mitmenschen zu – denn das ist nicht unhöflich.

Doch Achtung: Vor schlechten Manieren, Unhöflichkeiten und Rücksichtslosigkeiten sei gewarnt – das hat mit Selbstbewußtsein nichts zu tun, sondern mit Charakterschwäche.

Und noch eines: Es sind nur »Übungen«, die durchgeführt werden sollen. Mit einer »Dauerverhaltensweise« hat das nichts zu tun – das wäre im Gegenteil ja schrecklich. Aber es ist enorm beruhigend, zu wissen, daß man sich »wehren kann«, wenn es sein muß.

Ein wichtiger Einwand vorwiegend weiblicher Teilnehmer muß noch besprochen werden. Einige sagten mir: *»Wenn ich verschiedene Übungen durchführe, dann könnte das doch als ›**eindeutige Aufforderung**‹ an z. B. anwesende Männer aufgefaßt werden.«* Dieser Einwand »zieht« aus mehreren Gründen nicht.

Erstens: Sie werden sich wohl kaum an einen Tisch mit betrunkenen, grölenden Fußball-Hooligans setzen.

Zweitens: Männer können im allgemeinen sehr schnell unterscheiden, ob sich eine »Dame« an ihren Tisch setzt oder eine Vertreterin des »horizontalen Gewerbes«, die im Regelfall auch ein eindeutiges weiteres Verhalten hat, denn diese will ja schnell »zum Geschäft« kommen. Sie müssen sich also »verhalten«. Außerdem: wenn Sie in ein Tanzlokal gehen, wollen Sie (hoffentlich) von Männern zum Tanzen aufgefordert werden. Auch hier müssen Sie, wenn Sie keine andere Absicht haben, zeigen und durch »Ihr Verhalten« beweisen, daß Sie nur zum Tanzen gekommen sind. Und damit hängt auch der dritte Punkt zusammen.

Drittens: Die Übungen zum Selbstbewußtseinstraining werden nicht »um ihrer selbst willen« gemacht, sondern um sich als Frau in der Männerwelt zu behaupten. Dazu gehört auch die gezielte Abwehr des »**ewig männlichen Jagdtriebes**«. Und wenngleich die Herren der Schöpfung in ihrem »Erfindungsgeist« nicht immer einfallslos sind, so sollten Sie sich klarmachen, daß man(n) eine selbstbewußte Frau eben anders »angeht« als eine schüchterne Vertreterin Ihres Geschlechts.

Übung: Autorität ansprechen:
Vor dieser Übung sollten Sie sich über den Unterschied zwischen »Autorität« und »autoritär« im klaren sein. Eine Autorität wirkt durch sich selbst und hat autoritäres Verhalten nicht notwendig. »Autoritär«, um es auf den Punkt zu bringen, sind nur diejenigen Zeitgenossen, die gerne eine Autorität sein wollen – es aber nicht sind. Irgendwann hat jeder von uns einmal (meist in frühen Jahren) eine »Kollision« mit einer »Autoritätsperson« gehabt (Ärger mit einem Polizisten, Ärger mit einem Lehrer, Ärger mit dem Chef usw.) – und die wirkt nach! Das ist psychologisch vergleichbar mit jemandem, der als kleines Kind von einem Hund gebissen wurde und in späteren Jahren ein stets diffiziles Verhältnis zu Hunden hat. Und genau in diese Richtung, Abbau von Ängsten, zielt unsere nächste Übung. Ihre Aufgabe besteht darin, »Respektspersonen« direkt, gezielt, entschlossen – aber mit Freundlichkeit – »anzusprechen«. *»Au weh, genau das kann ich nicht!«* – das war der häufigste Einwand meiner Seminarteilnehmerinnen. Und doch müssen hier Ängste abgebaut werden, die einerseits Wurzeln in negativen Erlebnissen, andererseits aber auch in Ihrer »Rollendressur« als Frau haben. Nicht »vorbeischleichen« ist darum angesagt, sondern aktive Ansprache – und Sie werden erfahren, daß auch Respektspersonen nur »Menschen« sind und als solche handeln. Das Problem vieler Menschen besteht nämlich darin, keine Antworten und kein »selbstbewußtes Verhalten« mehr zu haben, wenn Sie »angeraunzt«, »eingelullt« oder »abgewimmelt« werden. Sie »ducken« sich und fühlen sich als »kleine Nummer« vor dem großen Herrn. **Freundliche Hartnäckigkeit** ist die beste Waffe, die Sie haben. Niemand, ich sage »niemand«, darf Sie heute ungestraft »zur Minna machen« – die Zeit des Absolutismus ist lange vorbei. Sie können und Sie dürfen jede Kritik äußern, sofern Sie keine Beleidigungen aussprechen, unhöflich, anzüglich oder verletzend sind. Suchen Sie sich also eine schwierig zu findende Straße in Ihrer Stadt, gehen Sie höflich, aber entschlossen auf (möglichst zwei) Polizeibeamte zu, und fragen Sie nach dem Weg. Danach, weil komplizierte Wege eben nicht einfach zu erklären sind, sagen Sie: *»Ich habe Ihre Erklärung nicht verstanden. Bitte erklären Sie das noch mal«*. Da es sehr viele nette, freundliche Polizeibeamte gibt, ist unsere Erfahrung die, daß der Weg nochmals erklärt wurde. Aber wir kennen auch »Streifen-Fürsten«, die sich mit martialischem Gehabe stets wichtig machen wollen und in etwa sagen: *»Anders kann ich das nicht erklären, wenn Sie das nicht verstanden haben ...!«* usw. Sagen Sie dann (freundlich): *»Ich bin über Ihre Ablehnung schockiert. Entspricht das Ihrem Auftrag, Bürgernähe zu praktizieren?«* Sie dürfen ganz sicher sein, daß sich ein solcher »Herr« dann zu wortreichen, belehrenden Erklärungen »versteigt«. Sie müssen jetzt fallspezifisch abwägen, ob Sie noch »eins oben drauf setzen«: *»Was glauben Sie, hat sich das Image der Polizei bei Ihrer Antwort nun verschlechtert oder verbessert?«* Und lächeln Sie dabei!

Dieser Übungsteil kann selbstverständlich auch bei anderen Autoritätspersonen »geübt« werden. Machos gibt's satt und als »Trainingsobjekt«

gerade gut genug. Denken Sie an den unfreundlichen Behördenleiter, den schleimigen Versicherungsagenten, den arroganten Bankdirektor, den anzüglichen Kollegen, den herrschsüchtigen Hausmeister, den schlechtgelaunten Chef, den schwätzenden Wahlkreis-will-ich-gewinnen-Politiker, den sabbernden Kirchenvertreter, den quickieliebenden Playboy und ... ach ja, bei Frauen soll es solche »Typen« auch geben, sagte mir eine Teilnehmerin nach dieser (zugegeben uncharmanten) Aufzählung. Ich empfehle nicht, diese »weiblichen Machos« zu verschonen bzw. als »Übungsmedium« zu verschmähen! Doch ob »Macho« oder »Macha«: **lächeln, lächeln, lächeln.** Lernen Sie, überlegen zu sein, und freuen Sie sich auch am kleinen Erfolg. Lernen Sie, zu (fast) allem freundlich zu lächeln und zu lachen. Es gibt im Grunde nur **eine** Situation, in der Lächeln oder Lachen »nicht gefragt« ist: Beerdigungen. Natürlich weiß ich, daß nun partout nicht zu jeder Antwort überlegen gelächelt werden kann. Aber es handelt sich hier um *Übungen*, und wenn Sie nur in 50 % aller zukünftigen Situationen mit dem »Instrument Lächeln« entwaffnend umgehen können, ist das ein *Riesenerfolg für Ihr Selbstbewußtsein*, schlicht: für *Ihren Lebenserfolg* – beruflich wie auch privat.

Übung: Sich zu Wort melden:
Sich »zu Wort melden« ist generell kein Problem. Es kommt nur darauf an, wo und bei wem. Wer in gemütlicher Runde bei Bekannten sitzt, wer im Kollegenkreis eine Arbeitsmaßnahme oder im Freundeskreis über politische Fragen diskutiert, wird nur selten Hemmungen haben, die eigene Meinung zu vertreten. Anders sieht es jedoch aus, wenn in einer öffentlichen Versammlung oder in einem größeren Kreis unbekannter Menschen das Wort ergriffen werden soll. Beispiel: eine politische Versammlung. Zwar murren oder lachen viele Zuhörer, wenn ihnen etwas nicht gefällt, aber es sind immer nur wenige, die dann tatsächlich ums Wort bitten. Das ist auch gar nicht so einfach, denn plötzlich blicken alle Anwesenden auf die Teilnehmerin. Ein unbehagliches Gefühl stellt sich ein. Wenn gar noch eine Rednerliste erstellt wurde und der eigene Name immer näher rückt, ist das »innere Chaos« meist perfekt. Wie leicht könnten Sprechblockaden eintreten und die richtigen Worte fehlen? Noch schlimmer: Was ist, wenn während des Redebeitrages schon Bemerkungen wie »Unsinn«, »Aufhören« oder »Am Thema vorbei« usw. aus dem Zuhörerkreis fallen? Eine wahre Horrorvision wäre aber, wenn die Zuhörer den Redebeitrag und die Rednerin regelrecht auslachen!
Unsere Übung besteht nun darin, voll in dieses Risiko hineinzugehen. Melden Sie sich zu Wort, und beginnen Sie mit kleinen Redebeiträgen, einer kurzen Meinungsäußerung, einem Lob oder einem Tadel. Sie brauchen keine flammende Rede zu halten, bei der am Ende alle Zuhörer begeistert applaudieren. Dennoch bedenken Sie, daß gerade nichtgeübte Redner, die eine einfache, klare Meinung vortragen, die Sympathie aller Zuhörer eher finden als geschliffene Polit- und Profi-Schwätzer.
Nehmen Sie gerade zu dieser Übung eine Ihnen wohlgesinnte Kollegin

mit. Das hilft. Es hilft, die Anfangshemmungen (Wortmeldung) zu überwinden, es hilft beim Redebeitrag selbst (Sie fühlen sich sicherer), und es hilft vor allem, wenn Ihr Redebeitrag bei Ihren »Gegnern« nicht ankommt. (Regel: Immer schön trotzig bleiben. Auch diese Herren werden lernen, rhetorisch unprofessionell vorgebrachte Meinungen zu respektieren ...!) Gelingt Ihnen aber der Redebeitrag (vorausgesetzt, er ist einigermaßen sachlich fundiert oder entspricht Ihrer inneren Haltung und Ihren Empfindungen), sind Sie auf dem Wege zum Selbstbewußtsein ein Riesenstück nach vorne gekommen. Und Ihre Freundin hat's gehört – vielleicht berichtet sie anderen darüber. Sie können sich also gemeinsam freuen.

»Sich zu Wort melden« kann und soll aber vor allem in alltäglichen Situationen geübt werden. Das ist vor allem der Kollegenkreis, die größere Verhandlungsrunde, ein Diskussionskreis usw. Wichtigste Regel dazu: Niemals zu lange Beiträge, sondern öfters kurze, entweder rein sachliche oder auch mit Engagement vorgetragene (emotional überzeugende) Meinungsäußerungen. Auch hier gilt: Sie ärgern sich hinterher, wenn Sie nicht den Mut zur Meldung gefunden haben, obwohl Sie etwas »zu sagen« hatten. Sie freuen sich, wenn Sie sich zu Wort gemeldet haben. Das macht Ihnen Mut und veranlaßt Sie, weiter an Ihrer Rhetorik zu arbeiten.

Übung: Tabus brechen:
»Das tut man nicht«, »Darüber spricht man nicht«, »Was sollen denn die Leute denken?« usw. – wer kennt sie nicht, diese mehr oder weniger lieben Regeln aus unserer Erziehung? Diese Regeln sitzen tief in uns, sind fest und verwurzelt. Ich beobachte oft Frauen, die sich regelrecht in Drogerien/Apotheken »schleichen«, um sich z. B. Monatsbinden, Tampons, Intimsprays, Abführmittel etc. zu kaufen. Und genau dort setzt eine Übung zum Selbstbewußtseinstraining an, die wahrlich nicht jedermanns/frau Sache ist. Aber dennoch: Einen Versuch ist diese Übung wert. Im Zeitalter von AIDS ist die Diskussion um Kondome scheinbar selbstverständlich – die Aufklärungswerbung suggeriert es uns jedenfalls. Ihre Übung besteht nun darin, in eine Apotheke/Drogerie etc. zu gehen und (möglichst im Beisein vieler Kunden, sonst ist die Übung ohne Effekt!) nach Kondomen zu fragen. Man wird Ihnen ein bestimmtes Produkt diskret auf die Verkaufstheke legen – in der Annahme, daß dieses ebenso diskret in Ihrer Tasche verschwindet. Nichts da! Sie fragen, ob es noch weitere Fabrikate gibt, und bitten um Vorlage. Dann bitten Sie den/die Verkäufer/in um fachmännische Erläuterung der Unterschiede: »Was ist denn der Unterschied zwischen den beiden Produkten, und auf was habe ich als Frau in der Anwendung besonders zu achten?« Sie werden schnell merken: Je sicherer und entschlossener Sie wirken, um so unsicherer wird der Verkäufer ...!
Eine weitere Übung besteht darin, daß Sie sich in einem Sex-Shop die Wirkungsweise von Vibratoren, »Kunstgliedern« etc. nachhaltig erklären lassen. Ganz sicher wird gerade bei diesen Übungen das Schamgefühl besonders berührt und sie sind daher nicht immer »zum Üben« geeignet. Frauen,

die das betrifft, sollten sich darum lieber andere Möglichkeiten suchen, das Selbstwertgefühl zu steigern und zu festigen.

Übung: »Neinsagen« lernen:
Diese Übung dürfte die schwierigste sein. Stellen Sie sich vor, Sie betreten eine Boutique bzw. ein Modegeschäft. Natürlich geht jede Frau wieder raus, ohne etwas gekauft zu haben, wenn nichts Passendes vorhanden war. Aber in vielen Fällen, das ist sicherlich auch Ihre Erfahrung, wird »irgend etwas gekauft«, ein Schal, eine Bluse, ein Rock, ein Gürtel – was auch immer. Wenn ein Mann einen Anzug kaufen will und die Hose wird bereits vom herbeigeeilten Schneider passend abgesteckt, dann möchte ich *den Mann* sehen, der dann noch »nein« sagt. Das ist für die meisten Mitmenschen ein ganz schwerer Schritt. Verkaufstrainer wissen das sehr genau. Und darum »trainieren« sie gerade die Verkäufer auf diesen schwächsten Punkt des Kunden mit dem sogenannten »Kaufabschluß-Training«. Unsere Übung besteht darin, ein – sagen wir teures, exquisites – Modegeschäft aufzusuchen. Lassen Sie sich eine Reihe von »Modellkleidern« vom dem/der Verkäufer/in vorlegen, den/die Sie zuvor nach dem Namen gefragt haben. (»Wie darf ich Sie anreden?« – Ganz recht, das ist ungewöhnlich. Unsere Übung aber auch!) – »Bohren und löchern« Sie die Verkäufer, wenn offensichtlich zur Zeit »nichts Passendes« da ist. Verkäufer sind gerne mal »bequem« ...! Nachdem eigentlich die Kaufabsicht von Ihnen schon klar zum Ausdruck gebracht wurde (*»Dieses Kleid wäre* ***eine*** *Möglichkeit. Bitte hängen Sie es mal hier hin!«*), eine Auswahl zur Verfügung steht und der/die Verkäufer/in bereits den Auftragsblock zückt, bedanken Sie sich höflich für die Mühe und sagen, daß Ihnen die Sachen doch nicht gefallen und Sie nichts kaufen wollen. Aber »verstecken« Sie sich nicht hinter den Floskeln: »Ach, ich überleg' mir das noch mal!« oder: »Ich komm' gleich wieder, ich muß nur eben ...!«, sondern sagen Sie: »Herr/Frau Krumbein, besten Dank für Ihre Mühe. Aber ich möchte keines der Kleider kaufen. Im Grunde gefallen sie mir alle nicht. Auf Wiedersehen.«
Aber auch hier: **Bitte Fairplay!**
Mittels einer/m freundlichen Verkäufer/in, die/der (trotz Streß im Tagesgeschäft) freundlich den Dienst versieht, diese Übung durchzuführen, ist schlicht **unfair**! Es gibt aber genug Zeitgenossen/innen, die unfreundlich, teils arrogant und mit einem überheblich-blasierten Gesicht »bedienen« – hervorragende »Objekte« für Ihr Selbstbewußtseinstraining ...!

Es sind nur ein paar Übungen dargestellt worden, die sich in unseren Seminaren bewährt haben. Doch auch dabei haben wir die Feststellung gemacht, daß die eine Übung für bestimmte Frauen nicht so geeignet war wie die andere. Das ist nicht wichtig. Es ist auch nicht wichtig, ob gleich alles beim ersten Mal perfekt klappt.

Denken Sie an eine Fremdsprache, die Sie gerade erlernen. Sprechen Sie Worte falsch aus oder verfehlen Sie die richtige Grammatik, so bleibt Ihnen eine unumstößliche Gewißheit, die doch noch zur Motivation führen wird:

Morgen ist auch noch ein Tag zum Üben ...!

3. Äußerlichkeiten einer Frau

3.1 Warum zuerst die Äußerlichkeiten?

Die Antwort auf diese Frage ist einfach: **Weil Männer schneller sehen als denken können!**

Über die Frage, wohin Männer zuerst blicken, ist viel geschrieben und spekuliert worden. Während junge Männer laut einer Wickert-Umfrage ihre Augen nur auf Sex-Merkmale richten, geht der »Kennerblick« von Männern ab 40 zum Gesichtsausdruck und den Augen, von denen bekannt ist, daß diese ein Fenster zur Seele sind. Bekannt ist auch, daß noch in den 30er Jahren Männerblicke zuerst auf das Lächeln der Dame, dann auf die Augen, den Mund, das Haar und die Hände fielen. Wer sich Filme aus diesen Zeiten ansieht, erkennt, wie sehr die Filmindustrie sich bemühte, dieser Reihenfolge gerecht zu werden. Heutzutage soll nachgewiesen sein, daß knapp 30 % aller jungen Männer zwischen 18 und 40 Jahren zuerst auf die Beine schauen, dann den Busen betrachten, die Haare, die Hüften, die Taille.

»Warum ich strikt gegen die Gleichberechtigung bin, verrate ich Ihnen auf Seite 49 ...!«

Seriöse Psychologen wissen, daß das so nicht haltbar ist. Auch die Situation und die Stimmung ist entscheidend. Wie will man(n) die Beine einer am geschlossenen Tisch sitzenden Frau erkennen, Busen, Hüften, Taille etc. in einer spärlich beleuchteten Bar oder Disco erkennen, usw.? Hinzu kommt eine Vielzahl von Faktoren, die nicht ohne weiteres meßbar sind, wie z. B. latent in uns verborgene tiefenpsychologische Ursachen, Herkunft, frühkindliche Schlüsselerlebnisse, Verhalten der sozialen Umwelt, Klischees usw. Im nächsten Kapitel wird ein Schema beschrieben, welches für unsere Betrachtungen entscheidender ist als die naive Bewertung äußerlicher Merkmale einer Frau in einer »mechanischen Abfolge«.

Überschrift einer Münchner Tageszeitung: **Das Weib '93 zeigt Lust.**

So, so! Was hat sie denn vorher gezeigt? Und was wird sie wohl in den nächsten Jahren zeigen?
»Der Sommer darf niemals zu Ende gehen«, sagte ein Kollege fasziniert einer traumhaft schönen, jungen Dame, die mit knapper Bluse und Minirock an ihm selbstbewußt vorüberschwebte. Es war keine »plumpe Anmache«, sondern ein liebenswürdiges Kompliment, doch zunächst auf das Äußerliche gerichtet. Ein charmantes Lächeln, ein kurzer Flirt mit den Augen dieser jungen Frau war »sein Lohn«. Und in der Tat. In den Straßen sehen wir Frauen, die sich nahezu atemberaubend kleiden. Super-Hotpants, die eher an einen breiten Gürtel erinnern, hautenge Stretch-Hosen in den verrücktesten Farben, Netzbodys, Spitzen-Catsuits, kurzum: Alles ist sexy und figurbetont mit einer wohldosierten Prise lockender Frivolität. Selbst bestimmte Fetischisten kommen auf ihre Kosten: Mieder und BH, noch vor kurzem als »Unterwäsche« bezeichnet, werden ohne weitere Kleidungsstücke getragen. Ein »Schuß Sünde« besonderer Art. Wie soll man(n) da gleichgültig bleiben ...?

Frauen entdecken immer mehr, was bisher den Männern eigen war: Selbstverständnis und damit die Freiheit, Begehren offen und für jederman(n) zu signalisieren. Doch das ist noch längst kein hinreichender Grund für sexuelle Belästigungen. Ob Männer »immer nur an das eine denken«, sei dahingestellt. Unzweifelhaft ist jedoch, daß Frauen aus der passiven Rolle des »Immer-nur-gefallen-und-locken-Müssens« in eine sehr aktive Rolle des »Forderns mit eigener Entscheidung« hineinwachsen, nur ihrem Gefühl, ihrer Sympathie und ihrem sexuellen Begehren folgend. Es wird durch die Frauen selbst offen die Lust nach außen gekehrt, die wir Männer uns an den Frauen heimlich wünschten, und wir sahen es als »ureigene Aufgabe« an, diese Lust zu wecken – durch »männliche Verführungskunst« (wie immer sich diese darstellt ...). Und die Entscheidung, welchen Mann sie nehmen, wann, wie lange und »für was«, treffen sie, die Frauen, alleine. Folglich steht die Männerwelt auf dem Kopf. Klar, daß das »Gejagtsein« die Männer verwirrt. Das sind Männer nicht gewöhnt, weil es seit Jahrhunderten die Domäne der Männer war, der »Jäger« zu sein. Männer benehmen sich darum auch so hilflos wie der pirschende

Jäger im Walde, auf den plötzlich der Hirsch oder das Wildschwein losgeht. Das war nicht »abgemacht«. Verkehrte Welt. »In Sicherheit bringen« ist dringend angesagt. Das müssen auch Frauen beachten, die selbstbewußt »Männer jagen und begehren«. Nicht selten machen nämlich diese Frauen dann eine »schlaffe Jagderfahrung« und müssen wie weiland unser Jäger trotz fleißiger waidmännischer Bemühungen erkennen: Was nutzt die prächtigste Beute, wenn die Flinte nicht funktioniert …?

Es geht nicht um das Jagen oder das Gejagtwerden, sondern darum, den Leserinnen die Problematik aus unserer Sicht, aus der Sicht der Männer, zu erläutern. Es sind doch immer beide beteiligt. Das letztendliche Ziel ist und kann doch nur der gemeinsame Konsens zwischen Mann und Frau sein, der dazu führen soll, daß beide sich besser verstehen und daß durch dieses gemeinsame Verständnis auf einer fairen Grundlage die Unterschiede in der Gleichstellung von Mann und Frau mit Augenmaß und im Rahmen vorhandener Möglichkeiten abgebaut werden. Dazu bedarf es einer fairen Zusammenarbeit, die gleichermaßen von Männern wie von Frauen anzustreben ist und die letztlich zu einem Miteinander, zu einer echten Partnerschaft im besten Sinne des Wortes führt. Dieses schöne, erstrebenswerte Ziel ist möglich, wenn eine oder einer den Anfang macht. Der Autor dieses Buches möchte seinen Teil dazu beitragen und in der sicheren Überzeugung »die Hand reichen«, daß Sie diesem fairen, offenen Beispiel folgen. Vernünftige Menschen mit Kultur können und dürfen nicht anders handeln. So lassen Sie uns, wenn Sie einverstanden sind, statt gegeneinander jetzt und in Zukunft miteinander handeln.

Verehrte Leserinnen. Ist Ihnen in den letzten Zeilen etwas aufgefallen? Wenn nicht, weil es Ihnen zwar vollmundig, aber dennoch vernünftig vorkam, dann lesen Sie doch diesen Absatz (vorige Seite) nochmals genau durch!

Wurde dort nicht eine sehr erfolgreiche »Masche« vieler Männer demonstriert? Sie kann vorkommen in Gesprächen von Chefs gegenüber Mitarbeiterinnen, in Verhandlungen, in politischen, kirchlichen und gesellschaftlichen Diskussionen, im privaten Bereich, kurzum: überall. Der »Trick«: Man(n) diskutiert teils sachlich-kontrovers, teils emotional über einen Sachverhalt XY und leitet dann mit wohldosierten Worten, welche stets die »Gemeinsamkeit« beider Parteien, Kontrahenten (in unserem Fall: Männer und Frauen) betonen, auf die »Vernunft des gemeinsamen Handelns« hin – wobei gleichzeitig unterstellt wird, daß jedes andere Handeln, gleich wie es aussieht, »unvernünftig« ist. Wenn z. B. ein Chef, der im Normalfall eine gewisse Autorität hat, seine salbungsvollen Worte in einer »warmherzigen Rhetorik« vorbringt, geschieht oftmals das, was Goethe mit dem Wort »einlullen« meinte. Sie verlassen das Chefzimmer mit dem Gefühl, einen verständnisvollen Chef zu haben. Tatsächlich hat er aber nichts weiter getan, als Sie »über den Tisch gezogen«, und in den meisten Fällen stoppen die Mitarbeiterinnen ihre Aktivitäten. Genau das wollte der Chef erreichen. Und es gelingt immer dann, wenn der Mitarbeiterin das Selbstbewußtsein, die feinen Antennen und die Gesprächstechniken fehlen.

Ihre Abwehr dieses »Einlullens« wäre im vorliegenden Fall wie folgt erfolgreich gewesen:

1. Sensibilisierung für die vermutete Absicht des Chefs, bestehende Verhältnisse zu erhalten oder andere (sprich: seine) Lösungen vorzuziehen.
2. »Entwaffnende« Fragen stellen (siehe Kap. 5 und 6)
3. Auf gar keinen Fall in dieser Situation einer endgültigen Lösung zustimmen, sondern um Bedenkzeit bitten.

Eine streitbare Frau fragte mich in einem Seminar: *»Was soll das ganze Theater eigentlich? Ich kann doch dem Chef klipp und klar* *erklären, daß ich mit seinem Vorschlag nicht einverstanden bin. Das ist doch besser, als pflaumenweich zu reden!«*

Wer wollte bestreiten, daß es Chefs gibt, die in der Tat nur Klartext verstehen? Doch mehrheitlich sieht die Praxis anders aus, da schlicht und wahr ein Chef immer am »längeren Hebel« sitzt. Um eine Forderung abzublocken, stehen ihm viele Mittel zur Verfügung. Aber jeder Chef weiß heute auch, daß ein unfreundliches »Nein« zur Demotivation, vielleicht zur Kündigung, führt. Vor allem kann das unerwünschte Auswirkungen auf das Betriebsklima haben. Er ist jedoch »aus der Klemme«, wenn er provoziert wird. Und es darf nicht vergessen werden, daß man die Provokation auch (legal) herbeiführen kann (siehe Kap. 6.3). Dabei muß seine Wortwahl keineswegs drastisch sein. Wichtig ist, daß *Sie* sich nicht provozieren lassen, denn Sie sind auch »nur ein Mensch« mit Gefühlen. Und die werden schließlich angesprochen, nicht etwa die Sachebene. Durch emotionale Angriffe reagieren viele Frauen ebenfalls emotional. Wenn Sie sich dann so »richtig schön in Rage« geredet haben und die Ausdrucksweise mit niedrigen Worten auf dem Höhepunkt ist, schlägt er hinterlistig einen Haken, wird versöhnlich in seinem Ton, stellt aber »Ihren ungehörigen Ton« in den Mittelpunkt des Gespräches. Plötzlich geht es nicht mehr um Sachinhalte, sondern nur noch um die Frage: Haben Sie ihn beleidigen wollen oder nicht?
Unter »erfolgreich kämpfen« ist etwas anderes zu verstehen.

3.2 Die Sach- und die Beziehungsebene

»Wenn ich so'n Typ schon sehe ...!«, »Der ist mir irgendwie unsympathisch«, »Ach du Schande, wie sieht die denn aus?«, »Hey, ein toller Mann!«, »Hoppla, eine starke Frau!«, »Hmmm. Supertyp. Ich fließe dahin!« usw. – Diese und andere sind oft die ersten Gedanken oder Bemerkungen, die wir machen, wenn wir unbekannten Menschen gegenübertreten. Es ist zwar ein erstes Urteil – meist jedoch ein Vor-Urteil. Aber Sie alle kennen das: Mit dem scheinbar unsympathischen Mann unterhalten Sie sich, lernen ihn etwas näher kennen, und er wird Ihnen immer sympathischer. Der umgekehrte Fall ist ebenfalls bekannt: Sie finden einen Mann auf den ersten Blick nett und sympathisch, lernen ihn dann näher kennen und haben irgendwann nur noch den Wunsch, diesem »Herrn« nicht mehr zu begegnen. Umgekehrt findet das selbstverständlich auch bei Männern statt, die eine ihnen zuvor unbekannte Frau kennenlernen, z. B. via Telefon. Eine »wahnsinnig sympathische/sexy-erotische/vertrauensvolle etc.« Stimme ist zu hören. Beim Kennenlernen muß dann leider festgestellt werden, daß diese Stimme in einem Typ »wohnt«, den man nicht mag. Auch hier tritt natürlich der umgekehrte Fall genausooft ein.
Was geht da in uns vor, was geschieht in solchen Situationen?

Wir werden »Opfer« eines Grundbedürfnisses, das jeder Mensch hat. Alle Menschen haben das Bedürfnis nach einer »inneren Ordnung«. Die unterschiedlichen Maßstäbe dieser inneren Ordnung ergeben sich u. a. durch unsere unterschiedliche soziale Herkunft, unsere Erfahrungen, Erwartungen, Wahrnehmungen, das Filtern von Informationen und vor allem durch die Situationen, in die wir eintreten. Ohne eine solche innere Ordnung als »Orientierung« würden wir Menschen hilflos und chaotisch umherirren. Aufgrund unserer Maßstäbe stecken wir ein für uns sicheres Feld ab, in dem wir uns bewegen können – die Eltern lehren es die Kinder, damit diese »überleben«. Doch die Kompliziertheit unserer Welt führt dazu, daß wir Vereinfachungen vornehmen. So werden z. B. Menschen »typisiert«, damit wir diese beurteilen und einordnen können. Seit der Antike wurde versucht, eine »Typenlehre« zu schaffen, die im Laufe der Jahrhunderte immer wieder aufgegriffen und erweitert wurde (*Hippokrates, Kant, Pawlow, Kretschmer* usw.). Da sich jeder Mensch »ein Bild von dem anderen machen will«, werden Typen, Schemen und Kategorien von Menschen erstellt, denen ein »typisches« Verhalten und bestimmte Eigenschaften zugeordnet werden, damit wir uns »orientieren« können. Die ganze (meist lächerliche!) »Sternzeichen-Diskussion« ist nichts anderes. Orientiertheit schafft in uns Vertrauen und bestimmt unser soziales Verhalten. Solange verbale und nonverbale Signale die Eigenschaften und das Verhalten unseres Gegenübers mit dem Bild, das wir uns von dem Menschen gemacht haben, übereinstimmen, also »typisch« sind, so lange befinden wir uns in einem »vertrauten Zustand«, den wir (scheinbar) kennen – und wir reagieren »typisch« (*»typisch Frau«, »typisch Mann«, »typisch Chef«, »typisch Skorpion«, »typisch Ausländer«* usw.). Sobald sich aber ein Mensch nicht mehr »typisieren« läßt und somit nicht unseren vertrauten Maßstäben entspricht, befinden wir uns außerhalb eines »vertrauten Zustandes«. Unser Gegenüber erscheint uns fremd, und wir reagieren auch anders. Oft bestimmt dann Angst, Aggressivität, Ablehnung oder Flucht unser Verhalten. Wir haben also ein anderes soziales Verhalten – zumindest im Stadium des Gegenübertretens. Das kann und wird sich in vielen Fällen dann ändern, wenn das positive oder negative Verhalten des anderen wieder unseren vertrauten Maßstäben entspricht, die geschlechtsspezifisch unterschiedlich sind. Dieser Abfolge einer Kategorisierung kann sich niemand entziehen. Und jeder Psychologe lächelt still vor sich hin, wenn er die hehren Sprüche mancher Zeitgenossen hört: *»Ich beurteile einen Menschen niemals sofort, sondern erst, wenn ich diesen Menschen länger kenne!«*

In der Verkaufspsychologie gibt es einen Grundsatz, der stets dort, wo sich Menschen treffen, Gültigkeit besitzt:
Für den ersten Eindruck gibt es keine zweite Chance, und was ein Mensch zuletzt hört, behält er am besten!

Die Schlußfolgerung daraus ist einfach: Da der erste Eindruck von verbalen (Worte, Sprechen, Sprache etc.) und nonverbalen (Aussehen, Kleidung, Stil- und Umgangsformen, Statussymbole, Körpersprache etc.) Signalen abhängig ist, können diese Faktoren

auch stimulierend oder manipulierend eingesetzt werden. Und weil ein Mensch am besten das behält, was er zuletzt hört, muß besondere Aufmerksamkeit auf die Zusammenfassung, das Schlußwort gelegt werden. Auch hier gibt es die Möglichkeit, zu »manipulieren« – wobei diese Art der erfolgsorientierten Manipulation durchaus als nichts Schlechtes angesehen werden muß.
Reduziert man die zwischenmenschliche Kommunikation auf eine einfache Betrachtungsweise, so kann eine Gesprächsführung ***kooperativ*** und/oder ***konfrontativ*** sein. Die Kommunikation selbst findet auf der ***Sachebene*** und/oder der ***Beziehungsebene*** statt. Während auf der Sachebene die rationalen Informationen mit dem »Kopf« aufgenommen werden, werden über die Beziehungsebene nonverbale und emotionale Informationen quasi »über den Bauch« aufgenommen. Entscheidend ist dabei, daß diese Ebenen nicht getrennt werden können, denn sie bilden eine Einheit und beeinflussen sich wechselseitig. Offene oder latente Störungen auf der Beziehungsebene werden aber oft »sachcodiert«, d. h. aufgrund sozialer Normen und Regeln über die Sachebene mitgeteilt (»Aus rein sachlichen Gründen müssen wir leider … usw.«) und sind somit nur ein »Vorwand«.

Die wichtigste Ebene ist also die Beziehungsebene. In den USA wurde bereits in den 60er Jahren wissenschaftlich untersucht, wieviel Prozent aller Entscheidungen in Politik, Wirtschaft, Religion, Privatheit usw. der Menschen auf der Sach- und auf der Beziehungsebene stattfinden. Das Ergebnis überrascht: 95 % aller Entscheidungen werden auf der Beziehungsebene und nur 5 % auf der Sachebene getroffen. Wichtiger für Sie, verehrte Leserin, ist allerdings der Umkehrschluß: **Es muß gelernt werden, mit den eigenen Gefühlen und Emotionen und denen der anderen besser umgehen zu können.**

Das ist leichter gesagt als getan, denn hier spielt uns unsere Wahrnehmung, unsere Erfahrung, unser Wert- und Normensystem, unser Streben nach »innerer Ordnung« einen Streich. Sobald wir einem Menschen gegenübertreten, filtern und speichern wir ganz bestimmte sachliche, verbale und vor allem non-verbale Informationen. Wir kategorisieren, typisieren und schematisieren diese Infos nach dem vorgegebenen System unserer »inneren Ordnung«, um uns selbst in einen »vertrauten Zustand« zu bringen.

Das überspannende Regulativ ist dabei entweder »Sympathie« oder »Antipathie«. Den Zustand »Gleichgültigkeit« kann es natürlich beim Zusammentreffen von Menschen ebenfalls geben, aber genauer betrachtet liegt auch hierin eine Wertung. Diesem Ablaufschema kann sich niemand entziehen. Es findet sowohl bei Ihnen wie auch bei Ihrem Gegenüber statt. Erst wenn andere Kriterien und Faktoren erkennbar werden, wird das Pendel von Sympathie nach Antipathie oder umgekehrt ausschlagen. Ein Mensch, der Ihnen auf den ersten Blick unsympathisch ist, redet mit Ihnen, verhält sich (nach Ihren Maßstäben) positiv und sendet Signale aus, die ihn irgendwann sympathisch machen. Auch den umgekehrten Fall, die Änderung von Sympathie in Antipathie, kennen Sie sicher zur Genüge.

Was immer geschieht: Sie befinden sich auf der Beziehungsebene. Es beweist aber auch, wie diffizil es ist, das Regulativ »Sympathie« oder »Antipathie« nach eigenen Vorstellungen zu manipulieren, denn Sie wissen, wie leicht es ist, aus einem als »sympathisch« beurteilten Zustand in den »unsympathischen« zu gelangen, und wie schwierig es ist, diesen Zustand wieder »umzukehren«. Aber wo Schwächen sind, da sind auch Stärken. Und die Stärke dieser psychologischen Grundweisheit liegt darin, daß diejenigen, die dieses Prinzip verstanden und internalisiert (verinnerlicht) haben, damit zielgerichtet in der Männerwelt »arbeiten« können. Zielgerichtet heißt in diesem Fall, auf eigene, restriktive und stringente Philosophien zu verzichten, die u. U. den Erfolg stören. (*»Ich bin so, wie ich bin, basta«, »Mir ist das egal, wie man(n) mich sieht, denn ich will ...* usw.«)

In der Geschäftswelt z. B. haben Männer stets wenig Zeit. Sorgen Sie – so meine Empfehlung – bereits durch den »richtigen ersten Eindruck« dafür, daß Männer sich für Sie und Ihre Vorstellungen »Zeit nehmen«. Unterschätzen Sie nicht diese große Möglichkeit des ersten Eindrucks. Es gilt immer noch der Grundsatz:
Nach deinem Kleide wirst du empfangen. Nach deinem Verstande wirst du entlassen!

Die Schwierigkeit besteht darin, zu definieren, was eine »gutaussehende Frau«, ein »häßlicher Mann« und umgekehrt ist. Das liegt im »Auge des Betrachters«, und jede/r hat andere Beurteilungskriterien. Einheitliche Maßstäbe dafür gibt es nicht – von den Werbe-, Mode- und Medienschönheiten, die uns ständig vorgegaukelt werden, einmal abgesehen. Für eine gutaussehende, attraktive Frau gibt es in der Männerwelt viele Kriterien. Einen zweifelhaften Beitrag zu diesem Klischee leistet die **Werbung**. Sie setzt uns, wie zum Überdruß bekannt, ständig eine heile, reiche Welt vor die Nase und suggeriert uns mit »schönen« Menschen, daß auch wir Normalsterblichen und Anti-Fotomodelle das »hohe Glück« erlangen können, wenn wir nur die Produkte kaufen, die sich dort anbiedern. Das Perfide daran ist, daß die Werbung uns nur Einzelprodukte verkaufen will – oder kennen Sie eine »Werbung« für einen »ganzheitlichen Stil« sowohl im Aussehen wie in Kleidung, Accessoires, Genießen, Wohnen, Fahren, Lebensart usw.? In der peinlichsten Stufe kommen dabei »Yuppies« und andere ferngelenkte Lackaffen heraus, die unser Mitleid verdienen, denn es sind Konsumenten, die ihr andressiertes Lebens- und

Konsumverhalten mit »Trend«, »neuem Lebensstil« usw. kaschieren.
Fatal sind jedoch auch die Auswirkungen auf Frauen, denn die Werbung gaukelt uns ein Frauenbild vor, welches es nicht gibt: Da steigt die junge, hübsche Karrierefrau aus ihrem Designerbett, öffnet dynamisch die Gardinen, um dann in ihrer licht- und sonnendurchfluteten Atelierwohnung die Siamkatze zu füttern, im Traumbadezimmer ein Bad zu nehmen, Diätmargarine aufs Knäckebrot zu streichen, dem »Manager-Timer« kurz die Termine zu entlocken, mit wallender Frisur und Aktenköfferchen schwungvoll-gekonnt den Sportwagen zu besteigen, loszubrausen, bereits die ersten Telefongespräche im Auto zu führen, am staunenden Pförtner vorbei in eine Bürohalle zu rauschen, wo prompt ein Mann vor Bewunderung gegen einen Pfeiler läuft. Überflüssig zu beschreiben, wie viele Männer im Büro ihre Anweisungen entgegennehmen ... Und wenn sie dann abends genauso schwungvoll zurückkommt, hat das Deo immer noch nicht versagt, denn sonst würde sie der Traummann, mit dem sie im Nobelrestaurant speist, nicht so schmachtend ansehen. Dümmer geht's nimmer.

Die Schlußfolgerung daraus ist relativ einfach. Machen ***Sie*** etwas aus »Ihrem Typ«, stellen Sie ihn ehrlich heraus, und stehen Sie auch dazu. Für Männer ist nichts langweiliger als eine Frau, die nichts aus »ihrem Typ« macht. Vor allem sollten Sie sich und Ihren Körper selbst bejahen. Die ständige Klage *»Mein Po ist zu dick«* oder *»Mein Busen ist zu klein«* kann nur zu Komplexen mit der Folge des mangelnden Selbstwertgefühls führen. Was »schön« ist, liegt ohnehin im Auge des Betrachters. Häßlich ist nur die Dummheit.

3.3 Ein »Outfit-Konzept« muß her ...!

Das Ausrichten der Äußerlichkeiten einer Frau rein auf die Männerwelt kann weder als »erstrebenswert« noch als im Sinne der Eigenständigkeit von Frauen angesehen werden, unabhängig davon, daß es von vielen Frauen getan wird. Es geht darum, daß Frauen sich generell aus einem »Diktat« lösen und zur eigenen Persönlichkeit finden, auch gegen den neuesten Modetrend. Es wäre jedoch Unsinn, zu behaupten, daß das stetige Tragen aktueller Mode die eigene Persönlichkeit negiert bzw. ihre Entwicklung verhindert. Entscheidend ist, ob eine Frau »ihren eigenen Stil« findet, der zu ihrem Selbstverständnis, ihrem Image, ihrem Verhalten und ihren Zielen paßt. Alle Faktoren müssen aufeinander abgestimmt sein, um eine *glaubwürdige Einheit* zu bilden.

Die Kleidung muß »passen« – aber für wen?
Es ist eigentlich ein »alter Hut« – Frauen kleiden sich nicht vorwiegend »für die Männer«, sondern um ihre »Rivalinnen auszustechen«. Und warum? Um in den Augen der Männer eben doch besser und schöner zu sein als die »verhaßte Rivalin«. Also geht es doch im Grunde um die Männer. In allen entsprechenden Filmen begegnet uns die gleiche Szene: Eine Frau trifft auf eine andere, und beide kokettieren mit dem »wunderschönen Kleid« der anderen, nicht jedoch ohne einen ironischen Unterton, und eine mittlere Katastrophe ist es, wenn beide ein ähnliches Kleid anhaben ...! Die Männer finden die Kleider der Frauen im Film immer »hervorragend, bezaubernd«. Soweit die Filmwelt.

In unserer heutigen realen Welt, insbesondere im Berufsleben, gelten andere Regeln. Welche Figur immer eine Frau hat und wie sie aussieht, ihre Kleidung, ihr Aussehen, ihr Make-up, ihr Geruch (Parfüm), ihre Symbole etc. werden von der Männerwelt beachtet und – kommentiert. Für unsere Überlegungen ist es aber nicht von Wichtigkeit, ob eine Frau dem Schönheitsideal einiger Modezeitschriften entspricht, sondern stets nur, »was sie aus ihrem Typ macht«. Ob die »große Schlanke«, die »Vollbusige«, die »Breithüftige«, die »Korpulent-Dicke« oder der »Idealfall« und die »Optimale«, die von »allem etwas hat«: es gibt eine Vielzahl von

Büchern und Zeitschriften, in denen Expertinnen allen »Frauentypen« Empfehlungen geben, um »ihren Typ« zu unterstreichen.

Entscheidend ist nicht der »neueste Mode-Schrei«, sondern »Ihr ganz persönliches Outfit-Konzept«. Dieses Konzept können Sie natürlich gelegentlich durchbrechen, um – wenn's möglich ist – ein paar »total ausgeflippte und verrückte Klamotten« zu tragen. Das widerspricht sich nicht, sondern ist eher als eine interessante Variante Ihres eigentlichen Grundkonzeptes zu sehen, von dem Sie, trotz modischer Varianten, nicht abweichen sollten.

Die Haare, das Make-up – und der Männer Blicke ...!
Es gibt etwas, worauf Männer besonders achten: die Haare. Damit zusammen hängt das Make-up; es unterstreicht Ihren »Typ« – oder »verläßt« Sie. Mit den Haaren eines Menschen, speziell mit der Frisur der Frauen, ist es etwas ganz Besonderes. Viele Männer haben es da einfacher. Sie waschen eben »mehr Gesicht und kämmen sich mit dem Schwamm«. Doch bemerkenswert ist, daß ab einem bestimmten Alter die meisten Menschen »eine bestimmte Frisur« tragen. Männer, die von früh auf einen Scheitel links getragen haben, werden nur durch den konstanten Haarausfall daran erinnert, daß es noch eine Alternative auf der rechten Seite gab.

Die Empfehlung, sich für eine Frisur zu entscheiden, die problemlos gepflegt werden kann, ist leicht ausgesprochen. Übrigens: Die meisten Männer mögen lieber einfache saubere Frisuren, statt kunstvoll aufgedrehte Haarspray-Locken. Doch viel entscheidender ist die regelmäßige Pflege und Sauberkeit. Es ist oftmals unfaßbar, wie nachlässig viele Frauen (und Männer!) hierin sind. Auch die Farbe der Haare ist ein wichtiges Kriterium. Und wenn eine Frau von Natur aus dunkle Haare hat, dann sollte sie mit den herauswachsenden und dann verräterischen Haaransätzen nicht so lange warten, bis es jeder weiß ...! Meine Empfehlung: Mit der Frisur und mit der Haarfarbe sollte eine Frau »spielen«, auch wenn Ihre Umgebung einmal anderer Meinung über die Schönheit Ihrer Haartracht sein sollte.

Aber beachten Sie bei einem solchen gravierenden Wechsel stets das Make-up. Auch das sollten Sie öfters wechseln. Lassen Sie sich darin beraten. Es ist erschreckend, wie viele Fehler gerade auf diesem Gebiet gemacht werden. Mitunter hat man(n) den Eindruck, das Make-up einer Frau wird von der Farbenindustrie gesponsert (*»Farbe erhält, was sonst verfällt«*). Grell geschminkte Frauen haben immer das Problem, daß sie »nachschminken« müssen. Eine Frau mit schlechten Manieren unternimmt diesen restaurativen Versuch am Tisch, sei es in einer Verhandlung oder im Lokal. Die meisten Männer hassen das, sagen aber nichts. Stellen Sie sich mal vor, Ihr männliches Gegenüber zückte einen Rasierapparat und begänne sich in Ihrer Anwesenheit und unter den Blicken der anderen zu rasieren ...!

Parfüm – Odeur – Gerüche – und der Männer Olfaktorius ...!
Die »Olfaktorik« (lat.) bezeichnet die Geruchsausstrahlung. In der Medizin ist die Olfaktometrie die Messung der Geruchsempfindlichkeit. *»Den kann ich nicht riechen!«, »Die stinkt mir!«, »Du duftest bezaubernd!«, »Den Braten habe ich gerochen!«, »Die hat eine Näschen dafür!«* usw. – alle diese und viele andere Redewendungen sagen etwas über die Wichtigkeit dieses Phänomens aus. Daß der Geruch eines Menschen von höchster Bedeutung ist, weiß man nicht erst seit unserer Zeit. Die alten Griechen, Römer und Araber haben Gerüche und Düfte zur Stimulierung vieler Gefühle kultiviert. Heutzutage gibt es eine Milliardenindustrie, deren Hauptprofit darin besteht, schöne Düfte zu erzeugen, diese in winzige Flaschen abzufüllen und teuer zu verkaufen. Eine »betörende Frau« ist zugleich auch eine Frau, die einen »betörenden Duft« verbreitet.

Der Geruch eines Menschen ist ein fester Bestandteil des Territorialverhaltens und damit ein Machtsignal, denn:
Jeder durch einen Menschen besetzte Raum, den dieser als »sein Territorium« ansieht, hat einen bestimmten Geruch. Wird dieser mit einem neuen Geruch eines anderen überlagert, heißt das, in das das Territorium einzudringen, ja auch: zu stören. So begehen z. B. viele Frauen den Fehler, bevor sie zum Diktat im Chefzimmer erscheinen, schnell noch ein paar Tropfen mehr oder weniger

edlen Parfüms »umzuhängen«. Auch manche Sekretärin, die in einer Verhandlung den Beteiligten die Unterlagen reichte, vergaß nicht, sich vorher noch kräftig per Geruch »auszuweisen« – vielleicht sah sie es als einen speziellen Ausdruck von angenehmer Weiblichkeit an, dann langt das Verständnis. Wenn sie es bewußt einsetzte, um in Selbstüberschätzung ihre »Duftmarke« zu hinterlassen, fehlt ihr einiges, z. B. die Kenntnis darüber, daß sie im wahrsten Sinne des Wortes mit ihrem Geruch »stört«. Dann langt das Verständnis nicht mehr, denn es kommt – unausgesprochen – zur Machtdemonstration, weil das eigene Territorium durch einen fremden Geruch überlagert wird. Hinzu kommt, daß z. B. Parfüme stets Ausdruck des eigenen Geschmacks sind. Und der kann bekanntlich sehr eigenwillig sein …

Frauen und Distanzzonen

Im Geschäftsleben gibt es eine sehr leicht zu verstehende Regel:
Die Sympathie verhält sich umgekehrt proportional zur Intensität des Körpergeruchs und nimmt mit dem Quadrat der Entfernung zu.

Schwierig wird's, wenn diese Regel, *»Je größer der Abstand, je größer die Sympathie«*, in der Praxis konkret umgesetzt werden soll. *»Bleib mir vom Leib«*, denken wir uns, wenn uns jemand zu nahe kommt.

Leider entspricht es der Erfahrung, daß gerade diejenigen Zeitgenossen ein Nahkontaktbedürfnis haben, deren Deos und Mundwässer in aller Regel versagen und deren Gesamtgeruch den Verdacht aufkommen läßt, sie hätten eine Verbindung zur Kläranlage mit direkter Leitung zur Senkgrube (Stichwort: Knoblauch-Orgie im griechischen Restaurant). Auch Raucher unterschätzen z. B. die »Treue der Nikotinkletten« und werden somit schnell zur »Zumutung« für Nichtraucher. Dazu eine wichtige Regel:
Beim Kunden sollte grundsätzlich nicht geraucht werden – auch wenn der Kunde raucht!

Verzichten Sie lieber für die kurze Zeit eines Verkaufsgesprächs auf Ihre Zigarette, denn sie verbindet nicht, sondern stört. Denken Sie daran, daß der Kunde nach dem Gespräch auch Ihre Kippen entfernen und den Raum lüften muß. Was tun *Sie* als erstes, wenn ein stark rauchender Besuch Ihre Wohnung verlassen hat? Der Geruch eines Menschen kann viele Ursachen haben. Körper- und Schweißgeruch, Haargeruch, Mundgeruch, Fußgeruch, Geruch der Kleider usw. »wetteifern« bei manchen Zeitgenossen nicht nur mit Deos, Seifen, Parfüm- und Rasierwässern, sondern auch mit Straßengerüchen, »Glücksgerüchen« (z. B. Hundekot an den Schuhen), Tiergerüchen usw. Das kann durchaus eine Störung der territorialen Abgrenzung anderer sein. Damit dieses in unserem Kulturkreis nicht geschieht, gelten **»Distanzzonen«**:

bis 60 cm	Intimzone
60–150 cm	persönliche Zone
1,50–4,00 m	gesellschaftliche Zone

Nicht einfach ist die elegante Abwehr, das »Sich-vom-Leibe-Halten« der Zeitgenossen, die uns schon via Geruch unsympathisch sind (Pfefferminz reichen geht meistens nicht). Ganz schlimm wird's, wenn diese uns auch noch ihr »schweißig-lauwarmes Händchen« reichen und nah »auf den Pelz rücken«. Wir mögen zwar die Asiaten belächeln, die sich nur mit einer Verbeugung begrüßen, doch das hat zwei Vorteile. Einerseits ersparen sie sich den oftmals unhygienischen Handkontakt (von dem so viele in unserem Kulturkreis meinen, er sei etwas »besonders Verbindliches«!), andererseits können sie sich auf den Blickkontakt und die Mimik konzentrieren, die eine höhere Aussagekraft haben als unser Händedruck (vor allem, wenn der feste Händedruck zum Kraftakt wird oder die feuchte Handschweißübertragung klammheimlich abgeputzt werden muß). Auch die Bussi-Bussi-Variante der Münchner Schicki-Micki, jetzt schon unter Männern verbreitet, kann ebensowenig befriedigen wie der sozialistische Bruderkuß.

Wie läßt sich der unerwünschte Händedruck und die (scheinbar legale) körperliche Annäherung vermeiden? Unabhängig davon, daß es eine wichtige Benimmregel ist, daß man(n) einer Frau nicht die Hand zur Begrüßung hinstreckt, sondern wartet, bis sie von der Frau geboten wird, ist es oftmals schwierig, eine ausgestreckte Hand zu verweigern (nebenbei bemerkt: Sie können damit sehr gut die Kenntnis des Betreffenden über Benimmregeln feststellen). Doch wie läßt sich das vermeiden, umgehen, ohne den anderen zu brüskieren? – eine häufig gestellte Frage in den Seminaren.
Meine Empfehlung:
Heben Sie leicht beide Hände und sagen: *»O pardon! Ich habe noch eine schwere Grippe in mir, und die müssen Sie nicht unbedingt haben!«*
Wetten, daß Ihr Gegenüber dann sagt: *»Ooch, das macht mir nichts!«??*
Jetzt nachhaken: *»Aber mir macht's etwas!«* (Mit einem Lächeln deutlich Abstand nehmen und möglichst schnell ein Gespräch einleiten.)
Mit diesem Trick können Sie sich auch Zeitgenossen vom Leibe halten, die meinen, daß trotz Knoblauchgenusses jeder Zentimeter näher zu Ihnen auch gleich mehr Sympathie bedeutet ...!

Stets Distanzzonen wahren!
(Nicht nur bei Körpergeruch, Mundgeruch, allzu aufdringlichem Parfüm, Nikotinkletten etc., sondern auch als Respektierung des Territorialbereiches!).

Statussymbole einer Frau – die sieht man(n) ...!
Eine besondere Frage sind die »Statussymbole«. Besonders deswegen, weil mit bestimmten Produkten eine soziale Anschauung verbunden wird – das jedenfalls will uns die einschlägige Werbung suggerieren. So versuchen z. B. Modezaren, daß sich auch die Männer in gehobenen Positionen endlich mal mit etwas anderem »schmücken« als nur dem mausgrauen Anzug mit der »gedeckten Krawatte«. Ihre Vorschläge sind manchmal brauchbar, aber oft sehen die Männer dann entweder aus wie ein »overstylter Dandy« oder ein gereinigter Bahnhofspenner mit Dreitagebart. Hinzu kommen die Kosten. Eine auffällige Kleidung kann man eben nicht immer tragen und meist auch nicht kombinieren. Es müßte also immer etwas Neues her, wollte man nicht in den Verdacht geraten, »nur mal zu protzen«. Aber der entscheidende

Punkt ist der Chef oder/und die Kunden. Stellen Sie sich einmal eine wichtige Verhandlung mit dem Chef bei einem als »konservativ« geltenden Kunden vor, in der ein Mitarbeiter mit Dreitagebart, Ohrring und »New Look« ausgestattet ist ...! In den meisten Branchen ist das in gehobenen Positionen schlicht undenkbar – von einzelnen Ausnahmen abgesehen. Und Moderedakteur/innen, die den Männern in solchen Situationen empfehlen: *»Mehr Mut, meine Herren!«*, sollten einmal darüber nachdenken, ob sie in der gleichen Zeitschrift einen Artikel schreiben könnten, der die Leser daran erinnert, daß es auch noch andere Zeitschriften gibt ...!

Allerdings muß auch gesagt werden, daß ein Verhalten nach dem Grundsatz *»Wer angibt, hat mehr vom Leben«* bei allen Geschlechtern zu finden ist, z. B. beim Nachbarn, der unbedingt ein größeres Auto fahren muß als der andere Nachbar, der »Mann von Welt«, dessen Porsche nur mit »Playboy-Finanzierung« fährt: vorne auf Wechsel und hinten auf Verlängerung. Oder nehmen wir die lieben Zeitgenossen, die – nach dem Beruf gefragt – stets eine »Leiter« vorne oder hinten anhängen: Verkaufs»leiter«, Kundendienst»leiter«, Leiter des Bereichs XY, Verpackungs»leiter«, Leiter Kosmetikstudio usw. Entsprechend gibt es genügend Scherze darüber: Der hat 500 Leute unter sich (Friedhofsgärtner?); er hat eine Schlüsselposition im Unternehmen (Nachtwächter?); er ist führend in der Plattenbranche (Fliesenleger?) usw.

Wohin wir Männer bei Frauen schauen, ist oft beschrieben worden. Doch wohin sehen die Frauen bei Männern? Fast 75 % aller Frauen schauen auf den (knackigen) Po des Mannes, sagt eine Umfrage von 1993. Da schau her!
Ich empfehle den Frauen, auf andere Dinge zu schauen, z. B. auf die Accessoires wie Hosengürtel, Schuhe, Strümpfe, Manschettenknöpfe, Schmuck, Uhr usw. Fingernägel nicht zu vergessen. Von Krawatte und Anzug wissen die Männer ohnehin, daß diese zuerst beurteilt werden. Alles perfekt? Verschütten Sie doch einmal etwas Wein, und bitten Sie Ihren Partner um ein Taschentuch ...!

Übrigens soll's auch Männer geben, die diese Dinge an Frauen »entdecken«. Ein ständiges Rätsel wird z. B. vielen Männern sein, warum so manche Frauen Handtaschen von einer Größe (und Unordnung) mit sich herumschleppen, die darauf schließen läßt, daß sie sich im Wohnungsumzug befinden …

4. Körpersprache (Kinesik) für Frauen

4.1 Bedeutung der Körpersprache

Von außerordentlicher Bedeutung ist die Körpersprache beider Geschlechter, weil aus ihr als nonverbale Kommunikation Rückschlüsse auf psychische Empfindungen, Stimmungslagen, Dominanz, Machtfülle, Einstellungen etc. Rückschlüsse gezogen werden können. Scheinbar ist alles sehr einfach: Jemand sendet körpersprachliche Signale aus, sie werden vom Gegenüber aufgefangen, interpretiert und ... es wird »reagiert«. Die Reaktion ist demzufolge stets davon abhängig, welche Signale erkannt und wie diese interpretiert wurden. Die Problematik besteht darin, daß nonverbale Kommunikation einerseits nicht eindeutig als »typisch männliches« oder »typisch weibliches« Verhalten eingeordnet und interpretiert werden kann. Andererseits ist es durchaus möglich, daß mit der Körpersprache getäuscht werden kann. Gerade Männer machen von der Möglichkeit, andere durch ihre körpersprachlichen Aussagen zu täuschen, oftmals Gebrauch. Aber es ist oft nachgewiesen worden, daß Frauen besser entwickelte Fähigkeiten haben, Signale zu empfangen und zu deuten, als Männer.

Um sich als Frau in dieser Vielfalt zurechtfinden zu können, ist es zunächst erforderlich, daß Sie sich über einige typische Grundmuster und deren Varianten als Hauptunterschiede körpersprachlicher Aussagen von Männern und Frauen klarwerden. Darüber hinaus gibt es einige »typische« Merkmale nonverbaler Kommunikation, die schnell erkannt und gedeutet werden können. Schwierig ist lediglich das Erkennen, die »richtige« Interpretation (und Reaktion!) von Signalen, die bewußt täuschend eingesetzt werden.

Generell gilt jedoch, daß körpersprachliche Signale unbewußt ausgesendet werden. Grundsätzliche Unterschiede zwischen Frauen und Männern bestehen in den Bewegungen (gehen, laufen etc.), in der Haltung (stehen, sitzen etc.) und in den Kontakten (Berührungen etc.). Eine Frau, die z. B. mit den gleichen Schrittlängen mit vom Körper wegweisenden Gesten wie ein Mann geht, wirkt außerordentlich plump und tapsig. Eine Frau macht kleinere Schritte (*»Nun ras' doch nicht so!«*) und hat dabei meistens eine geschlossene Haltung, d. h., die Gesten sind zum Körper gerichtet. Würde umgekehrt ein Mann so gehen (Trippelschrittchen), so würde das schlicht lächerlich wirken (»Tunte«).

Zunächst einige typische Grundmuster der Körpersprache von Männern und was aus ihnen entnommen werden kann:

Offene Körperhaltung
signalisiert
- Offenheit
- Zuwendung
- Interesse

Geschlossene Körperhaltung
signalisiert
- Verschlossenheit
- Ablehnung
- Abwarten

Diese Körperhaltungen verraten:

Undurchschaubarkeit
- O kaum Reaktion
- O Hände versteckt
- O gespreizte Standbeine

Unsicherheit
- O Standbeine geschlossen, Oberkörper leicht vorgebeugt
- O Mappe als Schutzschild
- O führt sich selbst an der Hand

Diese Körperhaltungen verraten:

Offene Körperhaltung
○ Offenheit
○ Zuwendung
○ Interesse

Geschlossene Körperhaltung
○ Verschlossenheit
○ Ablehnung
○ Abwarten

Diese Körperhaltungen verraten:

Ablehnung/Kritik

Besserwissen/Belehren

Wer Macht hat, beansprucht Platz. Mieter haben z. B. keine Macht, darum sind Mietshäuser auch direkt an Straßen gebaut, und der Garten ist rückseitig (wenn überhaupt ...!). Millionäre setzen ihre Villen an die Rückseite ihres Grundstücks, davor ist ein Park, und davor ist wiederum eine hohe Mauer mit einem ehrfurchteinflößenden Tor, damit das besitzlose Volk nicht unbefugte Einblicke nehmen kann. Jeder Mensch beansprucht einen »Territorialbereich«. Je höher der Status und je größer die Macht, um so größer ist dieser und um so weniger ist es »statthaft«, diesen zu verletzen (das ist u. a. auch ein Grund, warum wir uns in Aufzügen oftmals unwohl fühlen, denn hier muß durch die Platzverhältnisse zwangsläufig die »Intimzone« des Territorialbereiches verletzt werden).

Männer mit Macht können im Geschäftsleben nicht einfach »besucht« werden. Anmeldung und der Weg durch ein oder zwei Sekretärinnenzimmer ist erforderlich. Chefsessel und Besuchersessel unterscheiden sich vor allem durch die Höhe der Rückenlehne. (Ein Blick auf die hellbraunen Sessel im Bundeskabinett bestätigt es: Der Kanzler hat den Sessel mit der höchsten Lehne.) Wer Macht hat, wird auch nicht dafür gemaßregelt, daß er sich in seinen Sessel »reinlümmelt« (Bein über die Armlehne, Füße auf den Schreibtisch legen, Hände hinter dem Kopf verschränken, halb auf dem Sessel liegen usw.). Mitarbeiter mit niedrigerem Status können sich das nicht leisten, jedenfalls nicht, wenn sie mit ihrem Vorgesetzten sprechen. Frauen können sich das aber auch dann nicht leisten, wenn sie selbst Vorgesetzte sind – sie würden sich lächerlich machen. Auch das Besitzergreifen vom Raum ist Ausdruck von Macht und Dominanz. Der Chef selbst kann es sich leisten, unangemeldet und ohne anzuklopfen den Raum seines Mitarbeiters/seiner Mitarbeiterin zu betreten, ohne Zögern auf den Schreibtisch zuzugehen und jede Stelle zu betreten oder zu berühren, die ihm recht und passend erscheint. Bei ihm selbst ist das nicht möglich. Es wäre eine Verletzung seines Territorialbereiches, den er beansprucht, und er achtet darauf, daß dieser nicht verletzt wird. Selbst ein Abstützen mit beiden Händen an der Vorderseite seines Schreibtisches und ein Vorbeugen des Oberkörpers käme einem »Eindringen« gleich.

Mit dem Erkennen von Ausdrucksformen nonverbaler Kommunikation ergeben sich für Frauen große Chancen, die Männerwelt zu verstehen und zu ihrem Nutzen zu reagieren oder zu agieren. Das gilt für den Berufs- und den Privatbereich gleichermaßen, denn viele körpersprachliche Aussagen der Männer sind in beiden Ebenen gleich.

Die einfachste Form der Kommunikation generell ist die Berührung. Der Körperkontakt spielt schon unmittelbar nach der Geburt eine große Rolle (das Neugeborene wird zur Mutter gelegt). Auch in den frühen Kindertagen suchen Mutter und Kind nach Körperkontakten – das gilt für Mädchen und Jungen gleichermaßen. Erst bei Heranwachsenden ergeben sich Unterschiede. So möchte z. B. der 14jährige Junge in Gegenwart anderer nicht mehr von seiner Mutter kindlich berührt werden. Da 14jährige Mädchen oftmals in ihrer Entwicklung schon weiter sind als gleichaltrige Jungen, werden sie von anderen fast schon wie Erwachsene behandelt. In dieser mittleren Sozialisationsphase bis weit in das Berufsleben hinein werden nun von den Jugendlichen die gesellschaftlichen und sozialen Regeln unseres Kulturkreises gelernt, und es entwickeln sich spezifische Verhaltensmuster.

Der Berührung kommt hierbei eine besondere Bedeutung zu. Für Menschen, die miteinander vertraut sind, ist die Berührung eine wichtige Handlung. Selbst unter Männern ist die spontane Umarmung, z. B. bei einem Wiedersehen, eine ganz normale Handlung. Im Berufsleben aber gelten andere Regeln. Die Art und Weise, wie jemand berührt werden »darf« und wie der oder die andere dieses erwidern kann, ist Ausdruck von Macht. So gehört es zu den Privilegien des Chefs, daß er seine Hand z. B. auf den Oberarm oder die Schulter seiner Mitarbeiter/innen legen darf, was diese umgekehrt nicht erwidern können. Damit kommt der Machtstatus des Chefs zum Ausdruck.
In einem Büro wurde ich Zeuge, wie diese Regel verletzt wurde. Erfreut über den Geschäftsabschluß einer seiner Mitarbeiterinnen, umfaßte der Chef die Schultern dieser Frau und lobte sie vor ihren Kollegen. So weit, so gut. Doch was machte die Mitarbeiterin? Spontan umfaßte sie den Chef in der Taille und lobte ihrerseits den Chef. Lähmendes Entsetzen bei den Kollegen. Und ebenso spontan beendete der Chef diese »Mißachtung« des Berührungsprivilegs und stieß ihren Arm von seiner Taille, murmelte etwas von »Alles Gute, weiter so!« und verschwand in seinem Büro.

Mit Berührungen werden Signale ausgesendet, die zu Mißverständnissen führen können. Wenn ein Mann eine Frau kennengelernt hat und sie nach kurzer Zeit von sich aus z. B. ihre Hände in seine legt oder seine Wange streichelt oder sie beim Gehen seine Hüften umarmt, »darf er hoffen«, denn diese Berührungssignale sind – von Ausnahmefällen abgesehen – eindeutig und werden erwidert. Mann und Frau verstehen die Bedeutung dieser Signale gleich. Im Berufsleben aber kommt es zu Mißverständnissen, weil Männer die Berührung durch eine Frau anders interpretieren als umgekehrt. Die hübsche Kollegin, die spontan den Arm ihres Kollegen umfaßt, muß nun damit rechnen, daß der Kollege das als ein »sexuelles Signal« auffaßt. Selbst in kurzen Zufallsberührungen, z. B. im Aufzug, bei gleichzeitigem Durchschreiten einer Tür, das Berühren mit den Brustspitzen in der Warteschlange vor der Kantine usw. werden – bewußt oder unbewußt – sexuelle Absichten und Hoffnungen hineininterpretiert. Umgekehrt ist das jedoch anders. Der männliche Kollege kann ohne weiteres – sofern er nicht »zu weit« geht oder deutlich anzüglich wird – seiner Kollegin die Hand auf die Schulter legen, die Wange tätscheln, seinen Arm unterhaken usw. Für Männer gehört Berührung zum Machtprivileg. Darum ist es nicht stets das Sexuelle in Berührungen, sondern vor allem der Machtanspruch über Frauen. Entsprechend ist es für Frauen schwierig, mit Berührungen Machtsignale auszusenden. Wenn z. B. die Schreibkraft, die nach Männervorstellungen »häßlich« ist, ihren Arm um die Schulter eines Kollegen legt, so wird dieser das kaum erotisch oder sexuell deuten, sondern eher als eine Verletzung seines Machtstatus und sie zurechtweisen. Hinzu kommt, daß Berührungen durch Männer wesentlich häufiger sind als von Frauen.

Für die meisten Frauen ist es jedoch kein Problem, herauszufinden, welchen Mann sie berühren dürfen und welchen nicht. Es ist weltfremd, zu empfehlen, eine Frau sollte so viel Selbstwertgefühl haben, daß sie jederzeit ihren Chef so berühren darf, wie er es bei ihr macht. Dennoch sollten Frauen bestimmte Gesten und Berührungen an Männern ausüben, um den männlichen Machtanspruch zu relativieren. Das kann der Händedruck genauso sein wie etwa das Schulterklopfen, das Umfassen des Armes, die freundschaftlich auf die Schulter gelegte Hand usw. Frauen können Männer z. B. dadurch verwirren, daß sie die gleichen Berührungsmuster wählen. Was spricht dagegen, daß eine Frau die Hand eines anderen Kollegen mit ihren beiden Händen umfaßt? Oder daß sie beim Händedruck ihre linke Hand auf den Oberarm des Kollegen legt? Oder daß sie spontan in das Zimmer eines Kollegen kommt, ihm auf die Schulter klopft und sagt: *»Na, Herr Kollege, verläuft der Vorgang XYZ zu Ihrer Zufriedenheit?«*
Nichts gegen Spontaneität, aber Demonstrationen dieser Art sollten geplant werden. Vor allem dürfen die Dynamik und ein gewisses cooles Vorgehen nicht fehlen. Wenn Sie in Ihre Stimme zuviel Erotik legen und die Handlung zu lange dauert, würde das vom Mann ganz klar als sexuelles Signal gedeutet werden. Vor allem müssen Sie es ertragen und schnell handeln, wenn der Mann nicht in Ihrem Sinne reagiert, z. B. mürrisch wird bzw. dumme oder anzügliche Bemerkungen macht. Einer Fehlinterpretation

der Männer können Sie z. B. dadurch entgehen, daß Sie diese Art der Berührungen sehr häufig und möglichst bei vielen Kollegen durchführen. Je häufiger Sie das tun, um so mehr demontieren Sie die Statusansprüche der Männer.

Da und dort kann es auch sinnvoll sein, Berührungen der Männer rhetorisch zu entlarven. Das ist vor allem den Frauen zu empfehlen, denen es nicht liegt, andere zu berühren oder sich berühren zu lassen:

»Na, Herr Kollege, Ihre Berührung sollte wohl eine kleine Machtdemonstration sein!«

»Interessant, Herr Kollege, wie Sie mich begrüßt und berührt haben. Nun weiß ich, welchen Rang ich bei Ihnen habe. Aber der Rang ist falsch!«

»Was glauben Sie, Herr Kollege, hat sich mit Ihrer Berührung Ihr Image nun verbessert oder verschlechtert?« (Jetzt nachhaken! Sagt er z. B.: *»Verbessert«*, so setzen Sie noch eins obendrauf: *»Richtig! Ihr Image muß sich wirklich verbessern! Das ist mittlerweile ganz unten!«*)

4.2 Mimik und Gestik – eine starke Waffe

Blicke erzeugen Sympathie. Aber nicht alle. So kann der durchdringende »Röntgenblick« oder das Anstarren genau das Gegenteil bewirken. Mit dem Anstarren eines Menschen kann ebenso Macht demonstriert werden, wie es auch eine Kampfansage bedeuten kann. Wer dem anstarrenden Blick ausweicht, hat demzufolge weniger Macht und Dominanz. Menschen mit niedrigerem Status müssen Menschen mit höherem Status häufiger anschauen, um zu beobachten, wie sie sich verhalten und wie sie reagieren müssen. Es ist auch längst bewiesen, daß Frauen mehr schauen und beobachten als Männer. Darum fühlen sich viele Männer unwohl, wenn sie ständig von einer Frau angesehen werden. Während man(n) im Privatbereich noch nach dem Grund fragen kann, ist dieses im Geschäftsleben in aller Regel nicht möglich. Das Anschauen eines Menschen ist aber schon deswegen sehr wichtig, weil aus Mimik, Gestik und Körpersprache wichtige Informationen gewonnen werden können. **Die Augen sind das Fenster zur Seele** – sagt der Volksmund.
Der Blick eines Menschen ist jedoch stets verbunden mit dem Gesichtsausdruck. So verliert z. B. das Anstarren an Dominanz, wenn es mit einem freundlichen Gesicht, einem Lächeln verbunden wird. Das Lächeln selbst ist ein äußerst wichtiges Signal. Es kann Freundlichkeit, Zuwendung, Öffnung, Trost, Besänftigung, aber auch Nervosität, Ironie, Verlegenheit, Unsicherheit usw. ausdrücken. Grundsätzlich gilt:
Lächeln ist die charmanteste Art, die Zähne zu zeigen!
Der Wert des Lächelns verliert jedoch schnell, wenn erkannt wird, daß das Lächeln ständig, undifferenziert und sogar unangemessen verwendet wird. Es kann anderen Menschen auf die Nerven gehen, wenn jemand zu allen Gelegenheiten eine Maske des Lächelns verwendet (asiatisches Dauergrinsen). Umgekehrt erlangen die Menschen weniger Sympathie, die ständig mit sauertöpfischer Miene durchs Leben gehen. Vorwiegend in Verhandlungen zwischen Männern ist zu beobachten, daß die Fähigkeit, mit einem Lächeln Brücken zu schlagen, offensichtlich verkümmert ist.

In diesem Zusammenhang spielt die Gestik eine wichtige Rolle. Hier gibt es zwischen typischen Gesten von Frauen und Männern – ähnlich wie bei der Körpersprache – große Unterschiede. Während Männer sehr häufig vom Körper wegweisende Gesten mit Armen und Händen haben, gestikulieren Frauen mehr mit den Händen und den Fingern zum Körper hin. Dabei unterstützen diese Gesten jedoch die insgesamt geschlossene Körperhaltung (z. B. Knie und Arme bleiben dicht beim Körper). Die Gestik eines Mannes verrät auch etwas über seinen Machtanspruch. Ausladende Gesten, das Ballen von Fäusten oder das Schlagen einer Faust auf den Tisch sind typische Machtdemonstrationen.

Für Frauen sind zwei Erkenntnisse zu Mimik, Gestik und Körpersprache wichtig. Zum einen muß eine Frau Mimik, Gestik und Kinesik eines Mannes erkennen, das heißt »richtig deuten« können. Zum anderen muß sie eine »angemessene Reaktion« zeigen. Was angemessen ist, wird immer abhängig von der Person, der Situation und der Sachlage sein. So werden die körpersprachlichen Ausdrucksformen beim Chef anders sein als beim Kollegen. Eine wichtige Erkenntnis muß jedoch sein, daß Frauen vermeiden, Reaktionen der Ergebenheit, der Unterwürfigkeit oder des Zurückweichens bei Männern zu zeigen. Verbunden mit »typisch weiblicher Rhetorik« (siehe Kap. 5.4), würde sonst der höhere Status des Mannes nicht nur anerkannt, sondern sogar noch verstärkt.
Konkret: Wenn Ihr Chef Sie anlächelt, weil er Ihnen eine lästige Arbeit zuweisen will, müssen Sie nicht ergebenst zurücklächeln. Wenn Sie über einen Fehler diskutieren, müssen sie nicht hilflos verlegen lächeln. Wenn ein Kunde Sie anstarrt, dann müssen Sie nicht schamhaft den Blick senken. Wenn ein Kollege mit Ihnen »ein ernstes Wort« redet, dann müssen Sie nicht selbst auch mit versteinerter Miene dastehen, sondern Sie sollten ihn mit einer freundlichen Mimik »entwaffnen«, usw.

Üben und kontrollieren Sie Ihre Mimik, Gestik und Körpersprache. Diese nonverbalen Ausdrucksformen müssen allerdings mit Ihrer Rhetorik eine überzeugende Einheit bilden. Das kann vor einem Spiegel geschehen, besser wäre jedoch ein Training mittels Videokamera. So müssen z. B. die Gesten stets »Vorläufer« Ihrer Aussage sein und nicht »Nachkömmlinge« (es sei denn, Sie setzen das taktisch ein).

Es werden drei Wirkungsebenen in der Gestik unterschieden:

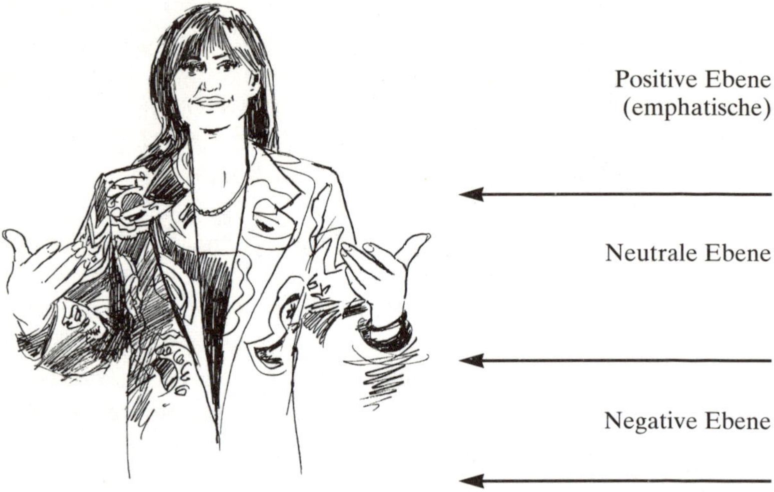

Gesten müssen weiterhin in der Ebene gemacht werden, die zu Ihrer Aussage »paßt«. Wenn Sie also über den zu erwartenden höheren Umsatz sprechen, können Ihre Gesten nicht in der negativen Ebene stattfinden. Sehr häufig ist zu beobachten, daß Frauen, die z. B. Werbekonzeptionen, Ideen, Entwürfe usw. vor Männern präsentieren, mit ihrer Körpersprache eine unsichere Haltung demonstrieren (vorgezogene Schultern, Kopf eingezogen und zur Seite geneigt, fahrige Gesten durchs Haar, Verlegenheitslächeln, abwehrende Handbewegungen usw.). Selbst gute Konzeptionen können durch die Aussendung dieser Signale zunichte gemacht werden, weil die Glaubwürdigkeit fehlt. Beachten Sie:
Macht läßt sich durch Körpersprache ausdrücken!

4.3 Körperhaltungen und Bewegungen einer Frau

Jede Frau sollte ihren eigenen Stil bewahren – las ich kürzlich. Dahinter steckt ohne Zweifel das Selbstverständnis, welches eine Frau haben sollte. So weit, so gut. Aber diese Empfehlung hat auch etwas Unbewegliches, Statisches. Es fehlt die Dynamik. Eine bessere Empfehlung lautet darum: **Jede Frau sollte ihren eigenen Stil weiterentwickeln.** Dabei geht es keinesfalls darum, stets »den Männern zu gefallen«. Es geht auch nicht darum, sich den Wünschen und Erwartungen der Männerwelt anzupassen.
Aisha Rokovsky: *»Es geht darum, daß Sicherheit und Zufriedenheit einer Frau innere* ***und*** *äußere Aspekte haben, denn das schönste Aussehen nutzt kaum einer Frau etwas, wenn ihr das Selbstwertgefühl fehlt, sie nicht selbstbewußt ist, sich rhetorisch nicht wehren und durchsetzen kann«.*

4.3.1 Mann, wie steht die denn da ...?

In Lokalen, Discos, auf Partys und selbstverständlich im Berufsleben kann es beobachtet werden: Die meisten Frauen haben eine unvorteilhafte Körperhaltung. Und das hat nichts zu tun mit groß, klein, dick, dünn usw. Zu tun hat es mit Gedankenlosigkeit, Hilflosigkeit, Gleichgültigkeit und oftmals mit mangelndem Selbstwertgefühl, welches sich dann in unvorteilhaften Bewegungen und entsprechenden körpersprachlichen Ausdrucksformen äußert:

Diese Körperhaltungen verraten:

Kein Selbstbewußtsein
unvorteilhaftes,
unsicheres Stehen

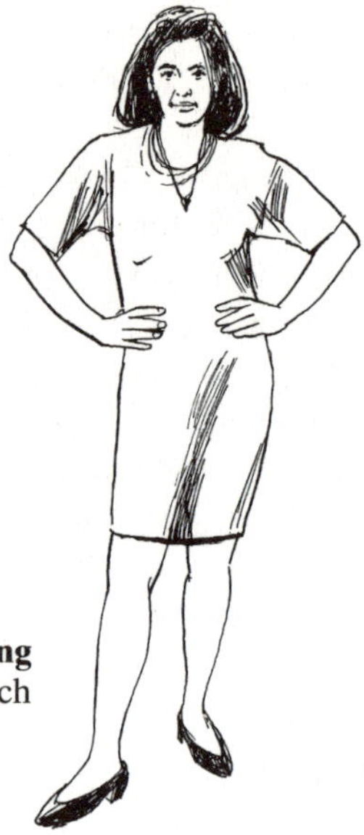

Dominant, Herausforderung
Machtanspruch

Diese Körperhaltungen verraten:

»Erobere mich«
abwartende Zurückhaltung,
Anspruch

Selbstsicherheit
Ausgeglichenheit

4.3.2 Mann, wie sitzt die denn da ...?

Nachdem Sie die Sitzhaltungen aus diesem Kapitel gesehen haben, werden Sie einige Mühe aufwenden müssen, Frauen beobachten zu können, die »vorteilhaft« sitzen. Das Gegenteil, unvorteilhaftes Sitzen, wird Ihnen wesentlich häufiger auffallen.
Nun ist sicherlich der erfolgreiche Lebensvollzug nicht davon abhängig, ob jemand vorteilhaft oder unvorteilhaft sitzt, steht bzw. geht. Sie werden auch kaum so kritisch beobachtet werden wie z. B. die englische Queen, die gleich mehrere Paparazzi erfreut, wenn sie einen Schuh wenig majestätisch lockert, um das königliche Füßchen zu lüften.
Aber es geht auch nicht um die Herausnahme irgendeines Details, sondern darum, daß zu einer selbstsicheren Frau innere und äußere Aspekte gehören. Welche Aspekte nun im einzelnen für Sie von Bedeutung sind, müssen und werden Sie selbst entscheiden. Vielleicht sind gerade für Sie die äußeren Aspekte nicht so wichtig. Eine andere Leserin wird z. B. kaum in die Verlegenheit kommen, ein Referat vor vielen Menschen zu halten. Doch möglicherweise gibt es viele, die beides benötigen. Betrachten Sie unsere Hinweise und Empfehlungen darum als ein **Menüsystem**, aus dem jede Leserin das entnehmen kann, was sie mag.

Vorteilhaftes und unvorteilhaftes Sitzen ist relativ schnell dargestellt. Ob Sie eine lange Hose tragen oder ein Kleid: das Spreizen der Beine wirkt unvorteilhaft. Diese Sitzhaltung gehört zu einem männlichen Ritual, denn damit sollen Dominanz und Potenz ausgedrückt werden.
Falls Sie gerne die Beine übereinanderschlagen bzw. einen Hosenanzug tragen, ist darauf zu achten, daß Sie nicht mit dem Oberkörper »einknicken«, sondern sich bewußt gerade halten. Wenn Sie und Ihre Beine nicht zu den Schlanken gehören, sollten Sie auf das Übereinanderschlagen der Beine verzichten, da es insgesamt ein plumpes Bild abgibt.

Diese Körperhaltungen verraten:

Das Mauerblümchen

- ○ verkrampft, auf Sicherheit bedacht,
- ○ benötigt Führung und Ordnung

Die Verschlossene

- ○ oft typische Sitzhaltung von Frauen
- ○ ist schüchtern, risikoscheu
- ○ nur durch behutsames Vorgehen zu gewinnen, sucht Halt.

Die Reservierte

- ○ Kontaktaufnahme schwierig
- ○ hält Distanz, ist reserviert – gelangweilt
- ○ fühlt sich überlegen

Die Gefangene

- ○ geht kein Risiko ein
- ○ wenig Selbstbewußtsein
- ○ kaum eigene Aktivität

Die Spielerin

○ äußerlich entspannt, aber innerlich in Hochspannung
○ spielt gern mit erotischen Reizen, aber nicht leicht zu gewinnen.

Die Hilflose

○ unvorteilhaftes Sitzen, Knie auseinander.
○ sehr unsicher, verkrampfte Haltung.

Die Lockere

○ ist entspannt, locker
○ selbstbewußt und kontaktfreudig
○ genießt die Aufmerksamkeit.

Der Star

- ○ wirkt überlegen, unnahbar
- ○ spielt mit ihren erotischen Reizen
- ○ genießt die Bewunderung

4.3.3 Mann, wie geht die denn ...?

Tatort: Fußgängerzone zur Einkaufszeit. Menschen gehen, laufen, rennen. Es herrscht Betriebsamkeit und Hektik. Wer ein freies Plätzchen im Straßencafé erwischt und vorbeigehende Menschen beobachtet, kann ein interessantes Studium über Körperhaltungen und Gehen betreiben. Zwar ist eine Fußgängerzone kein Laufsteg, aber es ist erstaunlich, wie wenig Frauen Wert auf elegantes, gutes Gehen legen. Weitausladende Schritte, Watscheln wie eine Ente, Latschen wie ein Heranwachsender, Schlurfen und Schleichen bilden in Tateinheit mit gebuckeltem Rücken und hängenden Schultern das Bild der Mehrheit. Manchmal trippelt auch eine Frau vorbei, die glaubt, ihren Popo überbetont sexy schwingen zu müssen, die aber vergißt, daß diese Übertreibung schlicht ordinär aussieht. Selbstverständlich läßt sich einwenden, daß eine Frau, die unter Zeitdruck für ihre Familie einkaufen muß, Wichtigeres im Kopf hat als vorteilhaftes, elegantes Gehen. Einverstanden. Doch dann wechseln wir einmal die Szene und beobachten den Tatort Lokal, Hotel, öffentliche Gebäude, Büro usw. Ist es dort fundamental anders?

Von diesem Test anläßlich einer Polizeikontrolle von Autofahrern ist oft zu hören: Der ertappte, vermeintliche Alkoholsünder wird aufgefordert, auf einer geraden Linie zu gehen. Nicht Anmutigkeit des Gehens soll getestet werden, sondern geprüft werden Gleichgewicht und Balance, die unter Alkoholeinfluß zumeist »etwas außer Kontrolle geraten«.
Gleichgewicht kontrollieren und Balance halten ist Voraussetzung für vorteilhaftes Gehen und muß wahrlich nichts mit Alkohol zu tun haben. Um das zu üben, ist ein körperhoher Spiegel und ein ca. 3 m-Band eine nützliche Hilfe. Legen Sie das Band vor dem Spiegel aus, pressen beide Innenflächen Ihrer Hände in Höhe Ihres Halses zusammen (wie eine indische Tempeltänzerin), gehen auf dem Band zum Spiegel und beobachten sich. Sie werden feststellen: Anmutiges, vorteilhaftes Gehen hat nichts mit ausladenden und plumpen, sondern mit kleineren, leichten Schritten zu tun. Sie können zudem mit dieser Übung die *für Sie geeignete* Körperhaltung beim Gehen herausfinden, denn – was immer unter »vorteilhaft« verstanden wird – Ihr Stehen, Sitzen und Gehen muß *zu Ihnen passen.*

4.3.4 *»Ich küsse Ihre Hand, Madame ...!«*

Hoffentlich begegnet Ihnen ein galanter Charmeur »Marke« Johannes Heesters. Denn er würde wissen, daß ein Handkuß nur 2 cm über dem Handrücken gehaucht wird. Das Abschlecken Ihrer Hand sollte einem jungen Hund überlassen werden. Das aber wissen viele Herren nicht, die in die Fußstapfen der »Kavaliere alter Schule« treten möchten, aber offensichtlich in dieser Schule wichtige Stunden geschwänzt haben. Dazu gehört übrigens auch, daß ein Mann einer Frau die Hand nicht entgegenstreckt, sondern wartet, bis sie gereicht wird.
Doch meistens kommt es noch viel schlimmer:

Ich ergreife Dich!
Ich demonstriere zwar Herzlichkeit, aber »zu meinen Bedingungen«, und ich ergreife Besitz von Dir.

Ich bin der Chef!
Ich berühre Dich, wie ich es für richtig halte, und zwar herablassend von oben nach unten.

Du bist ein Nichts – ich bin alles!
Ich demonstriere Kollegialität – aber Du wirst mich niemals so berühren dürfen, wie ich Dich.

»Darf ich vorstellen ...!«

Anläßlich eines Frauenseminars '93 in München kamen wir zum Thema »Vorstellen«. Das wäre ganz normal abgelaufen, wenn es da nicht eine ca. 70-jährige Dame im Seminar gegeben hätte, die »alles, aber auch alles« über Begrüßungsregeln wissen wollte: Wer begrüßt wen wann zuerst und wann erst danach bei unterschiedlichen Altersgruppen, gesellschaftlichem Rang, akademischen, militärischen und kirchlichen Titeln usw. Wir hatten Freude an den Erklärungen und Demonstrationen – aber wir wollten auch wissen, warum diese Dame das erfahren wollte. Es handelte sich um eine Hausfrau, die diese Regeln nicht benötigte und – nach ihren eigenen Aussagen – vermutlich auch nicht in die Verlegenheit kommen wird, dieses Wissen »richtig« anzuwenden; sie wollte es ganz einfach nur wissen. Ihr machte das Wissen um gesellschaftliche Regeln Spaß und würde, so ihr Credo, ganz gerne bei entsprechenden Anlässen beobachten, »wer was richtig und wer was falsch macht«.
Diese Dame wird, wenn sie die gewonnenen Kenntnisse anwendet, »ihren Spaß« haben. Denn was auf diesem Gebiet falsch gemacht wird, spottet jeder Beschreibung. Dabei kann man/frau es sich einfach machen:

1. **MANN stellt FRAU vor.**
2. **JUNG stellt sich bei ALT vor.**
3. **GLEICH stellt sich bei GLEICH vor.**
4. **Frauen bleiben sitzen, Männer stehen auf.**

Mitunter sind es die kleinen Dinge, die eine große Aussagekraft haben. Es ist nun einmal eine Eigenart von uns Menschen, daß wir andere beobachten – und beurteilen. Maßstab unseres Urteils sind dabei die gelernten und selbsterfahrenen Verhaltensweisen. Sobald sich diese von denen der anderen unterscheiden, beginnen wir zu ***be***-urteilen, oft auch zu ***ver***-urteilen. So sagt z. B. die Art und Weise, wie jemand einen Raum (Lokal, Büro etc.) betritt, schon eine Menge über diesen Menschen aus. Es gibt Menschen von einer derartigen Ausstrahlungskraft und Charisma, daß bei ihrem Betreten der »Raum gefüllt ist«. Wer aber Selbstsicherheit nur spielt und vortäuscht, verrät sich schnell – oftmals durch Kleinigkeiten, z.B. übertriebene Höflichkeit, aber unsichere Schritte und eher hilflose Bewegungen. Die Dame in der nebenstehenden Abbildung lächelt zwar, aber sie hält ihren Aktenkoffer schützend vor sich und klammert sich am Griff fest. Das kann heißen, daß sie unsicher ist, sich für verwundbar hält und

sich schützen will. Interessant auch, wie manche Geschäftsleute jeden Einblick anderer in ihren Aktenkoffer verhindern (Umdrehen des Koffers, nur einen Spalt öffnen usw.). Wollen Sie ihre Unordnung verbergen? Oder gar den Briefkopf des Wettbewerbers? Oder wollen sie sich generell nicht in die Karten schauen lassen? In jedem Fall wird eine Mauer aufgebaut und nicht selten werden Notizen gekritzelt und schnell wieder verdeckt. Falls Sie z. B. Verkäuferin im Außendienst sind, achten Sie darauf, daß nicht der Eindruck entsteht, Sie hätten etwas zu verbergen. Begutachten Sie auch das Büro Ihres Gesprächspartners, in dem Sie sich befinden. Wie sieht sein Schreibtisch aus (groß, wuchtig, klein, zweckmäßig usw.), wo steht er im Raum (Dominanz, Machtanspruch usw.), welche »Ordnung« herrscht auf seinem Schreibtisch (nur 1 Akte = eins nach dem anderen, oder jede Menge Papier, Akten und Prospekte = Überlastung, Sprunghaftigkeit, keine Linie in der Arbeit usw.), welche nichtdienstlichen Dinge sind zu entdecken, wie z. B. Familienbilder, Modellautos, Skulpturen etc. und welchen »Rang« nehmen sie ein (Hinweis auf Prioritäten), welches Ambiente hat das gesamte Büro (Hinweis auf Kultur und damit auf Ihre Gesprächsführung)? usw.

Danke!

Sie haben brav getan, was man(n) Ihnen »befahl«!

»Lesen« Sie nochmals den »Ton«, mit dem ich Sie aufforderte, diese Seite aufzuschlagen.

Erkennen Sie den »Ton«?

Macho, Macho ...?

Aufforderungen in diesem Ton sollten Sie grundsätzlich nicht befolgen!
Jeder Mensch hat Anspruch auf das Wörtchen »bitte«!

Bitte, verehrte Leserin, blättern Sie wieder zurück zur Seite 15.

Es geht wirklich auf Seite 15 weiter ...!

5. Rhetorik für Frauen

5.1 Auftreten und Sprechstil

Ob ein selbstbewußtes Auftreten und ein bestimmender Gesprächsstil für Frauen grundsätzlich von Vorteil ist, wird unterschiedlich betrachtet. Es gibt neue wissenschaftliche Untersuchungen, die belegen, daß Männer häufig Frauen mit diesem Verhalten weniger sympathisch finden als Frauen, die eher einen zögerlichen Gesprächsstil und eine gewisse Zurückhaltung üben. Obwohl Frauen untereinander durchaus »Klartext reden«, wirken nach diesen Untersuchungen auf manche Männer allzu selbstbewußte Frauen, die mit ihrem Auftreten Kompetenz und hohen sozialen Status signalisieren, sogar bedrohlich. Sie fürchten eine Konkurrenz, mit der sie es nicht gelernt haben, umzugehen – im Gegensatz zur männlichen Konkurrenz, denn hier sind die Verhaltensspielregeln bekannt, vertraut und anwendbar. So ist es z. B. nicht außergewöhnlich, wenn sich Geschäftspartner anschreien und unhöflich zueinander sind. In unserem Kulturkreis gilt es aber immer noch als »schlechte Manieren«, wenn man(n) eine Frau so behandelt – in der Öffentlichkeit ebenso wie im Berufsleben. Darum wehren sich die Männer bei Frauen dieser Couleur auch mit »ihren Waffen«: Sie überhören diese Frauen bzw. hören nicht bereitwillig zu, machen z. B. in Verhandlungen ähnliche Vorschläge, die dann von den anderen Männern aufgegriffen werden, »tricksen« durch formale Beschlüsse, spielen sich die Bälle gegenseitig zu, streuen Gerüchte aus, und oftmals intrigieren sie auch gegen diese Frauen.

Für feministische Scharfmacherinnen sind das u. a. wichtige Gründe, Männer pauschal auf die Anklagebank zu setzen. Die Frage ist allerdings, was sich Frauen als Ziele vorstellen und wie diese sukzessive erreicht werden können. Die Probleme der Frauen unterscheiden sich gewaltig von denen der Männer, z. B. Einkommen, Renten, Arbeitslosigkeit/Armut, Diskriminierung, Benachteiligung im Beruf, sexuelle Belästigung/Vergewaltigung, Kinderbetreuung (fehlende Kindergartenplätze) usw. Daß »viele Frauen durchaus mit ihrer Situation zufrieden sind«, wie mir mehrere Frauen sagten, kann nicht befriedigen und überzeugen. Eines scheint aber festzustehen: Alle Ziele auf einmal lassen sich (jetzt) nicht erreichen – und schon gar nicht »gegen die Männer«. Es müssen realistische Teilziele angestrebt werden. Diese müssen (und dürfen!) durchaus nicht »brav männerorientiert« sein, sondern sind zu verstehen als eine eigene Darstellung und Verwirklichung als kompetente Frau, die sich realistisch an der Situation, den Personen sowie dem Sachverhalt orientiert.

Hier kann und wird der Ansatzpunkt für kontroverse Auffassungen liegen. *Frauen, wehrt euch*! heißt dieses Buch, und der Untertitel gibt das Ziel an, welches erreicht werden soll: ***Erfolgreich*** *kämpfen in der Männerwelt.* Das bedeutet, anders als die gescheiterte militante Emanzipationsbewegung, daß die Männer nicht grundsätzlich auf die »Anklagebank« gesetzt werden, sondern daß die Frauen auch »mit den Männern denken«, statt »ausschließlich gegen sie«, um aus dieser Position heraus nicht nur theoretisch-gesetzlich, sondern auch praktisch das Ziel der Gleichberechtigung zu erreichen. Damit ist aber keinesfalls gemeint, daß Frauen Männer nachahmen. Weder harter Konfrontationskurs noch gar Anpassung oder etwa Schmusekurs ist sinnvoll, sondern ein eigener, selbstbewußter Stil, der an der Realität und nicht an Ausgrenzung orientiert ist. Dieses Konzept ist nicht nur erfolgreicher und kräfteschonender, sondern es ist auch frauenorientiert schneller umzusetzen als wilde Rundumschläge gegen alles, was nur nach Männerdomäne »riecht«.

5.2 Alle Frauen mal sofort herhören! Der Ton macht die Musik.

In einer Verhandlung mit einer Werbegesellschaft saßen fünf Manager u. a. einer ca. 25 Jahre jungen Frau gegenüber, die ihren Konzeptionsteil erläuterte. Sie war klein, rundlich und alles andere als hübsch, trug unvorteilhafte Kleidung und hatte einen ungepflegten Haarschopf. Ihre Stimme war piepsig und manchmal schrill. Vom Verhalten war das Fräulein unweiblich, aggressiv, hatte Probleme mit dem Zuhören, schnatterte stets auf jeden Einwand kategorisch drauflos und verteidigte geradezu verbissen ihre Meinung. Man spürte förmlich, wie sie »ihr Konzept« durchbringen wollte, vermutlich, weil sie unter Erfolgszwang stand. Doch sie wirkte wie eine »Emanze mit Haaren auf den Zähnen« und kam darum bei den Managern nicht an. Schlicht unsympathisch.
Unsympathisch? Wer?

Bitte lesen Sie den oberen Absatz, sofern erforderlich, noch einmal durch. Wie immer die junge Dame agierte, wirkte und aussah: Hier wurde mit einer typischen Männer-Wortwahl das Äußere und das Verhalten einer jungen Frau »verurteilt« – Vorurteile inbegriffen. Vom sprachlichen Ausdruck her läßt sich erkennen, über was hier »zu Gericht« gesessen wurde. Der Fall ist klar. Doch lesen Sie etwas über die fachliche Qualifikation dieser Frau? Lesen Sie etwas darüber, ob die präsentierte Konzeption gut war? Haben Sie etwas vom Verhalten der Männer gegenüber der jungen Frau erfahren? Würde der geschilderte Eindruck umgekehrt auch auf Männer übertragen?

Es hat keinen Sinn, nun in ein Weh- und Klagegeschrei gegen das Verhalten der Männer auszubrechen. Die Schlußfolgerung aus dem obigen Beispiel kann also nicht sein, Appelle an die Männer zu richten, sich frauenorientierter und »fairer« zu verhalten, zumal das unfaire Verhalten nicht immer sichtbar ist und sich lediglich in der Entscheidung zeigt, die dann ganz sicherlich salbungsvoll »schöngeredet« wird. Die Frage kann nur lauten, wie sich Frauen in einer solchen Situation verhalten sollten, um erfolgreich zu sein.

Die Empfehlung teilt sich in zwei Punkte. Warum die Äußerlichkeiten einer Frau in der Männerwelt wichtig sind, wurde bereits im Kapitel 3 erläutert – das ist der erste Punkt. Für ihre Figur und ihre Stimme kann die junge Dame nichts. Sie sollte diese Dinge so akzeptieren, wie sie sind, jedoch darauf achten, nicht in schrille Töne zu kommen (z. B. bei Erregung, lautem Sprechen etc.). Aber aus ihrem Verhalten kann sie etwas machen – der zweite Punkt. Da sie noch sehr jung ist, ist ein allzu forsches Auftreten fehl am Platze. Erfolgreicher wäre sie gewesen, wenn sie mehr zugehört hätte, auf die Fragen ihrer Gesprächspartner ausführlich eingegangen wäre, selbst einige Fragen gestellt sowie die Wir-Form gewählt (*»Was können wir noch tun, um gemeinsam …?«*) und weniger verbissen verteidigt, sondern ab und zu freundlich gelächelt hätte. Stichwort: Beziehungsebene. Damit hätten sich die Männer weniger auf das für sie Unsympathische, sondern mehr auf den Fachinhalt der Konzeption konzentriert – was sie eigentlich sollten. Wie gesagt: *sollten.*

Doch bevor Sie die Nase rümpfen und vermuten, daß das erfolgreiche Kämpfen scheinbar doch auf eine Anpassung an männliche Verhaltensmerkmale und Erwartungen hinausläuft, sei Ihnen gesagt, daß erfolgreiches Kämpfen auch erfolgreiches ***Verkaufen*** bedeutet. **Betrachten Sie Ihr Vorwärtskommen in der Männerwelt als eine Leistung, die Sie *verkaufen* müssen.** Jeder Verkäufer hat sich an gewisse Spielregeln zu halten und muß sich damit beschäftigen, wie er seinen Kunden eine Ware oder Leistung verkauft.

5.3 Übungen zur Aussprache und zum Sprechen

Warum die Stimme einer Frau für Männer unsympathisch, sympathisch oder gar erotisch wirkt, wird man(n) nicht genau definieren können. Mitarbeiter in unseren Seminaren berichten oft von einer Erfahrung, die wir sicher alle schon einmal gemacht haben. Man telefoniert seit einiger Zeit mit z. B. der Sachbearbeiterin eines Kunden, die man noch niemals gesehen hat. Mit ihrer Stimme verbindet man zugleich bestimmte Vorstellungen von dieser Frau – und ist oftmals sehr enttäuscht, wenn sie nicht dem Klischee entspricht. Doch auch vom umgekehrten Fall wird berichtet. Die eher nuschelnde, leise und vielleicht noch in einem Dialekt sprechende Stimme »gehört« einer Frau, bei deren erstem Anblick zunächst einmal die Luft wegbleibt und man(n) nur die »Qualitätsäußerung« hervorquetschen kann: *»Donnerwetter, so hübsch habe ich mir Sie gar nicht vorgestellt!«* Na, so was!
Aussprache und Sprechstil können (und müssen!) durch kleine Übungen verbessert werden. Es ist bewiesen, daß es einen Zusammenhang zwischen Selbstbewußtsein, Sprechstil und Sprache gibt. *»Sei nicht so mundfaul«*, sagten unsere Großeltern schon zu diesem bekannten Phänomen, wenn das Kind nicht oder nur mucksend antwortete. Und es gilt immer noch: ***»Wer reden kann, ist besser dran.«***

»Nu, meen Gudschter ...!«
»Sächsisch! Wenn ich das schon höre, wird mir schlecht!«
»No, is doch geen Wunder bei Ihrer verdorbenen Doleranz ...!«

5.3.1 Abbau von Redehemmungen. Lampenfieber?

Jede/r kennt das: Der Tag der großen Prüfung ist da, fleißig gelernt haben wir, wir kommen in den Prüfungsraum und … alles ist wie weggeblasen. Was ist passiert? Die Streßhormone spielen uns einen Streich und verhindern den Denkprozeß. Das ist im Grunde eine sinnvolle Einrichtung des Körpers, denn sonst gäbe es keine lebensrettenden Reflexe »ohne Denken«. Doch in diesen und anderen Situationen sind sie störend. Der Abbau dieser Hormone kann aber dadurch erfolgen, daß wir z. B. reden. Und auch das kennen wir: Ist der Knoten erst einmal durchschlagen, ist der Redefluß da, wurde der Faden gefunden, bereiten uns weitere Antworten kaum noch Schwierigkeiten, vor allem, wenn die Antwort gelungen ist (und wir von der befragten Sache etwas verstehen).

Noch ein Wort zum »Lampenfieber«. Jeder noch so gut gemeinte Ratschlag zum völligen Abbau von Lampenfieber ist schlicht dummes Zeug. Wir können in Streßsituationen unsere Körperfunktionen ebensowenig austricksen wie etwa das Wetter auf unserer Erde. Aber wir können lernen, mit Lampenfieber umzugehen. Berühmte Schauspieler/innen äußern ganz freimütig, daß sie es niemals fertiggebracht haben, kein Lampenfieber zu haben. Und es wäre auch schade, denn wer kein Lampenfieber mehr hat, ist ein »Schubladen-Routinier«, also jemand, der uns genau das »verkauft«, was er unzähligen anderen Menschen bereits verkauft hat.
Lampenfieber ist positiv wirkender Streß und auch ein schönes Gefühl. Mann/frau sollte sich um dieses Gefühl nicht selbst betrügen.

5.3.2 Deutliches Sprechen

Der österreichische Volksschauspieler Hans Moser hatte ein »Markenzeichen«: Er nuschelte. Wer ihn in Filmen sah, freute sich darüber und schmunzelte. Aber können Sie sich eine erfolgreiche Verkäuferin vorstellen, die – statt über wichtige Details deutlich und verständlich zu reden – oft nur unverständliche Worte »nuschelt«? Deutliches Sprechen läßt sich mit der »Korkenübung« trainieren.

Sie benötigen dazu einen Kassettenrecorder mit Mikro und einen kurzen Text (Fachtexte, Nachrichten, Zeitungsartikel etc.). Gehen Sie wie folgt vor:

1. Schalten Sie das Gerät auf »Aufnahme«, und sprechen Sie den kurzen Text. Spulen Sie nicht zurück, sondern schalten Sie das Gerät nur ab.
2. Sprechen Sie nun mit einem Flaschenkorken zwischen Ihren Zähnen denselben Text mehrmals.
3. Gerät wieder einschalten und den Text erneut sprechen.
4. Bis zum Anfang zurückspulen und sich beide Texte anhören. Sie werden »Welten« erkennen (und immer mehr Freude daran haben, zu üben!).

Wenn Sie z. B. eine längere Autofahrt machen (und alleine sind), trainieren Sie mit dieser Korkenübung (Zahlenreihen etc.). Aber lassen Sie den Korken bei einer Verkehrskontrolle besser verschwinden. Polizisten haben oftmals einfache und schnelle Schlußfolgerungen ...!

5.3.3 Betonung und Sprechtempo

Zu dieser Übung benötigen Sie wieder einen Kassettenrecorder mit Mikro und einen Text etwa einer viertel Seite (z. B. Bericht über Kultur, Politik, Sport, Verkaufsartikel, Mode etc.). Führen Sie die Übung wie folgt durch:

1. Tonband-Aufnahme einschalten. Sprechen Sie den Text, wie Sie ihn »normal« sprechen.
2. Markieren Sie im Text nun mit einem »Textliner« (Markierungsfilz) Wörter oder Sätze, die Sie schneller/langsamer/lauter/ leiser/mit Pausen etc. sprechen wollen (Betonung).
3. Sprechen Sie nun den markierten Text auf den Recorder, und hören Sie beide Versionen ab.

Sie werden schnell erkennen, welche Veränderung »nur aufgesetzt« ist und welche »zu Ihnen paßt«.

5.3.4 Sprechdisziplin

Stichwort: Drauflosschnattern. Gemeint ist das undisziplinierte Reden mit Füllworten, Floskeln, Platitüden, Sprachmarotten usw. Diese Redeform ist bei Männern wie Frauen anzutreffen und kostet Zeit, Nerven ... und Geld der anderen, z. B. beim Telefonieren. Die folgende Übung zeigt, daß es nicht leicht ist, Gedanken über ein Ereignis oder über Personen in zwei Wörter zu fassen. **»Rededisziplin«** nennen wir dieses Training. Es geht darum, daß zu einem Begriff alle Gedanken in möglichst nicht mehr als zwei Wörter gefaßt werden. Die Begriffe sind wiederum von einer anderen Person vorzulesen. Sie hören: *»Rose«* und antworten z. B.: *»Bedeutungsvolle Blume«*. Oder Sie hören: *»VW«* und antworten z. B.: *»Bewährte Fahrzeuge«*. Zu vermeiden sind einsilbige Antworten, wie z. B.: *»Gut, blöd, schlecht, wichtig«* usw. Sie lernen **Sprech- und Schweigedisziplin**, denn es ist manchmal besser, **nicht** zu antworten, statt sich mit Sprachmarotten über die Runden zu retten (*»äh, au weia, super, Klasse, Spitze, toll, irre«* usw.):

Gewerkschaft * Markt * Mercedes * Abrüstung * Todesstrafe * Papst * AIDS * Polizei * Steuern * Waldsterben * Altersversorgung * Bundestag * Liebesnacht * Abtreibung * Wintersport * Mode * Apartheid * Jugendprotest * Napoleon * Zigaretten * Parteien * Bundeskanzler * Weltraumforschung * Büroklammer * Ärzte * Jeans * Reichsparteitag * Weihnachten * Goethe * Arbeitskämpfe * Kondome * Kaiser Wilhelm II. * Stachelschwein * 17. Juni * Muttertag * Kaiser Wilhelm IV. (!) usw.

5.3.5 Verbesserung der Sprache

Wie immer die Deutschstunden ausgefallen sind: An die Übung »Nacherzählung« wird sich jede erinnern können – und an die Korrekturen des Lehrers auch. *»Was Hänschen nicht lernte, lernt Hans nimmermehr«*, sagte mir dazu ein Seminarteilnehmer in einem Rhetorikkurs, dem Übungen zur Sprachverbesserung vorgelegt wurden. Das ist zwar nicht genau richtig, aber auch nicht exakt falsch. Natürlich kann man einem alten Gaul keine Kunststückchen mehr beibringen. Aber wer bezeichnet sich schon gerne als einen »alten Gaul«? Es geht darum, daß der Inhalt einer Sache, eines Vorgangs, einer Konzeption, einer Idee usw. möglichst kurz, exakt, aber auch spannend dargestellt wird.

Übung:
1. Lesen Sie laut einen Text (Sportnachricht, Klatschmeldung, Modebericht, Tagesmeldung o. ä.).
2. Schalten Sie den Kassettenrecorder ein, und wiederholen Sie den Inhalt aus dem Gedächtnis; vergleichen Sie die Aufzeichnung mit dem Originaltext.
3. Markieren Sie nun im Text erkannte »Schlüsselwörter« (fünf bis zehn Stück), und schreiben Sie diese auf ein Blatt Papier.
4. Schalten Sie den Recorder ein, und wiederholen Sie aus dem Gedächtnis nochmals den Text unter Zuhilfenahme der Schlüsselwörter.
5. Vergleichen Sie nun die beiden auf das Band gesprochenen Texte, und achten Sie darauf, ob Ihre Aussprache auch deutlich war.

Sie werden erkennen, daß sog. »Schlüsselwörter« für die Wiedergabe eines Textes/Inhaltes von großer Bedeutung und Hilfe sind. Nur ein spontaner und ohne Methode erstellter »Spickzettel« reicht also nicht. Diese Übung ist auch eine Vorstufe für die freie Rede und die Manuskriptrede (Kapitel 5.7).

»Hah, in Schwobe hän sich immer mehr Weiber total verändert weget der ... äh ... Emanzipatschio. Hän Sie des ou g'merkt?«

»Ha noi! Mei Weib ischo seit Sonndag im Keller beim Ouimache, die Oma pascht ouf die Kinder ouf, mein Schwäägerin macht unsre Kehrwoch, weil, i hän Urlaub. Ha, un i hän nix g'merkt, i nette...!«

5.4 Wirksame Gesprächstechniken für Frauen

Für Frauen?
Über das unterschiedliche Sprachverhalten von Männern und Frauen ist viel geforscht und publiziert worden. Doch kaum eine Publikation geht über allgemein gehaltene Empfehlungen hinaus, mit welchem Sprachverhalten und welchen Sprechtechniken Frauen den »Männerbonus« wettmachen können. Bekannt ist auch, daß das unterschiedliche Sprachverhalten bereits von Kindesbeinen an durch die Vorbereitung auf die typischen Rollenverteilungen gelernt wird. Jungen raufen öfter als Mädchen, um ihre Kräfte und ihre Grenzen im Spiel unbewußt zu erkennen. Zu beobachten ist ebenfalls, daß Jungen meistens konkret von Sachverhalten und Situationen sprechen (*»Das Autorennen gestern war einfach toll«*), während Mädchen mehr die Gefühlsebene ansprechen (*»Meine Puppe war heute ganz böse zu mir«*). Die Sprache und die Sprechweise lassen weiterhin Rückschlüsse auf die unterschiedlichen Schichtzugehörigkeiten zu, auch das ist untersucht worden und gilt als wissenschaftlich gesichert.

Das angelernte Verhalten setzt sich sowohl für Männer wie auch für Frauen in späteren Jahren fort und findet Ausdruck in der Sprache, im Sprechstil, in Kompetenzanspruch und Dominanzverhalten. Grundsätzlich läßt sich sagen, daß Frauen eine vorsichtigere, zurückhaltendere und abschwächendere Ausdrucksweise haben als Männer (*»Ich wollte mit meiner Meinung nur zum Ausdruck bringen, daß ...«*). Sie leisten aber oft die bessere Gesprächsarbeit, sind kooperativer und unterstützender. Das Gesprächsverhalten von Männern ist hingegen von Beherrschung der Situation bestimmt, z. B. durch klare, eindeutige und bestimmende Aussagen, lauteres Sprechen, Unterbrechen, Abwiegeln, Verweigern, Lächerlichmachung, sprachliches Imponiergehabe, Zwischenrufe usw. (*»Wir sind uns jetzt darüber im klaren, daß ...«*, oder: *»Wir müssen jetzt zum Kernpunkt der Sache kommen, und zwar ...«*, oder: *»Gestern habe ich darüber ein Gespräch mit dem Minister geführt, und wir sind beide zu der Auffassung gelangt, daß...«*).
Was können nun Frauen tun, um sich in Gesprächen mit Männern

durchzusetzen? In einigen Publikationen ist die Empfehlung zu lesen, daß Frauen sich dem männlichen Gesprächsverhalten anpassen, dieses sogar völlig übernehmen sollten. Dieser Ratschlag ist nicht nur lächerlich, er geht auch an den Realitäten sowohl der Männer- wie auch der Frauenwelt vorbei. Zwar ist das Durchbrechen des männlichen Sprachverhaltens mittels gleichwertiger Gesprächsstile eine wichtige Komponente des »Sich-Wehrens«, aber das kann nicht für sich allein stehen. Für eine erfolgreiche Behauptung in der Männerwelt ist die »Ganzheitlichkeit« erforderlich, also das Zusammenwirken aller Komponenten, die einer Frau zur Verfügung stehen, z. B. Selbstwertgefühl und Selbstbewußtsein, Äußerlichkeiten, Kinesik, Mimik und Gestik, Rhetorik und Dialektik usw. Diese lassen sich als das »Instrumentarium« beschreiben, mit dem Taktiken und Strategien für den Erfolg einer Frau in der Männerwelt konkret umgesetzt werden.

5.4.1 Zum »typischen« Gesprächsverhalten von Frauen

Um dieses typische Verhalten zu demonstrieren, führe ich in verschiedenen Seminaren (Männer und Frauen) eine Gruppenübung »Überlebenstraining« durch und zeichne sie auf Video auf. Es geht in dieser Übung darum, daß ein Schiff 1000 Meilen vom nächsten Land auf hoher See sinkt und nur 15 Gegenstände mit in ein Rettungsboot genommen werden dürfen, die in der Rangfolge ihrer Wichtigkeit von den »Schiffbrüchigen« in 15 Minuten zu ordnen sind. Mit dem späteren Abspielen von Sequenzen lassen sich nahezu alle Formen des Sprach- und Dominanzverhaltens demonstrieren und erklären. So ist zu erkennen, daß Frauen sich viel häufiger unterbrechen lassen als Männer, sie sind »zu höflich«. Sie schwächen ihre Aussagen und ihr Wissen häufig durch Frageformen und Konjunktive ab, benutzen Verniedlichungen, werden öfter von den Männern lächerlich gemacht und auf ihr »typisches Frauenverhalten« hingewiesen; ihre Vorschläge werden oft nicht aufgegriffen, und sie bestehen auch nicht auf Antworten, lassen sich verunsichern und lachen bei Witzen laut mit. Konsequenz: Sie schweigen, hören zwar interessiert zu, trauen sich aber nichts zu sagen und lächeln meistens. Sie werden zu »Mitläufern«.

Unter den Männern ist nicht selten jemand, der entweder schon einmal ein Überlebenstraining mitgemacht hat oder zumindest behauptet, etwas davon zu verstehen. Diesem »Experten« wagt kaum einer zu widersprechen. Lediglich, wenn er allzu forsch die Entscheidungen aller Teilnehmer beeinflussen will, regt sich Widerstand, und es kommt zu »Fachdiskussionen«, aufgelockert durch mehr oder minder witzige Bemerkungen irgendeines Spaßmachers. Regelrecht »abgewürgt« wird jede Diskussion, wenn ein Außenseiter (Exote) »querdenkt«. In diesen Fällen schält sich meistens der Gruppenführer heraus, der mit lauter Stimme und Dominanz die Führung an sich reißt. Stets erstaunlich: Alle Frauen stimmen ohne Widerspruch mit ab! An diesem Punkt ist die Übung »gelaufen«. Da es jedoch eine (geheime) Einzelwertung und eine (offene) Gruppenwertung bei dieser Übung gibt, sind die sehr unterschiedlichen Ergebnisse frappierend: Selbst für die »Experten« waren Nahrungsmittel, Wasser und eine Plane zum Zudecken die wichtigsten Utensilien. Sie akzeptierten ihr Schicksal und »richteten sich ein«. Doch auf was? Hoch in der Bewertung war sogar das kleine Transistorradio. (Experte: *»Das kann man als Sender umbauen oder zumindest hören, ob wir gesucht werden!«* Spaßmacher: *»Und außerdem können wir 'ne Party im Boot feiern!«*) Frauen dachten generell anders, wie aus den Einzelwertungen zu erkennen war. Ihnen war »diese Situation« grundsätzlich unsympathisch, und sie bewerteten ***die*** Gegenstände mit ersten Rängen, die am ehesten garantierten, aus dieser Misere wieder rauszukommen (z. B. einen Spiegel und Feuer/ Benzin, um Signale für Suchmannschaften zu geben). Diese Reihenfolge war die richtige, denn einer bewiesenen Regel zufolge werden Schiffbrüchige nach spätestens 36 Stunden gefunden – oder überhaupt nicht. Betretenes Schweigen bei der Auflösung. Während der Diskussion sah das noch anders aus. Hier eine typische Szene:

1. Frau :	*»Ich weiß nicht, ob das von Interesse ist. Aber wäre es nicht sinnvoller, die Gegenstände zuerst mitzunehmen, mit denen wir entdeckt werden können?«*
Spaßmacher:	*»Steht auf der Liste irgendwo ein Lippenstift?«*
Experte:	*»Hören Sie mal, das Wichtigste ist überhaupt das*

	Wasser. Ein Mensch kann acht Tage ohne Nahrung auskommen, aber nicht acht Tage ohne Wasser!«
Teilnehmer:	*»Entscheidend ist doch, daß wir die Hilfsmittel mitnehmen, die uns ein möglichst langes Überleben garantieren, und darum sollten wir …«*
1. Frau:	*»Aber ich hätte gerne gewußt, wie wir überleben wollen, wenn wir nicht entdeckt werden?«*
Teilnehmer:	*»Das ist doch nicht die entscheidende Frage. Wir müssen dafür sorgen, daß wir möglichst lange überleben können. Das ist unsere Chance. Dafür brauchen wir geeignete Mittel. Mein Vorschlag ist daher, die Angel zum Fischefangen auf Platz …«*
Teilnehmer:	*»Und wie wollen Sie den zubereiten? Rohe Fische sind salzig«.*
Spaßmacher:	*»Igitt, ich mag keinen rohen Fisch …!«*
Exote:	*»Haben Sie alle schon einmal überlegt, daß es viel wichtiger ist, möglichst schnell zum nächsten Land zu segeln und daher die zwei Quadratmeter Plane auf Platz …?«*
1. Frau:	*»Aber meinen Sie nicht auch, daß es wichtig wäre, sich auf diesem Wege bemerkbar zu machen?«*
Spaßmacher:	*»Sie können ja Ihre Dessous am Mast hissen …!«*
2. Frau:	*»Was ist, Frau Gerber, haben Sie Ihre Dessous dabei?«*
Gruppenführer:	*»Also nichts gegen sexy Dessous, aber wir müssen jetzt zu einer Entscheidung kommen. Die Zeit drängt. Wir sollten abstimmen. Wer ist für Vorschlag ›B‹? Bitte um Handzeichen. Danke! Und wer für ›A‹ …? Danke! ›B‹ ist die Mehrheit. Nächster Punkt …!«*

Diese Übung aber hatte einen zweiten Teil, der am nächsten Tag stattfand. Es ging wiederum um eine ähnliche Überlebensübung, doch diesmal aus einem Bereich, in dem sich kein Experte profilieren konnte (Landung eines Raumschiffes auf dem Mond; eine kleine Expedition verirrt sich und hat ähnliche Probleme wie bei der ersten Übung auf der Erde). Die Ergebnisse lassen sich nur mit »erstaunlich« beschreiben. Bei dieser Übung waren die Frauen »dran«. Zwar bildete sich (wenn auch sehr spät) ein männlicher Gruppenführer heraus, aber dieser hatte stets »Konkurrenz« in einer Frau. Auch der Spaßmacher verstummte. Und ein »Experte« war weit und breit nicht vorhanden. Es wurde gleichberechtigt diskutiert – und das bedeutete konkret, daß die Vorschläge der Frauen aufgenommen und berücksichtigt wurden. Das aber lag nicht an der überraschenden Bereitschaft der Männer, die Frauen anzuhören, sondern daran, daß die Frauen sich nicht mehr »abwürgen« ließen. Sie forderten ihr Recht massiv ein, die gleichen Gesprächsanteile wie die Männer zu erlangen – und berücksichtigt zu werden. Und noch eines war sehr erstaunlich: Waren mehrere Frauen im Seminar, so unterbrachen Sie sich nicht mehr gegenseitig (Stichwort: Rivalität) und konnten so auch nicht mehr von den Männern gegeneinander ausgespielt werden. Das Gruppenergebnis dieser zweiten Übung, gemessen an der »Richtigkeit der Lösung«, lag in allen Fällen deutlich höher als das der ersten Übung.

»Ei, hosche Se mol, Frau Müllä! Aach in Frankfott dürfe uns de Männä jetzt net mehr begrabsche, sonst wer'n die bestraft …!«

Foschbar, alls foschbar, Frau Gättnä! Abe mei Schlappekicke krischt Amnestie …!«

5.4.2 Schwachstellen der weiblichen Rhetorik

Die Erläuterungen zu der Seminarübung (5.4.1) wurden nicht ohne Grund den weiteren Abschnitten vorangestellt. Transferieren Sie doch einmal das beschriebene Verhalten von Männern und Frauen auf »Ihren Bereich«, z. B. auf Verhandlungen, Diskussionen, Gespräche mit Männern etc.

Kennzeichen eines Gruppenprozesses und Schwachstellen der weiblichen Rhetorik lassen sich wie folgt zusammenfassen:

1. Frauen sind oft zu »höflich«. Sie werden in Gesprächen häufiger unterbrochen als Männer – und sie lassen es meistens widerspruchslos geschehen.
2. Vorschläge von Frauen werden von Männern oft nicht beachtet oder übergangen. Einige Männer einigen sich über die »beste Lösung« (oder entdecken diese Einigkeit lautstark in der Sitzung) und wollen sich jetzt nur noch die richtigen Bälle zuwerfen. Die übrigen schweigen.
3. Ist ein »Experte« in der Gruppe, haben Frauen die größeren Befürchtungen, sich zu blamieren, wenn sie ihm widersprechen. Es gilt der Männerbonus, denn die Fehler einer Frau zählen doppelt.
4. Man(n) gibt sich demokratisch und beschwört als einzig mögliche Lösung eine Abstimmung. Niemand widerspricht, denn wer will schon »undemokratisch« sein?
5. Anwesende Frauen werden häufig in Durchführungsaktionen von Männervorschlägen eingebunden (Pseudo-Team). Bei Zuweisung eines schwierigen Problems können Männer später die Frauen korrigieren bzw. »belehren«.
6. Männer sprechen oft im Imperativ, während Frauen ihre Aussage durch Frageformen und Konjunktive abschwächen:
   Frau: *»Meine persönliche Meinung ist es, daß …!«*
   Mann: *»Es ist Zeit, daß wir zur Abstimmung kommen, denn der Sachverhalt ist klar …!«*
   Frau: *»Ich würde meinen, daß …!«*
   Mann: *»Es ist eindeutig bewiesen, daß …!«*
   Frau: *»Ist es nicht so, daß …?«*
   Mann: *»Es ist so, daß …!«*
   Frau: *»Sollten wir nicht besser eine erneute Prüfung …?«*
   Mann: *»Wir warten eine erneute Prüfung ab!«*
7. Männer werten sich oft selbst auf und fordern ihr Rederecht, während Frauen sich und ihr Wissen abwerten und um das Rederecht bitten:
   Frau: *»Ich weiß nicht, ob Sie mit meinem Vorschlag etwas anfangen können, aber …?«*

Mann: *»Mein Vorschlag setzt neue Maßstäbe, und darum …!«*
Frau: *»Ich bin nur die Sachbearbeiterin und keine Expertin auf diesem Gebiet, aber vielleicht …?«*
Mann: *»Ich bin für den Bereich (x y) zuständig und als Experte sage ich …!«*
Frau: *»Darf ich mal etwas dazu sagen/eine Frage stellen?«*
Mann: *»Dazu muß ich folgendes sagen …!«*
Frau: *»Darf ich noch eben diesen Satz zu Ende sprechen?«*
Mann: *»Ich spreche diesen Satz jetzt zu Ende!«*

8. Männer sprechen oft mit harten, manchmal sogar militärischen Begriffen, während Frauen weicher sprechen und Verniedlichungen benutzen:
   Frau: *»Herr Müller, möchten Sie noch ein Täßchen Kaffee?«*
   Mann: *»Ich möchte noch eine Tasse Kaffee!«*
   Frau: *»Vielleicht sollten wir die Sitzung für ein halbes Stündchen unterbrechen?«*
   Mann: *»Wir unterbrechen die Sitzung für eine halbe Stunde!«*
   Frau: *»Unsere Verkäufer sind mit Material gut ausgestattet. Es fehlt lediglich die Koordinierung und die Motivation. Ist es nicht so?«*
   Mann: *»Unsere Truppe ist gut gerüstet, aber es fehlt ihr an Moral, und es fehlt die Führung auf Divisionsebene. Das ist das Problem!«*
9. Zwischen Frauen selbst kommt es in Gesprächen häufig zu Eifersüchteleien bzw. Rivalitäten. Davon profitieren meistens die anwesenden Männer.
10. Frauen werden oft direkt oder indirekt lächerlich gemacht, z. B. durch (anzügliche) Bemerkungen, Nicht-ernst-Nehmen, Angriffe auf die Person statt auf die Sache, frauenfeindliche Witze usw.:
    »Darüber zerbrechen Sie sich mal nicht Ihren hübschen Kopf!«
    »Wenn Sie so gute Vorschläge machen würden, wie Sie aussehen, dann …!«
    »Können Sie einen Männerwitz vertragen, oder sind Sie empfindlich/humorlos?«
    »Eine anständige Frau lacht bei schmutzigen Witzen nicht mit. Die geht in die Küche und schreibt sich die Witze auf …!«

»Meine Herren, angesichts der Hitze ziehen wir unsere Jacketts aus. Frau Müller darf noch einen Schritt weiter gehen …!«
»Wir wissen, Frau Müller, daß Sie sich bemühen. Aber Sie denken eben als Frau, und Ihre Vorschläge sind nicht realistisch für unsere männlichen Mitarbeiter. Das sind alles hartgesottene Burschen!«

5.4.3 Wehren Sie sich! Mit Rhetorik

Es ist leicht, Empfehlungen zur Rhetorik für Frauen abzugeben. Schwieriger ist es, zu erkennen, daß es sich dabei nicht um »andressierte Sprüche« handeln darf, sondern um eine Überzeugung und um ein konsequentes Verhalten, welches von innen heraus gesteuert wird. Alles andere ist ein Kartenhaus. Grundsätzlich kann aber gesagt werden, daß die meisten rhetorischen Angriffe auf *Verunsicherung, Manipulation* oder *Überrumpelung* zielen. Um sich **sofort** dagegen wehren zu können, muß noch einmal auf die drei notwendigen Voraussetzungen hingewiesen werden:
1. Selbstbewußtsein,
2. die »richtigen« Antennen und
3. geeignete Abwehr- und Angriffsmaßnahmen.

Wichtig ist vor allem, daß Sie überhaupt reagieren bzw. sich wehren. Es nutzt Ihnen nichts, wenn Sie sich nur ärgern – oder gar **danach** ärgern – oder wenn Ihnen nach einem Gespräch die richtigen Antworten einfallen (*»Wenn der das noch einmal zu mir sagt, dann werde ich ihm …!«*). Aber »er« wird das nicht noch einmal sagen, denn kein Gespräch wiederholt sich, jede Situation ist neu und anders. Es wiederholt sich lediglich systemhaft das männliche Verhaltensmuster. Eine rein sachliche Reaktion ist sicher immer dann angebracht, wenn Chef und/oder Kunden Gesprächspartner sind oder Sie sich z. B. in einer entsprechenden Gesellschaftsrunde befinden. Es sollte aber nicht vergessen werden, daß rhetorisch gut vorgebrachte, schlagfertige Formulierungen ihre Wirkungen sowohl bei anwesenden Frauen wie auch bei Ihrem »Gegner« nicht verfehlen, sofern diese nicht ausgesprochen bissig, bösartig oder verletzend sind. Hier macht ganz entscheidend der Ton die Musik – und Ihr Lächeln.

Ich ehre mir die Würde der Frauen;
aber damit sie Würde hätten,
sollten sie sich nicht allein betten,
sollten sich an Männerwürde erbauen.
Goethe, Zahme Xenien

Kommentar eines Berliners: *»Kiek mal an! Und det vom ollen Jöte ...!«*

Keine(r) kann Sie zwingen, auf rhetorische Angriffe zu reagieren. Aber zugegeben: Es reizt. Insbesondere dann, wenn man/frau glaubt, die richtige Antwort parat zu haben, und das »Herz auf der Zunge trägt«. War der Angriff obendrein auch noch ironisch, verächtlich, verletzend oder gar frauenfeindlich, verlagert sich der Wille zur Reaktion auf die rein emotionale Beziehungsebene. Sich jetzt zu beherrschen, cool zu bleiben und den Angriff »zu überhören, zu übergehen« ist wahrlich nicht einfach. Es kommt schlicht darauf an, was frau will. Erfolgen Einwände z. B. von Kollegen, die als scheinbar unfaire Angriffe anläßlich eines wichtigen Berichtes Ihrer Abteilung, den Sie zu verantworten und vorzutragen haben, verstanden werden könn(t)en, so beweisen Sie mit einer sachlich-coolen Art unter Umständen Überlegenheit und Selbstwertgefühl. Vielleicht will Ihr Chef, der zuhört und nicht reagiert, Sie nur dahingehend prüfen, ob Sie leicht aus der Fassung zu bringen und somit für **»diese Aufgabe nicht geeignet«** sind. Es ist daran zu erinnern, daß Methoden dieser Art eine sehr beliebte »Masche« von untereinander abgestimmten Personalberatern in Einstellungsgesprächen sind. Reaktionen wie: *»Das ist ja wohl eine Unverschämtheit«* oder: *»Das muß ich mir aber nicht bieten lassen«* oder: *»Also, ich bin empört. Das können Sie mit mir nicht machen«* o. ä. sind dann der Grund, daß Bewerber den Vorzug erhalten, die auch in emotional schwierigen Situationen zwar bestimmt, aber dennoch gelassen ziel- bzw. lösungsorientiert sind. Eigenes Erlebnis: In einem Bewerbungsgespräch »verbat« sich eine Bewerberin »solche Methoden« und begründete dieses mit ihrer Würde. Dazu der Chef: *»O.K. Sie haben Ihre Würde. Ich habe mein Geschäft und 5000 Mitarbeiter. Guten Tag.«*

Würde ist eine körperliche Kunst, erfunden,
um die Mängel des Geistes zu verbergen.
La Rochefoucauld, Reflexionen
(François, Herzog von, 1613–1680,
franz. Schriftsteller und Moralist)
Kommentar eines Bayern:
*»Jo mei! Des is fei nix Boarisches,
weil mir Bayern ham koa Mängel des Geistes nicht, gehh!!«*

Aber auch **»umgekehrt«** sind diese Methoden sehr beliebt. Stellen Sie sich vor, anläßlich eines Bewerbungsgespräches für eine Führungsposition fordert Sie der Personalberater auf, einen Papierhut zu falten. Sie machen das? Durchgefallen. Dinge dieser Art zu tun muß unter Ihrer Würde sein!

Männlicherseits erwünscht: Drauf reinfallen!
Im folgenden finden Sie einige rhetorische Hilfen, wenn man/frau Sie unterbuttern, abwürgen oder nicht ausreden lassen will:

1. Nicht »abwürgen« lassen!
»Pardon, aber es spricht immer nur, wer das Wort hat!«
»Herr Kollege, ***ich*** *habe das Wort!«*
»Sie haben gleich Gelegenheit, sich zu äußern. Jetzt habe ich das Wort!«
»Was fürchten Sie, daß Sie mich nicht sprechen lassen wollen?
»Herr Kollege, wir können wohl zusammen singen, aber nicht zusammen sprechen!«
(ironisch:) *»Entschuldigen Sie bitte, daß ich sprach, bevor Sie redeten!«*
»Ihnen fehlen zwar nicht die Worte, aber die Argumente.«

2. Ausreden lassen!
»Ich erwarte, daß Sie mich nicht unterbrechen. Auch ich höre Ihnen zu!«
»Sie werden meinen Gedanken auch ohne Unterbrechung ertragen müssen!«
»Ich möchte meine Vorstellungen im Zusammenhang darstellen!«

»Es ist bereits das zweite Mal, daß Sie mich unterbrechen. Können Sie so schwer eine andere Meinung ertragen?«
»Warum unterbrechen Sie mich ständig? Mögen Sie keine Frauen, die selbstbewußt sind und eine eigene Meinung haben? Wovor haben Sie Angst, Herr Kollege?«

3. Nicht »unterbuttern« lassen!
»Bitte beantworten Sie meine Frage!«
»Sie sind mir noch eine konkrete Antwort schuldig!«
»Ich möchte, daß auf meine Vorschläge konkret eingegangen wird!«
»Was sind die Hintergründe dafür, daß mein Vorschlag nicht diskutiert wird?«
»Ich bin mit Ihrer Vorgehensweise nicht einverstanden. Sie geht am Thema Frauen – Parität etc. vorbei. Welche Vorschläge haben Sie, um das zu ändern?«
(ironisch:) *»Was können wir tun, meine Herren, damit Ihr Vorhaben nicht durch Frauenvorschläge gestört wird? Soll ich die Konferenz verlassen?«*
(vermutliche Antwort:) *»Aber Frau Kollegin, warum so polemisch? Bleiben Sie doch bitte sachlich!«*
(Ihre Antwort:) *»Einverstanden. Und warum haben Sie nicht damit begonnen/halten sich daran?«*

Doch grundsätzlich sollten Sie sich in der Wahl Ihres Tones und in Ihrer Mimik nicht vergreifen. Das kann im Eifer des Gefechts natürlich dann leicht passieren, wenn Sie erkennbar benachteiligt oder übergangen werden. Sie dürfen sicher sein, daß dann nur noch die Art und Weise, wie Sie sich durchsetzen wollen, angegriffen und kritisiert wird. **Bleiben Sie also immer höflich, verbindlich – aber vor allem konsequent und beharrlich!** Notfalls wiederholen Sie mehrmals z. B. Ihre Frage. Und lassen Sie sich auch nicht beeindrucken von Mimiken (Augenverdrehen), Gesten (Kopfschütteln, abwinkende Handbewegungen etc.) oder irritierendes »Volksgemurmel«. Auch kommt es vor, daß irgendein Beteiligter mit lautstarker Stimme Sie auffordert, *»... nun endlich im Thema fortfahren zu können«*. Antworten Sie selbstbewußt: *»Herr Kollege, auch durch Lautstärke (Ihren Vorwurf) lasse ich* *mich nicht beeindrucken. Ich bin bekannt dafür, daß ich mich nicht unter Druck setzen lasse. Und ich wiederhole hiermit nochmals meine Frage ...!«*

5.4.4 Greifen Sie an! Mit Rhetorik

Das ist leichter gesagt als getan. Ein Beispiel dazu. Vor einiger Zeit wurde ich anläßlich einer politischen Bürgerversammlung in München Zeuge, wie schwierig so etwas konkret sein kann. Nach der (sehr langatmigen) Darstellung des Problems begann die Diskussion (es ging um eine geplante Umgehungsstraße). Der Leiter: *»Bitte möglichst kurze Wortbeiträge, damit alle drankommen!«* So, so. Alle. Kurz. Damit alles »kurz abgeschmettert« werden kann?

Die Redebeiträge der betroffenen Bürger überschlugen sich förmlich. Jede/r achtete pingelig darauf, »dranzukommen«. Plötzlich stand nicht mehr der Inhalt der Rede im Vordergrund, sondern nur noch die formale Frage nach der Reihenfolge der Wortbeiträge. Leiter: *»Bitte, meine Damen und Herren, jeder hat hier das Recht, seine Meinung zu sagen!«* Genau. Aber statt daß die Politiker auf Einwände direkt und konkret geantwortet hätten, wurden die Wortbeiträge der Reihe nach »runtergespult«. So wußte nach zehn Wortbeiträgen niemand mehr, was die erste Wortmeldung beinhaltet hatte. Nach einiger Zeit ergriff einer der anwesenden Politiker das Wort. Braungebrannt, tadelloses Outfit, linke Hand in der Tasche, tänzelte er zum Mikrophon, um dieses zunächst passend zu verbiegen. Lächelnd und wortgewandt faßte dieser »Volksvertreter« alle Wortmeldungen (nach seiner Fasson!) zu einem Punkt zusammen, den er bezeichnete als *»die konkrete Frage, die sich in dieser Diskussion herausgeschält hat«,* und sabberte dazu rhetorisch geschliffen inhaltlich nichtssagendes Politikergeschwätz runter. Zunächst verhaltener Beifall. Doch dann, als er noch die Frechheit besaß, den Anwesenden *»für ihr demokratisch-kritisches Verhalten zu danken«,* und nach der Bemerkung, daß er *»nun mit neuen Ideen und Eindrücken die Bürgerversammlung verlassen«* würde, erntete er lauten Applaus. Ein

Prachtkerl, dank Schlappe. Denn nur die wenigsten dieser Versammlung werden begriffen haben, daß sie schlicht von einem Profi »abgebürstet« wurden. Tagesgeschäft und Routine von Politikern, die gewählt werden wollen.

»Strüßche! Häste 'ne bißche Zick? Ejaah? Dann paß opp, wat isch do saach. Do Drache us Köln-Nippes kütt us besöke ...!«

»De Aaal sing Frouu? Dat is nach dem Betriebsverfassungsjesetz strofbar, weil dat ist Körperverletzung ...!«

Aus der Gruppendynamik kennen wir den »Gruppendruck«, der in diesem Beispiel – neben anderen Faktoren – eine große Rolle spielte. Wer hätte am Ende schon den Mut besessen, diesem gelackten Politprofi den Schneid abzukaufen? Und mit was hätte man/frau rechnen müssen? Wäre es nicht unendlich peinlich, zu riskieren, daß sich die ganze Versammlung gegen uns stellt, protestiert, buht, pfeift o. ä.? Und wie hätte man/frau sich verhalten müssen, wenn der Diskussionsleiter »noch eins draufgegeben hätte«? *(»Also hier sind ordentliche Bürgerinnen und Bürger versammelt, die ihren Abgeordneten zur Sache befragen möchten. Wenn Sie statt dessen Krawall machen wollen, dann sind Sie auf unserer Veranstaltung falsch!«)*
Also, lieber schweigen und den Kopf schütteln?

Um Gottes willen nicht! Denn gerade Veranstaltungen dieser Art sind das beste Forum, die eigene rhetorische Kampfkraft zu stärken. Was kann schon ernsthaft passieren? Auch wenn nicht alles so klappt, wie Sie es sich wünschen: Übung macht den Meister. Zur moralischen Unterstützung ist zu empfehlen, **eine/n Kollegen/in** mitzunehmen. Suchen Sie sich dazu aber geeignete Veranstaltungen. Es hat nämlich keinen Sinn, am Aschermittwoch zur Nibelungenhalle nach Passau zu pilgern, um rhetorische Fähigkeiten in einer CSU-Großversammlung auszuprobieren.

Beginnen Sie **Ihre Übungen** zum rhetorischen Angriff in einer überschaubaren Gruppe oder in Zweier-Diskussionen. Erkennen Sie, wie Sie oftmals vom Patriarchat »ausgeschmiert« werden, und lernen Sie schrittweise – analog einer Fremdsprache –, wie Sie als Frau den Spieß umdrehen können. Und **lernen Sie vor allem, mit dem Mißerfolg umzugehen**. Nichts kann demoralisierender sein, als gutgewappnet dennoch »unterzugehen«. Das wird Ihnen anfangs nicht erspart bleiben. Aber da muß frau durch! Und wenn Sie dann erschöpft, entnervt und in LMA-Stimmung die Tür Ihrer vier Wände hinter sich schließen oder Sie ein anderer Mensch auch noch »schwach anlabert«, bewahren Sie dennoch Fassung!
Bewährt hat sich in solchen stimmungsmiesen Situationen das, was im Kapitel 2 beschrieben und empfohlen wurde (praktische Maßnahmen zur Selbstmotivation). Am einfachsten und wirkungsvollsten ist es aber immer noch, wenn Sie die Tapete wechseln, unter Menschen gehen und abschalten. Denn:
Beim nächsten Fight wird alles besser. Wenn *Sie* nur wollen!
Na, dann woll'n wir mal.

Verunsicherung, Manipulation, Überrumpelung: unter diesen drei Oberbegriffen können die meisten und typischen rhetorischen Taktiken sowie Tricks zusammengefaßt werden. Doch selbst das ist noch »zuviel Theorie«. Es ist nämlich unerheblich, ob man Sie mit Schmeicheleien manipuliert oder mit unfairer Dialektik überrumpelt hat. Das Ergebnis ist stets das gleiche. In den meisten Büchern über Frauenrhetorik wird hier allerdings säuberlich unterschieden. Das ist von der Sache her sicher richtig; vom praktischen Nutzen her aber wertlos.
Erfolgreicher ist es darum, daß Sie ein einfaches »System des Sich-Wehrens« verinnerlichen. Damit ist gemeint, daß nicht grundsätzlich jeder Einwand, jeder Versuch der Manipulation etc. perfekt und schlagfertig pariert werden muß, sondern es viel wichtiger ist, daß Sie überhaupt den **Mut zum Widerspruch** haben, daß Sie sich einfach **nicht überrumpeln lassen**.

Einige grundsätzlich Vorüberlegungen dazu. Es gibt keine Sache auf unserer Erde, zu der es nicht eine Gegenposition gäbe – wie

immer diese aussieht. Nun muß man im Leben nicht immer generell »gegen alles und jeden« sein, aber wer von uns hat es nicht schon einmal bereut, einer Sache oder einer Person vorschnell zugestimmt zu haben? Doch es liegt »in uns drin«: Was uns logisch und vernünftig erscheint, dem stimmen wir zu – oftmals ohne notwendige Hinterfragung der Sachlage oder Person. Und wie oft erwies sich dennoch unsere Entscheidung hinterher als unvernünftig und falsch? Beneidenswert also jene Menschen, die ganz cool, sachlich und mit stets klarem Verstand offensichtlich jeden Nachteil für sich selbst abwenden können?
Das können Sie auch. Und das Prinzip dazu ist relativ einfach.

Was immer Ihnen gesagt wird, welches Argument immer Sie hören, was immer Ihnen logisch und vernünftig erscheint, was immer vorgeschlagen, besprochen oder beschlossen wird, welche Personen auch immer beteiligt sind: **Stellen Sie die Dinge in Frage! Bringen Sie eine Gegenposition ins Spiel! Zweifeln Sie mit Fragen an der Sache, an den Personen und an der Situation! Machen Sie die Gegenposition und den Widerspruch zu Ihrem »Hobby«.** Beginnen Sie das »Dagegensein« z. B. mit folgenden Redewendungen:

»Ist das eigentlich so, wie Sie das darstellen, denn wir müssen doch bedenken, daß ...« usw.
»Ihre Auffassungen zum Sachverhalt XY sind sicherlich sehr interessant, aber wichtiger ist vor allem, daß ...« usw.
»Jede Medaille hat zwei Seiten. Sie haben eine dargestellt. Wo bleibt die andere?«
»Der Sachverhalt muß doch anders betrachtet werden, und zwar ...« usw.
»Es bleibt zunächst einmal dahingestellt, ob das so zutrifft, wie Sie es schildern. Vor allem muß man bedenken, daß ...« usw.
»Ihre Darstellung ist hochinteressant, aber die Kernfrage lautet doch ...« usw.
»Das ist ein origineller Vergleich, aber leider kein Argument.«

Wichtig ist vor allem, daß Sie ruhig, freundlich und hartnäckig bleiben. Lassen Sie sich nicht durch Aggressionen, Unfreundlich-

keiten, Belehrungen oder Verächtlichmachung irritieren. **Immer cool dranbleiben!**
Falls Ihnen im Moment nichts Passendes einfällt, arbeiten Sie mit **Gegenfragen**:

»Wie kommen Sie darauf?«
»Warum, glauben Sie, ist das so richtig, wie Sie es darstellen?«
»Wie wichtig ist für Sie eigentlich eine andere Meinung?«
»Warum soll ich das glauben?«

Es gibt auch, falls Ihnen tatsächlich »die Luft wegbleibt«, eine **bewährte Notbremse**, nämlich die Frage nach mehr Informationen:

»Bitte erläutern Sie Ihre Aussagen!«
»Ihre Meinung geht von Informationen aus, die Sie nicht genannt haben. Welche sind das?«
»Das hört sich alles so glatt an. Welche Informationen verschweigen Sie?«

Vermeiden Sie aber selbsterniedrigende Bemerkungen wie etwa:

»Ich bin nur eine einfache Frau. Ich verstehe das nicht!«
»Davon verstehe ich nichts.«
»Also ich bin nur die Sachbearbeiterin von XY. Wie soll ich das verstehen?«

(Es sei denn, Sie wenden die hohe Kunst der Täuschung taktisch an, um den Gegner glauben zu lassen, daß Sie nichts wissen, um ihn »ins offene Messer laufen zu lassen«!).

Die feinste aller Listen besteht darin, sich geschickt so zu stellen, als ob man in die Falle ginge, die einem gelegt wird: Denn niemand wird so leicht getäuscht, als wer einen anderen zu täuschen glaubt.
La Rochefoucauld, Reflexionen
Kommentar eines Hamburgers: *»Aber nur, wenn der andre 'n Döspaddel is, nech ...!«*

Die Vielzahl der rhetorischen Taktiken zu beschreiben und auf jede einzelne Taktik eine Abwehrmaßnahme »draufzusetzen«, ist schon aus lernpsychologischen Gründen blanker Unsinn. Wer kann schon 50 und mehr Regeln behalten und dann zum richtigen Zeitpunkt die richtige Abwehrregel anwenden? Es muß also eine **einfache Systemregel** geben, nach der Sie sich wehren und angreifen können. Das schließt selbstverständlich nicht aus, daß Sie zu speziellen Taktiken, die Ihnen häufig begegnen, auch spezielle Abwehrmaßnahmen entwickeln.
Um dennoch eine gewisse Ordnung und Übersicht in rhetorische Taktiken des Patriarchats zu bringen, können drei Bereiche angegeben werden (grobes Schema). Zu jedem Bereich werden **typische rhetorische Taktiken** von Männern benannt, zu denen **anschließend Abwehrtaktiken** aufgezeigt werden. Die einfachste Form der Abwehr besteht natürlich darin, diese Taktiken zu ignorieren, denn niemand kann Sie zwingen, darauf zu reagieren. Das ist aber in den meisten Fällen nicht befriedigend. **Die wirksamste Form der Abwehr besteht in der Umkehrung** (evtl. die erkannte Taktik anzusprechen und zurückzuweisen) und selbst zum »Gegenangriff« überzugehen.

Dieses Grundprinzip »Abwehr« ist einfach:
1. **Widerspruch/Infragestellung bzw. Umkehrung/Gegendarstellung** (und evtl. die Taktik ansprechen),
2. **Aufforderung zur Erläuterung** (hartnäckig dranbleiben, mit Fragen »nachbohren«).

Erfolgsentscheidend sind immer die rhetorischen Formulierungen und »der Ton, der die Musik macht«. Das Zusammenspiel zwischen Tonfall, Lautstärke und Wortwahl ist ein Faktor der Gefühlswelt. Der direkte, bissige Widerspruch – *»Das stimmt doch gar nicht!«* oder: *»Ich habe schon Ahnung. Ich habe das studiert!«* oder: *»Das finde ich ja unerhört!«* etc. – mißlingt und ist meistens fehl am Platze. Beachten Sie bitte bei den folgenden Widerspruchsformulierungen das einfache Schema »Abwehr«:

Abwehrbeispiele bei Verunsicherung:

Beispiel:
»Sie haben den Sachverhalt nicht richtig verstanden!« oder: »Ihnen fehlen die Informationen!« oder: »Wenn Sie mir zugehört hätten ...!« oder: »Ihnen fehlt die Erfahrung ...!« etc.

Widerspruch: *»Gerade weil ich den Sachverhalt richtig verstanden habe (richtige Informationen, zugehört, Erfahrung ...), lautet meine Meinung (widerspreche ich Ihnen) ...«* Etc.

Taktik: *»Ich gewinne eher den Eindruck, daß Sie mich mit dieser Taktik verunsichern wollen (was nicht gelingt)!«*

Angriff: *»Was konkret gegen meine Meinung spricht, haben Sie nicht dargestellt. Darum sollten wir jetzt ...!«*

Oder:
»Wenn Sie mal länger in unserer Firma sind ...!« Oder: »Sie haben gestern gesagt ... und nun sagen Sie ...!« Oder: »Das können Sie gar nicht wissen, weil ...!« Oder: »Wollen Sie die Verantwortung dafür tragen?« Etc.

Umkehrung: *»Gerade weil ich neu bin, kann ich mit Objektivität ...!«*
»Ich erläutere Ihnen gerne, warum ich das heute so sehe ...!«
»Gerade weil ich es weiß/mich informiert habe ...!«
»Ich bin immer bereit, Verantwortung zu tragen, und lasse mich darin auch nicht verunsichern!«

Angriff: *»Was ist der Grund, warum Sie das glauben?«* (Nachhaken!)
»Welche Verantwortung konkret meinen Sie? (Nachhaken, evtl. ins Detail gehen.)

Abwehrbeispiele bei Manipulation:

Beispiel:
»Sie sind doch Fachfrau. Warum haben Sie …?« Oder: »Wenn wir schon zu XY bereit sind, dann …!« Oder: »Zu diesem Aspekt haben namhafte Experten nachgewiesen, daß …!« Oder: »In Wahrheit ist es doch so, daß …!« Usw.

Gegendarstellung:
»Richtig. Weil ich Fachfrau bin, weiß ich …!«
»Das eine hat mit dem anderen nichts zu tun/zwei paar Stiefel …!«
»Welche Experten waren das genau?« Oder: *»Goethe hat gesagt? Und was sagen Sie?«* Oder: *»Herr Kollege, nicht zitieren, sondern selber denken ist hier gefragt!«* Oder: *»Welche Wahrheit haben Sie? Belegen Sie das bitte mit konkreten Argumenten!«*

Angriff:
»Was ist konkret an Ihrer Lösung besser?«
»Herr Kollege, bitte Argumente!« (Nachhaken, wiederholen!)

Oder:
»Allein Ihr Gefühl muß Ihnen doch sagen, daß …!« Oder: »Liebe verehrte gnädige Frau …« Oder: »Sind Sie nun für A oder wollen Sie, daß …?« Oder: »Bedrückt es Sie nicht, daß …?« Usw.

Umkehrung:
»Herr Kollege, meine Gefühle kenne ich am besten, darum …!«
»Ich schätze Höflichkeiten, aber überhöre Scheinhöflichkeiten.«
»So läßt sich die Frage nicht stellen. Wichtig ist ….«
»Weder das eine noch das andere. Zunächst müssen wir …«
»Ich habe Verständnis für Ihre Auffassung. Aber es geht darum …!«

Angriff:
»Welche sachlichen Vorschläge haben Sie?«
»Was hindert Sie konkret, der Lösung A …?«
»Wo wollen wir reden? Auf der Sachebene oder auf der emotionalen Ebene?«

Abwehrbeispiele bei Überrumpelung:

Beispiel:
»Das gehört nicht zur Sache/Tagesordnung ...!« Oder: »Wenn Sie uns garantieren können, daß ...!« Oder: »Wer das ablehnt, wird beweisen müssen, daß ...!« Oder: »Wir stimmen zu unter der Voraussetzung, daß ...!« Usw.

Infragestellung und Angriff: *»Warum gehört das nicht zur Sache? Was sind konkret Ihre Vorschläge?«* (Nachhaken bei Ablenung!)
»Was hindert Sie, die Tagesordnung in diesem wichtigen Punkt ...?«
»Welche Chance geben Sie mir denn, das zu garantieren?« Oder (frecher): *»Und was garantieren Sie mir?«*
*»Beweisen müssen? Diese Taktik ist alt, Herr Kollege. Da muß ich nämlich über die Voraussetzungen verfügen. Welche Möglichkeiten (*frecher: *Kompetenz) haben Sie, mir diese zu geben?«*
»Welche Rahmenbedingungen können Sie mir dazu einräumen?«

Oder:
»O.K. Wir leiten den Vorschlag morgen Dr. Meier zur Unterschrift zu« Oder: »Unsere Firma ist doch eine große Familie, und darum ...!« Oder: »Nun bitte der Reihe nach Herr Müller, Meier ...!« Usw.

Taktik ansprechen und Angriff: *»Gut. Wenn Dr. Meier dem Vorschlag zustimmt, gilt er auch für mich. Ansonsten kann jeder Änderugen einbringen!«*
»Meine Familie ist zu Hause, Herr Kollege. Hier wollen wir doch sachlich und lösungsorientiert ..., und darum ...!«
»Ich achte die Reihenfolge. Und ich achte auf die Länge der Beiträge und was wir anschließend damit machen!«
»Wie können wir alle Meinungsbeiträge korrekt festhalten/berücksichtigen?«

Die Systematik dieses Abwehrschemas ist sicher deutlich geworden. Das Schema ist einfach – darin liegt die Stärke und da und dort auch eine Schwäche. Denn es lassen sich nicht alle rhetorischen Taktiken stets »einfach« auffangen, zumal diese oft Kombinationen untereinander sind. Aber bei der Anwendung wird eines ohne Zweifel deutlich: Je häufiger dieses Abwehrschema eingesetzt wird und je öfter sich (auch kleine) Gesprächserfolge einstellen, um so sicherer und souveräner wird die eigene Abwehr. Meine Überzeugung ist, daß es besser ist, mit einem einfachen Schema erst einmal kleine (und dann wachsende!) Erfolge zu haben, statt mit einem perfekten, aber komplizierten System zu scheitern. Vor allem wächst mit den kleinen Erfolgen das Selbstbewußtsein, Sie entwickeln ständig Ihre »Antennen« weiter und gewinnen Freude daran, sich zu wehren.

»Jetzt ssind die in Lippe auch schon an'n krakeelen von wejen Chleichberechtigung ...!«

»Och Chott, Dölmerei! N' paar Eimer Wasser drüüber und dann chehn die Kraturs schon mit'n Eeß wieder in'n Hause harein ...!«

»Häehhh!«

5.4.5 *Ihre stärksten Waffen: Fragetechniken*

Alle, die es heute verantwortlich mit Menschen zu tun haben, lernen z. B. in Seminaren den Umgang mit Fragetechniken – vom Chef bis zum Verkäufer, Mann wie Frau. Den Leserinnen wird aufgefallen sein, daß viele beschriebene Abwehrantworten bereits als Frage formuliert wurden. Es kann nicht oft genug betont werden: Die Frage ist die rhetorisch wichtigste Abwehr- und Angriffswaffe. **Wer fragt, führt das Gespräch!** Und wer das Gespräch »führt«, bestimmt auch die Richtung. Im Grunde handelt es sich nämlich in der alltäglichen Kommunikation um ein einziges Problem: Es wird zuviel geredet, zuwenig gefragt und kaum zugehört.

Mit »richtigen« Fragen kann eine Kommunikation positiv gestaltet oder der Partner »ausgehebelt« werden. Und wer selbst unter »Druck gerät«, hat mit geeigneten Fragen ein wirksames Abwehrinstrument. Es gibt drei wichtige Fragearten, die vertraut sein müssen: **geschlossene Frage, offene Frage und Alternativfrage.** Traumhaft beherrschen müssen Sie allerdings die offene Frage. Sie ist die Königin unter allen Fragearten.

Geschlossene Frage
Der Partner kann in den meisten Fällen nur mit »Ja« oder »Nein« antworten.
Beispiel:
»Gefällt Ihnen dieses Modellkleid?«
»Ja.«
»Möchten Sie es erwerben?«
»Nein.«

Die geschlossene Frage eignet sich z. B. im Verkauf dann, wenn sie als Abschlußfrage oder als eine Abfrage von präzisen Daten gestellt wird. Sie ist aber im Verkaufsgespräch oftmals ungeeignet, weil der Partner »nicht redet« und der Verkäufer somit keine Signale und Informationen erkennen kann. Das gilt auch für die private Kommunikation. Zudem: wer nur geschlossene Fragen stellt, bringt den anderen oft in eine »Verhör-Situation«, und das baut negative Emotionen auf. Journalisten, die z. B. Politiker interviewen, stellen meistens diese Frageart. Haben Sie jedoch einen Profi vor sich, dürfen Sie damit rechnen, daß dieser sagt: *»So stellt sich die Frage nicht. Die Frage muß doch lauten … usw.«* – und er redet das, was er will, und antwortet nicht auf das, was er gefragt wurde. Nichtprofis reagieren allerdings anders. So läßt sich im Verkaufs- und Kommunikationstraining mittels (unbestechlicher) Videoaufzeichnungen nachweisen, daß es vor allem bei Männern die häufigste Frageart ist, die sowohl im Verkauf wie auch in Verhandlungen, in Mitarbeitergesprächen und im Privatbereich verwendet wird.

Den Spieß können Sie natürlich auch umdrehen – und für sich nutzen. Sie können gezielt mehrfach hintereinander geschlossene

Fragen stellen und den Kontrahenten in ein »Kreuzverhör« zwingen. Wenn er darauf eingeht, kann er sich sehr schnell in einer üblen Position wiederfinden, wenn Sie kontern: *»Jetzt widersprechen Sie sich. Sie haben doch eben für alle deutlich bestätigt, daß ...!«* Aber selbst, wenn das »Kreuzverhör« durchschaut und kritisiert wird, haben Sie stets eine gute Erklärung: *»Pardon, aber ich habe präzise Fragen gestellt, die zur Klärung notwendig sind. Wenn Sie das ablehnen ...!«*

Die *Abwehrmaßnahme* für diejenigen, die sich einem solchen Kreuzverhör durch die Aneinanderreihung von geschlossenen Fragen gegenübersehen, besteht darin, die *Taktik offenzulegen* und *Gegenfragen* zu stellen:
»Ich befinde mich hier nicht vor Gericht. Bitte nennen Sie mir den Hintergrund Ihrer Frage, und ich werde ...!« Oder:
»Diese Frage läßt sich nicht einfach mit Ja oder Nein beantworten, wenn Sie den wahren Sachverhalt erfahren wollen. Und daran sind Sie doch sicherlich interessiert?«

Hartnäckigkeit bei der Aufforderung, z. B. einen Sachverhalt zuzugeben, wird erfolgreich mit ... Hartnäckigkeit beantwortet.
Beispiel:

Mann: *»Also beantworten Sie die präzise Frage, haben Sie die Maßnahme durchgeführt, ja oder nein?«*

Frau: *»Wenn Sie an der Wahrheit interessiert sind, läßt sich diese Frage nicht einfach mit Ja oder Nein beantworten. Sie sind doch an der Wahrheit interessiert?«*

Mann: *»Sie weichen aus, Sie wollen sich doch nur vor einer präzisen Antwort drücken!«*

Frau *»Im Interesse der Wahrheit verstehe ich unter ›ausweichen‹, daß ich vor dem Zwang zu einer falschen Aussage ausweiche!«*

Mann: *»Also mit anderen Worten, Sie haben die Maßnahme* ***nicht*** *durchgeführt!«*

Frau: *»Ich habe unmißverständlich erklärt: Die Frage läßt sich nicht einfach mit Ja oder Nein beantworten. Was ist denn der Grund dafür, daß Sie den wahren Sachverhalt aus meiner Sicht nicht hören wollen?«*

Das »Kreuzverhör« ist gescheitert.

Offene Frage
Wird die offene Frage richtig formuliert, kann der Partner meistens nicht mit »Ja« oder »Nein« antworten, sondern nur in einem ganzen Satz.

Beispiel:
*»**Warum** gefällt Ihnen dieses Modellkleid nicht?«*
»Also irgendwie erinnert es mich an ABC, aber meine Vorstellungen gehen mehr in Richtung XYZ.«

Die *offene Frage* ist das Herzstück sowohl im Angriff wie vor allem auch in der Verteidigung bei fairen und unfairen Gesprächen. Fast alle *offenen Fragen* beginnen mit einem **W**-Fragewort, sie werden daher auch oft als **»W-Fragen«** bezeichnet:
Wer, wie, wo, was, warum, wieso, weshalb, woher, wodurch, womit usw.

Nochmals zum Unterschied zwischen *geschlossenen* und *offenen Fragen,* um den Erfolg mit einer offenen Frage anhand eines Beispiels zu verdeutlichen. An der Bar einer Disco sitzt eine sehr attraktive, junge Dame. Ein schmachtender junger Mann entdeckt dieses Glüc k, hat Maß genommen und schreitet „weltmännisch« (oft beobachtet: mit beiden Händen in den Hosentaschen, was schon eine gewisse Unsicherheit verrät!) auf die zuvor mit kritischen Blicken geprüfte und für gut befundene Dame zu und stellt sich daneben. Es entwickelt sich folgendes Gespräch:

Er: *»Ist dieser Platz noch frei?«*
Sie: *»Ja.«*
Er: *»Sind Sie schon lange hier?«*
Sie: *»Nein.«*
Er: *»Kommen Sie öfter hierher?«*
Sie: *»Nein.«*
Er: *»Sind Sie aus München?«*
Sie: *»Nein.«*

Er: *»Sind Sie beruflich hier?«*
Sie: *»Nein.«*
Er: *»Möchten Sie tanzen?«*
Sie: *»Nein.«*
Er: *»Darf ich Sie zu einem Drink einladen?«*
Sie: *»Nein.«*

Der Mann wendet sich von der Dame langsam ab. Volltreffer daneben! Was er über die Dame nun denkt, erübrigt sich zu beschreiben. Aber auch die Dame denkt sich vermutlich: *»Wenn dem nicht mehr einfällt als die übliche Anmache ...!«* Die Leser/innen erkennen aber sofort, daß dieser junge Mann ausschließlich *geschlossene Fragen* gestellt hat – und damit hat er Pech gehabt. Hätte er *offene Fragen* gestellt, wäre (vermutlich) das Gespräch anders verlaufen.

Er: *»Grüß Gott. Was muß ich tun, damit ich Sie nicht störe, wenn ich hier stehe und mein Bier trinke?«*
Sie: *»Am besten, Sie lassen mir noch so viel Platz, daß ich mich bewegen kann.«*
Er: *»Aber selbstverständlich! Bewegung brauchen wir alle. Was spricht denn dagegen, wenn wir uns auf der Tanzfläche bewegen?«*
Sie: *»Also ich bin etwas müde und möchte im Moment nicht tanzen!«*
Er: *»Verstehe ich. Mir geht's ab und zu auch so. Aber was glauben Sie denn, womit wir den Ober bewegen können, uns einen Drink zu bringen, den ich gerne für Sie ausgeben möchte?«*
Sie: *»Na, fragen Sie ihn doch mal, ob er noch eine Weinschorle für mich hat!«*
Er: *»Aber klar hat er das! Wir könnten natürlich auch etwas typisch Bayerisches trinken. Welche Bekanntschaft haben Sie denn bisher mit unseren bayerischen Getränken gemacht, und welches Urteil haben Sie darüber?«*
Sie: *»Also ich bin aus Stuttgart, und da trinken wir ein Viertele. Und immer, wenn ich zu Besuch in München bei meinem Bruder bin, trinke ich ...!«* Usw.

Wie nun das »Endergebnis« aussieht, ist reine Spekulation. In jedem Fall hat es in dieser Situation der junge Mann durch eine geschickte Mischung zwischen Antworten und offenen Fragen geschafft, das Gespräch »zu führen« – wo immer es hinführt. Die Mischung zwischen Antworten und offenen Fragen ist deswegen sehr wichtig, weil sonst die Gefahr besteht, daß sich ein/e Gesprächspartner/in »ausgefragt« fühlt.

Selbstverständlich kann die Dame in unserem Beispiel auch den »Spieß umdrehen« und ihrerseits durch *offene Fragen* den Bekanntschaftsversuch, weil sie vielleicht »ihre Ruhe« haben will, überlegen selbstbewußt abwehren:

Zunächst gleicher Beginn der Szene:

Er: *»Grüß Gott. Was muß ich tun, damit ich nicht störe, wenn ich hier stehe und mein Bier trinke?«*
Sie: *»Am besten, Sie lassen mir noch so viel Platz, daß ich mich bewegen kann.«*
Er: *»Aber selbstverständlich! Bewegung brauchen wir alle. Was spricht denn dagegen, wenn wir uns auf der Tanzfläche bewegen?«*

Jetzt: Abwehr (auch mit offenen Fragen):

Sie: *»Was ›dagegen‹ spricht, lassen wir mal dahingestellt. Was spricht denn ›dafür‹, daß ich mit Ihnen tanzen soll?«*
Er: *»Naja, vielleicht lernen Sie damit einen netten Mann kennen?«*
Sie: *»Wenn ich die Absicht habe, einen netten Mann kennenzulernen, lasse ich es Sie wissen. Was können Sie denn in diesem Moment tun, mich in Ruhe zu lassen?«*
Er: *»Äh ...!«*

In Verhandlungen wird häufig die erfolgreiche Taktik angewendet, mit bohrenden Fragen den Gegner zu verunsichern. Zunächst jedoch wird ein Teil des Sachverhalts als »richtig« hingenommen und bestätigt, um den Gegner in Sicherheit zu wiegen. Dann allerdings wird durch hartnäckig-bohrendes Fragen, verbunden mit der entsprechenden Mimik und Gestik, der flüssige Ablauf einer Argumentation erschüttert (*»Wo?«*, *»Wann genau?«*, *»Was präzise bitte?«* usw.). Der Trick ist psychologisch sehr wertvoll, denn nicht nur der logische Aufbau einer zusammenhängenden Argumention wird zerstört, sondern vor allem der Gegner selbst wird psychisch unter Druck gesetzt, völlig irritiert, konzeptionslos und damit widersprüchlich. Er wird »weich gekocht«.

Die ***Abwehr*** dieser Taktik ist nicht immer einfach. Wichtig ist vor allem, sich nicht aus der Ruhe bringen zu lassen, sondern sich sachlich zu wehren; hier Beispiele aus dem Berufsbereich:

»Ach, wissen Sie, mein Herr, gute Männer sind wie Toiletten: Entweder besetzt oder beschissen ...! Sind Sie frei?«
»Jahaa!«
»Ganz schön beschissen, was ...?«

»Pardon, aber ich möchte meine Ausführungen im Zusammenhang darstellen!«
»Bitte stellen Sie diese Frage noch zurück, damit ich ...!«
»Worauf legen Sie mit Ihrer Frage jetzt besonderen Wert?«
»Ich möchte jetzt mal aussprechen dürfen!« Oder: *»Unterbrechen Sie mich (bitte) nicht!«*

Weitere Fragearten – und ihre Abwehr

Ziel von guten Fragen ist es, Sachverhalte zu klären. Es gibt jedoch eine Vielzahl von Fragearten, die nicht nur *nicht geeignet* sind, sondern im Gegenteil einen Sachverhalt verkomplizieren bzw. vernebeln wollen, von ihm ablenken oder jemanden zu Reaktionen veranlassen sollen, die dann entweder kritisch, empört oder verdrehend aufgenommen werden. Allerdings sind einige dieser Fragearten schnell zu erkennen und wirken, wenn sie dann kritisiert werden, möglicherweise als »Bumerang«. Besonders geschickte Männer stellen darum selten eine solche Frage klar erkennbar, sondern verbinden bzw. »verweben« quasi ihre Fragen mit Antworten, Statements, Behauptungen etc.

Gegenfrage

Die Gegenfrage ist ein beliebtes Mittel, sich sofort zu »wehren« oder von einer gestellten Frage abzulenken. Daß in »heißen Diskussionen« diese Fragetechnik sehr häufig verwendet wird, liegt sicher daran, daß sie keiner Übung bedarf, daß infolge einer emotional aufgeladenen Spannung die Selbstdisziplin schnell verlorengeht, und auch daran, daß einige Gesprächskontrahenten Gegenfragen aufgreifen. Doch kennt z. B. jeder von uns den Grundsatz: **Eine Frage soll nicht mit einer Gegenfrage beantwortet werden.** Verbinden Sie daher eine Gegenfrage, wenn es möglich und sinnvoll ist, zuerst mit einer vorangestellten, kurzen Antwort. Das ist leicht zu trainieren und versetzt denjenigen, der so antwortet, in die sichere Lage, sich nicht den Vorwurf anhören zu müssen: *»Beantworten Sie doch erst mal meine Frage!«* Dennoch ist die direkte, originelle, bissige, witzige usw. Gegenfrage ein hervorragendes Abwehrmittel, um den Fragesteller zu verblüffen.

»Was jibt's Neies in Kenichsberch?«

»Jar nüscht Neies jibt's. Nur Emil, den hamse eeinjelocht. Der hat seeine Frouu jeschlaren ...!«

»Aber daas hat Emil doch immar jemacht ...!«

»Na, ich sare ja, in Kenichsberch nüscht Neies ...!«

Alternativfrage
Bei dieser Frageart soll jemand nur die Wahl zwischen zwei Möglichkeiten erhalten. Sie wird z. B. im Verkaufsgespräch dann eingesetzt, wenn der Abschluß erreicht werden soll. Beispiel:
»Wollen Sie Produkt A oder Produkt B ordern?«

Aus dieser im Prinzip »braven Frageart« läßt sich jedoch – verbunden mit Unterstellungen, Behauptungen, Provokationen etc. ein Instrument formen, welches geeignet ist, jemanden in eine beabsichtigte Richtung zu bringen oder jemanden zu emotionalen Widersprüchen zu veranlassen:
»Ist es Ihre Absicht, für den Frieden zu stimmen, oder wollen Sie Hochrüstung und Krieg unterstützen?«
»Wollen Sie, daß wir gemeinsam zu einer guten Lösung kommen, oder wollen Sie Ihre Position weiter vertreten, die ohne Zweifel zu einem langen Prozeß mit unsicherem Ausgang führt?«

Die ***Abwehr*** solcher einengender Fragen besteht darin, daß die Frageart »vom Tisch gefegt« wird, z. B. mit der Antwort:
»Weder das eine noch das andere. Ich möchte vor allem ...!«
»Sie stellen zwei Alternativen gegenüber, die sich so nicht stellen. Es geht in diesem Fall nur darum, daß ...!«

Provokativfrage
Auch die provokative Frage ist geeignet, Emotionen zu wecken und Unfrieden zu stiften, obwohl sie in der Sache kaum weiterführt. Die negative Motivierung ergibt sich durch bestimmte

Schlüsselwörter, wie z. B. *»eigentlich«*, *»wenigstens«*, *»überhaupt«*, *»wirklich«* usw.:
»Können Sie das als Fachmann eigentlich nicht?«
»Können Sie das überhaupt verantworten?«
»Ist das wirklich Ihr Ernst, was Sie da gerade gesagt haben?«

In ihrer Wirkung »verstärken« läßt sich diese Frageart noch durch provozierende, unsachliche, ironische oder gar verletzende Beiworte:
»Können Sie das als selbsternannter Fachmann eigentlich nicht?«
»Können Sie das überhaupt mit Ihrem begrenzten Weitblick verantworten?
»Ist das wirklich Ihr Ernst, was Sie als Macho da gerade gesagt haben?«

Die ***Abwehr*** provokativer Fragen erfordert einen kühlen Kopf und Selbstdisziplin. Nur nicht provozieren lassen, sondern überlegen, sachlich und gelassen antworten:
»Ich reagiere/antworte nicht auf provokative Fragen!«
»Ich bin dafür bekannt, daß ich mich nicht provozieren oder unter Druck setzen lasse!«

Suggestivfrage
Die Wirkung der Suggestivfrage beruht ebenfalls auf wertenden Schlüsselwörter, wie z. B. *»doch«*, *»sicher/-lich«*, *»auch«* usw., damit Befragte zustimmen. Diese Form der Beeinflussung und Manipulation ist in einem seriösen Gespräch verpönt und wird, wenn sie durchschaut oder zu häufig angewendet wird, zu negativen Reaktionen, Mißtrauen oder Aggressivität des Gegenübers führen. Aber gerade darum ist sie in unfairen Gesprächen eine häufig angewandte Waffe, besonders gegenüber Frauen, denn in den meisten Fällen wird frau reagieren – und zwar je nach gestellter Suggestivfrage. Damit läßt sich frau gezielt manipulieren:
»Sie wollen doch sicher auch eine Ware, die …?«
»Sicher sind Sie auch der Meinung, daß …?«
»Ganz sicher werden Sie mit mir darüber einig sein, daß …?«

Die ***Abwehr*** dieser Frageart erfolgt am wirkungsvollsten damit, daß frau sie »als erkannt« anspricht und die Beantwortung ablehnt oder mit einer Suggestiv-Gegenfrage antwortet:

»Warum versuchen Sie, mich mit Suggestivfragen zu manipulieren? Halten Sie das für seriös?«
»Sie wollten mir ***doch sicher*** *keine Suggestivfrage stellen?«*
»Sie sind ***doch sicherlich auch*** *der Meinung, daß man auf Suggestivfragen nicht antworten sollte?«*

Konjunktivfrage
Diese Frageart ist schon raffinierter, weil die Absicht nicht immer ohne weiteres erkannt wird. Die Absicht ist es aber, **über einen Umweg zum Ziel zu gelangen**, sei es, um Hindernisse zu umgehen, direkte Widersprüche zu vermeiden oder, noch einfacher, um jemanden »zum Sprechen« zu veranlassen. Nach dem Grundsatz ***»Wer viel redet, bietet viel Breitseite«***, besteht insbesondere bei dieser Frageart die Möglichkeit, das Gesagte aufmerksam aufzunehmen und nach Punkten zu suchen, die mit der eigenen Absicht übereinstimmen. Damit aber läßt sich jemand regelrecht »festnageln«. Und wird es dennoch abgelehnt, muß frau sich den Vorwurf der »Widersprüchlichkeiten« gefallen lassen. Ein beliebtes rhetorisches »Männerspielzeug«. Darauf läßt sich dann wieder mit anderen taktischen Mitteln erfolgreich aufbauen (z. B. Kombination Suggestiv- mit Alternativfrage):

»Stellen Sie sich mal vor, Ihr Chef würde Ihnen 500,– DM schenken. Würden Sie die annehmen?« (Vertreter will damit den Vorteil seines Versicherungsangebotes aufzeigen.)

»Was meinen Sie, würden Arbeitnehmer tun, wenn sie …?« (Aus dem allgemeinen Beispiel einer Gruppe werden dann »logische« Einzelentscheidungen abgeleitet und als »zwingend-vernünftige« Lösungen dem Befragten vorgesetzt.)

»Gesetzt den Fall, wir hätten zum Teilbereich A eine Lösung. Wie sähe dann Ihre Entscheidung aus?« (Hier wird manipulativ versucht, den Wert und die Wichtigkeit des Angebots überhaupt zu »installieren«, so daß letztlich nur der »Teilbereich A« gelöst werden »muß«).

Bei der ***Abwehr*** der manipulativen Konjunktivfrage heißt es vor allem, bei eigenen Aussagen »wachsam« zu sein und die Schlußfolgerung des Fragestellers zu beanstanden – so oder so. Diese Fragemethode, Eventualfälle im Konjunktiv aufzugreifen und den Befragten das (schlimme) Ergebnis selbst formulieren zu lassen, dürfte wohl die häufigste und erfolgreichste Form sein, die z. B. Hausvertreter bei ungeübten Menschen anwenden. Anschließend wird auch nicht ein Kaufvertrag unterschrieben, sondern es werden »die gemachten Angaben als richtig bestätigt«. (Vertreter: *»Ab wann sollen die Vereinbarungen gelten, ab sofort oder ab dem 1.4.? Dann hier bitte hier Ihre Bestätigung, daß die gemachten Angaben richtig sind!«*) Abwehrfragen sind:

»Ihre Vergleiche sind ja sehr originell. Aber sie ändern nichts an der Tatsache, daß ...!«

»Jetzt nehmen Sie doch bitte mal ein Beispiel, wo das (schlimme) Ergebnis nicht passiert, und sagen Sie mir dann, warum ich Ihr Angebot annehmen soll.« (Dabei jedoch hartnäckig bleiben, insbesondere, wenn er ablenken will!)

»Jede Medaille hat zwei Seiten. Die eine haben Sie dargestellt. Wo bleibt die andere Seite?«

Fangfrage

Diese Frageart ist eine **indirekte Frage zum Ermitteln eines Sachverhaltes, der nicht direkt erfragt werden kann oder soll**. In seriösen Gesprächen ist die Fangfrage verpönt und wird, wenn sie als solche erkannt wird, auf Ablehnung und Verärgerung stoßen. Für manche Exemplare ist sie jedoch ein willkommenes Instrumentarium, um Informationen von Menschen zu gewinnen, mit denen diese reingelegt werden können. Um jemanden auszuhorchen wird sie zumeist sehr subtil eingesetzt. Oftmals spielen Unterstellungen oder vermutete Informationen eine Rolle, die in Fragen »eingewoben« werden und somit »Fangfragen« sind.

Zunächst ein einfaches Beispiel. Ein Chef möchte von einem Bewerber wissen, ob er ein Auto hat, will dieses aber nicht direkt erfragen. Er fragt also:

»Haben Sie einen Parkplatz gefunden?«

Ein anderes Beispiel. Sie möchten in einer fremden Stadt zum Theater, wollen das aber nicht direkt erfragen. Sie fragen also statt dessen:

»Pardon, wo geht es denn hier zum Bahnhof?«
»Diese Straße geradeaus und dann zweite Ampel links.«
»Ach, das ist ja gleich beim Theater?«
»Nee, das Theater ist jene Straße geradeaus und dann fünfte Ampel rechts.«
»Oh, vielen Dank!«

Nicht mit jeder Fangfrage kann man sein Gegenüber »fangen«, aber oftmals lassen Antworten schon ganz bestimmte Vermutungen zu, die dann weiterverwertet werden können. So war die Frage: *»Sind Sie für oder gegen den Golfkrieg?«* nicht vom Charakter einer Fangfrage frei, denn je nachdem, was geantwortet wurde, konnte man sich »seine Gedanken machen«. Dasselbe gilt auch für die Frage: *»Sind Sie für oder gegen die Abtreibung?«* Bei der Antwort: *»Ich bin dagegen«* ein Hinweis auf Unionszugehörigkeit? Vielleicht kirchlich engagiert? Katholisch? Bei Befürwortung ein Hinweis auf Zugehörigkeit zum anderen politischen Lager? Sympathie mit der Frauenrechtsbewegung? Ein ablenkendes Gespräch auf einem »Nebenkriegsschauplatz« wird letzte Klarheit schaffen (z. B. Gespräch auf Repräsentanten/innen von Gegnern oder Befürwortern der Abtreibung bringen).

Die beste ***Abwehr*** von Fangfragen besteht darin, vor allem sehr mißtrauisch gegenüber indirekten Fragen zu sein, erkannte Fangfragen als solche anzusprechen oder/und Gegenfragen zu stellen. Sehr gefährlich ist es (weil man/frau das »können« muß!), auf erkannte Fangfragen mit falschen Angaben und Infos zu antworten, um den Partner irrezuleiten. Die Gefahr besteht nämlich darin, daß man sich in falschen Aussagen »verstrickt«, widerlegt wird und somit das Gegenüber jeden eigenen taktischen Angriff mißtrauisch prüft. Sicherer ist hierbei die Gegenfrage:
»Was ist der Hintergrund Ihrer Frage?«
»Das hört sich nach einer Fangfrage an. Was wollen Sie konkret wissen?«
»Warum ist gerade diese Information für Sie so wichtig?«

5.4.6 *Wirksame Gesprächstechniken für Frauen*

Zugegeben, diese Techniken können Männer in der gleichen Form verwenden, und sie verwenden sie auch – *und wie!* Aber aus vielen Untersuchungen kommt das heraus, was in der Praxis bekannt ist: Die meisten Frauen reden offener, ehrlicher und gefühlvoller als Männer – von Einzelfällen abgesehen. Es ist klar, daß hier für Männer immer ein guter Ansatzpunkt ist, Frauen argumentativ in die Ecke zu drängen – und sie nutzen es, wie Sie wissen!

Doch auch hier kann es nicht darum gehen, sich den Männern anzupassen. Aber es sind doch ungleiche Voraussetzungen, wenn die einen (Frauen) mit offenem und die anderen (Männer) mit heruntergeklapptem Visier agieren. Warum nicht auch hier einen Gleichstand mit den Männern vollziehen?

Einige wirkungsvolle Techniken sind:

Die Pause als Vorwurf – nicht erwartet ...

Wer als Verhandlungspartner/in z. B. vom Kunden eine gänzlich überzogene Forderung gestellt bekommt, reagiert unmittelbar (*»Das ist völlig ausgeschlossen, unmöglich!«* usw.). Je nach Partner, Situation und Forderung können Sie aber auch folgende Taktik einsetzen: **ruhig, also ohne abwehrende Mimik und Gestik zuhören und dann Ihr Gegenüber entweder sehr ernst (oder evtl. auch lächelnd) ansehen und schweigen – und zwar so lange, bis dieses von sich aus etwas sagt.** Und es wird etwas sagen, denn diese Pause wirkt als Vorwurf, eine unseriöse Forderung gestellt zu haben. Wird diese Technik gegen Sie eingesetzt, besteht die ***Abwehr*** darin, keinesfalls nervös zu werden und »draufloszureden« (wie es sehr viele fälschlicherweise tun!), sondern eine offene Frage zu stellen (*»Welche Informationen benötigen Sie noch?«*).

Schweigen und Fragen – unerwartet ...

Trainieren Sie auch das Schweigen. Schweigen Sie, statt vorschnell zu sagen:

»Ja, das finde ich auch!«
»Ganz meine Meinung. Auch ich habe ...!«
»Genau! Richtig!«

Sie werden garantiert eine interessante Feststellung machen. Wenn Sie dort schweigen (ohne Stimuli wie Kopfnicken etc.), wo man Ihre Zustimmung erwartet, wird man um Ihre Zustimmung buhlen, sie geradezu einfordern und irritiert sein, wenn man sie nicht bekommt! Und statt, daß Sie diese geben, stellen Sie erneute Fragen. Wer so konsequent »auf den Zahn fühlt«, wird sehr leicht erkennen, wie es mit der Toleranz gegenüber der eigenen Meinung beim Gesprächspartner bestellt ist.
Diese Übung, die hohe Selbstdisziplin erfordert, eignet sich vor allem im Bekannten- und Kollegenkreis, in Diskussionen, in Verhandlungen usw.
Beispiel aus dem Kollegenkreis zu dieser Übung:

Er: *»Was ist denn mit dir los? Hast du 'n versautes Wochenende gehabt?«*
Sie: *»Was gefällt dir nicht?«*
Er: *»Das fragst du noch? Neuerdings bist du gegen alles und jeden.«*
Sie: *»Was gefällt dir konkret nicht?«*
Er: *»Na, du kannst nerven. Kaum sagt man was, schon bist du dagegen! Ist das deine neue Masche?«*
Sie: *»Masche? Wieviel echten und wahren Wert legst du eigentlich auf meine Meinung?«*
Er: *»Eine ganze Menge. Aber ich find' es blöd, alles in Zweifel zu ziehen!«*
Sie: *»Nochmals: Was gefällt dir konkret nicht?«*
Er: *»...???«*

Die abrupte Wort-Pause – plötzlich und unerwartet ...
Diese Technik kann mit Erfolg bei unerwünschten und ständigen Unterbrechungen eingesetzt werden. **Es ist dazu wichtig, daß mitten im Wort** (nicht am Ende eines Wortes oder gar Satzes) **»gestoppt« wird**: *»Sie haben gerade ge...«* (er unterbricht, jetzt wieder erneut beginnen) *»Sie haben gerade gesagt, daß andere Mög...«*, usw. Geschieht das mehrfach, so wird auch der Unhöfliche selbst merken, daß er unhöflich ist. Aber Sie können jetzt auch die Unterbrechungen zum Vorwurf machen:

»Was ist Ihr Grund, daß ich keinen Satz aussprechen kann, ohne unterbrochen zu werden?«
Manchmal ist auch eine etwas zynische Bemerkung hilfreich:
»Entschuldigen Sie bitte vielmals, daß ich sprach, bevor Sie redeten!«

Übrigens: Die ***Abwehr*** von Unterbrechungen erfordert Gelassenheit und Disziplin. Eine ebenfalls gute Möglichkeit ist, die Zwischenfrage zu überhören, zu übergehen und **betont deutlich**, aber langsam weiterzureden, um dann am Ende der eigenen Antwort hinzuzufügen:
*»Und wie Sie gemerkt haben, lasse ich mich nicht unterbrechen, da ich diese (*oder auch: *Ihre) Taktik durchschaut habe!«*

Eine besonders erfolgreiche, dazu noch höfliche Abwehr besteht darin, nach erfolgter Unterbrechung zu sagen:
»Ich fahre dort fort, wo ich unterbrochen wurde.« (Etwas schärfer: *» … wo **Sie** mich unterbrochen haben!«*)
Wenn diese Antwort stereotyp auf jede Unterbrechung folgt, wird der Unterbrechende blamiert und seine Taktik ad absurdum geführt. Er »lernt«, daß er Sie nicht unterbrechen und damit verwirren kann.

Überraschende-Pausen-Technik – eine kleine Wunderwaffe …
In der üblichen Sprechweise heben wir zu Beginn eines Satzes die Stimme und senken sie zum Satzende. Dadurch kann ein geübter Zuhörer schon erkennen, wann der gerade gesproche Satz beendet wird, und sofort »einhaken« – in jeder Fernsehdiskussion kann man das gut beobachten. Doch achten Sie einmal auf Disputanten, die kaum zu unterbrechen sind – und wenn, dann wirkt das sehr unhöflich. Garantiert »entdecken« Sie die Anwendung der »Überraschenden-Pausen-Technik«.
Diese Technik ist dann äußerst wirkungsvoll, wenn ein Argument im Zusammenhang vorgetragen werden soll (mancher Interviewer verzweifelte schon daran). Diese Technik ›funktioniert‹ in drei zusammenhängenden Vorgehensweisen wie folgt:

1. Am Satzende nicht die Stimme senken, sondern heben.
2. Gleichzeitig das erste Wort des neuen Satzes einbinden, mitsprechen.

3. Nach dem ersten Wort eine Pause machen, die mit entsprechender Mimik und evtl. Gestik unterstützt wird (suggestiv).

Symbole zum folgenden Beispiel:

‿ keine Pause, sondern Wörter verbinden
… kurze, suggestive Pause
_____ Wort betonen und Stimme heben

»Unsere Fraktion hat, was die … Grundgesetzänderung … angeht, keine … ablehnenden Beschlüsse gefaßt. Darum … sind alle weiterführenden Anträge kaum sinnvoll, denn … entschieden … wird diese Frage letztlich auf dem Parteitag, und nicht, … wie Ihnen bekannt sein dürfte, in der Fraktion. Man darf … nicht vergessen, daß es … in der Koalition … entsprechende Vereinbarungen gibt. Keinesfalls … wird unsere Partei diese Vereinbarungen brechen, denn … wir haben ja bereits …« Usw.

Es geht also darum, sich ohne Unterbrechung durchzusetzen. Zudem sollen die Pausen Spannung erzeugen und die Zuhörer geradezu »neugierig« auf das machen, was noch gesagt wird. **Wer diese Technik beherrscht, der kann reden.** Ob er auch etwas sagt, bleibt dahingestellt. Eine wirksame ***Abwehr*** gibt es gegen diese Art des Redens nicht – außer einer gewaltsamen Unterbrechung bzw. »ins Wort fallen«. Möglich wäre evtl. das gelangweilte Wegschauen oder die bewußte Beschäftigung mit anderen Dingen. Besonders wirkungsvoll sind diese Mittel allerdings nicht.

Die Stufenregel – Argumentieren mit »Pfiff« …

Aus der täglichen Diskussion, insbesondere im Verkauf, ist oft folgende Vorgehensweise bekannt: Eigenschaften und Vorteile einer Person, einer Sache oder eines Produkts werden »runtergerasselt«. Zuerst fallen uns die stärksten und besten Argumente ein, und *»dann fällt uns noch ein … ach ja, das hätte ich fast vergessen zu sagen …!«* usw.

Was ein Mensch zuletzt hört, behält er am besten. Darum geht es in dieser Gesprächstechnik. Stellen Sie das z. B. zweitwichtigste Argument als »Türöffner« voran, bringen Sie dann weniger wichtige Argumente, und setzen Sie Ihr wichtigstes Argument zum Schluß oben drauf (Argumenten-Treppe).
Zur Verstärkung der Argumente dient auch das rhetorische Vergrößern oder Verkleinern. Soll ein Argument *besonders hoch* wirken, kann man die Attribute *»fast, über, mehr als«* usw. verwenden. Soll das Argument rhetorisch *verringert* werden, so kann man die Attribute *»weniger, noch nicht einmal, unter«* usw. verwenden. Es ist eben psychologisch ein Unterschied, ob Sie sagen: *»Fast 1000 Mark«* oder: *»Noch nicht einmal 1000 Mark«*. Also: Nicht sofort das »As im Ärmel« präsentieren oder gleich zu Beginn »das Pulver verschießen«.

Mit Variationen läßt sich allerdings trefflich manipulieren. So könnte z. B. in den Fällen, wo eigene Fehler oder Versäumnisse zur Debatte stehen, das größte Versäumnis zuerst und der geringste Fehler zum Schluß präsentiert werden. Sie gehen dann also argumentativ die Stufen nicht »rauf«, sondern »runter«. Ebenfalls lassen sich evtl. Nachteile in der Treppe »runterspielen« bzw. »verstecken«. Besondere Wirkung erhält diese Stufenregel in Verbindung mit der »Überraschende-Pausen-Technik«, da die Argumente im Zusammenhang gesprochen werden können.

Die Alternativ-Antwort – warum immer direkt antworten ...?
In allen Seminaren wird diese Technik als **Vielzweckwaffe** erkannt, weil sie vor allem in der Grundform einfach, aber ausbaufähig ist und trotzdem die eigene Rhetorik nicht verfälscht. Nachteil: Bei ständiger Anwendung besteht die Gefahr des Schwätzertums. Bei dieser Antwortform geht es darum, daß Sie zu (bestimmten) Fragen nicht direkt antworten, sondern zunächst zum erfragten Sachverhalt eine Alternative darstellen, um dann erst Ihre Meinung/Auffassung zum Problembereich zu sagen – oder nicht zu sagen. Die Vorteile liegen auf der Hand:
- Ihre Antwort wirkt überlegt.
- Sie schaffen Zeit zum Denken.
- Sie geben Ihrem Kontrahenten das Gefühl, daß Sie sich mit seinen Argumenten beschäftigen.

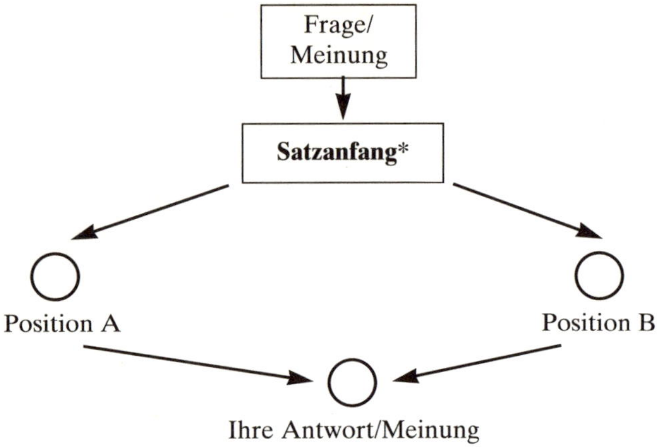

Hervorragend auch die Taktik, **abzulenken**. Mit einer diskutierten Alternative läßt sich ein »Nebenkriegsschauplatz« eröffnen oder auch eine Antwort verweigern, ohne daß gesagt werden muß: *»Das geht Sie nichts an!«* Oder: *»Das weiß ich nicht!«* Oder gar: *»Dazu will ich nichts sagen!«* Verwenden Sie einige hilfreiche Satzanfänge*, wie z. B.:

- *»Das ist ein interessantes Thema (oder Frage), was Sie ... dazu müssen wir die beiden Positionen unterscheiden, und zwar XY ...!«* Usw.
- *»Zu diesem Thema gibt es zwei Positionen, und zwar ...«* Usw.

Stellen Sie dann die Alternative kurz dar, und fassen Sie die Inhalte zu »Ihrer Antwort« zusammen. Hierbei ist es auch möglich, die Alternative weiter auszuführen, also von der eigentlichen Frage abzulenken. Besonders geschickt ist es jedoch, **statt einer Antwort – eine Frage zu stellen**, z. B. eine Suggestivfrage. Damit wird »der Ball wieder an den Gegner zurückgespielt«. Auf diese Art und Weise »führen« Sie das Gespräch zu dem Bereich, den Sie wünschen. **Diese Antwortform kann sehr vielfältig variiert werden.** So können Sie z. B. ein »gespieltes Kompliment« in die Antwort legen: *»Oh, Herr Kollege, ich bin Ihnen sehr dankbar für diese wichtige Frage, denn wir müssen zwei Alternativen ...«* usw.

Ein Beispiel zum Einsatz dieser Gesprächstechnik:
In einer Diskussionsrunde fragt ein Mann forsch-neugierig eine junge Dame:
*»Was halten **Sie** denn vom Schwangerschaftsabbruch?«*
Sie könnte nun antworten:
*»Das geht **Sie** nichts an!«*
Und sie hat sogar recht. Nur: Diskussion und Stimmung sind »gelaufen«, und professionell war die Antwort auch nicht. Wenn sie den allzu neugierigen Mann durch rhetorische Überlegenheit zum Schweigen bringen und vor den anderen zeigen will, daß sie sich solche Fragen nicht stellen läßt, könnte sie nach der Gesprächstechnik »Alternativ-Antwort« wie folgt kontern:

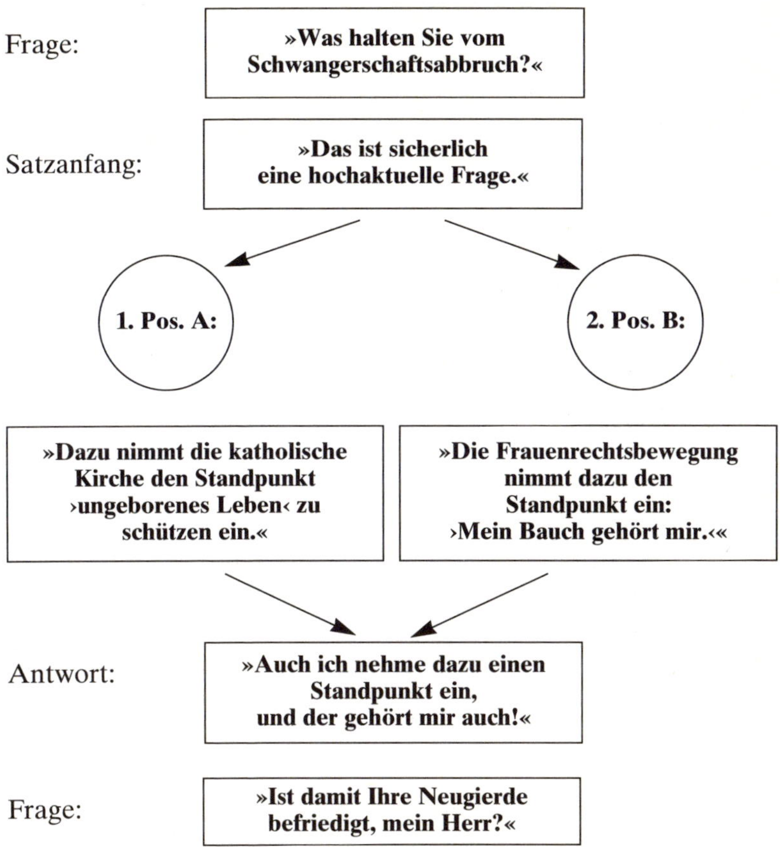

Wenn sie jetzt noch Interesse an weiteren Gesprächen hat und clever ist, könnte sie sogar »zum Angriff« übergehen, indem sie offene Fragen stellt:
»Was ist denn der Hintergrund Ihrer Frage? Wollten Sie mich prüfen, ob ich ›linientreu‹ bin?«
»Was ist der Anlaß Ihrer Frage? Welche Erfahrungen haben Sie denn in Ihrem privaten Umfeld mit Abtreibungen gemacht?«
Sie werden bei dieser Gesprächstechnik sehr schnell Ihre Überlegenheit merken. Doch Vorsicht ist geboten, diese allzu »hammerhart« auszuspielen:

Er: *»... nur gute Erfahrungen gemacht!«*
Sie: *»Und Ihre Eltern?«*

Zur ***Abwehr*** solcher Antwortformen gibt es nur:
1. kritisch gegenüber den Antworten zu sein, die Alternativen beinhalten, und
2. auf Präzision zu beharren:
   »Herr Kollege, ich habe eine präzise Frage gestellt. Bitte beantworten Sie diese auch präzise!«

Der kontrollierte Dialog – Vertrauen schaffen ...
Diese Gesprächstechnik ist bestens geeignet, wenn man
- Zeit gewinnen will (z. B. zum Nachdenken),
- das Vertrauen seines Gegenübers erreichen will,
- wenn dem Gegenüber signalisiert werden soll, daß man es »verstanden« hat,
- wenn ein »Kampfgespräch« *ent*-emotionalisiert werden soll, um den *»Dampf rauszunehmen«*.

In der positiven Kommunikation ist diese Gesprächstechnik sehr wertvoll und wird besonders im Verkauf trainiert. Andererseits bietet diese Technik hervorragende Möglichkeiten, Argumente aufzufangen, abzuwehren und gleichzeitig zum **Angriff überzugehen**.
Das System ist einfach. Sie wiederholen das Argument Ihres Gesprächspartners mit Ihren eigenen Worten möglichst inhaltlich genau, um dann entweder

1. Ihr eigenes Argument »draufzusatteln«, oder
2. mit einer gezielten Frage »anzugreifen«.

Kontrollierter Dialog

Argument/Meinung des Kunden

↓

Grundsystem:

Wiederholen mit Ihren eigenen Worten, möglichst inhaltlich genau.
(Satzanfänge) 1

↓

Satteln Sie nun IHR ARGUMENT oben drauf.
(Satzanfänge) 2

Satzanfänge: 1	»Wenn ich Sie recht verstanden habe ...« oder: »Sie sind der Meinung, daß ...«
Satzanfänge: 2	»Dem darf ich entgegenhalten ...« oder: »Meine Meinung dazu ist ...«

Danach satteln Sie entweder Ihr eigenes Argument obendrauf:
»Dem darf ich jedoch entgegenhalten ...!« Usw.
»Das ist genau betrachtet ein doch sehr merkwürdiger Standpunkt, denn ...!« Usw.
Oder Sie **»greifen mit einer (z. B. provozierenden) Frage an«** (sehr wirkungsvoll, da Sie stets das Gespräch »führen«!):
»Wollen Sie denn im Ernst behaupten, daß ...?« Usw.
»Was hat Sie denn dazu gebracht, einen solchen Standpunkt zu vertreten, von dem doch jeder weiß, daß ...?« Usw.

Der Bluff mit Fremdwörter – nichts für Sie ...?
Das ist eine oft beobachtete Männerdomäne! Es gibt eine Vielzahl von Zeitgenossen, die stets damit brillieren wollen, wenn sie »mit Fremdwörtern um sich werfen«. Dieses ist oft billiges Profilieren und zu oft der klägliche Versuch, Eindruck zu schinden – verbunden mit dem Manöver, »mangelndes Experten-Sein« zu

vernebeln. Aber das Spiel, andere mit Fremdwörtern (verbunden mit Fachausdrücken und Redewendungen einer anderen Sprache) zu verwirren, um auf diesem Wege Widersprüche nachweisen zu können oder andere – was nicht unterschätzt werden sollte – auf sprachlich-psychologischem Wege zu demoralisieren, ist ein meist sehr erfolgreiches Spiel. Nicht selten gehört es auch in den Bereich »sprachliches Imponiergehabe«.
Eine perfide Vorgehensweise ist es, einzelne, bekannte Fremdwörter (z. B. Kommunikation, Information, Deformation usw.) nach dem Aussprechen zu erklären. Der Sprechende rechnet selbstverständlich damit, daß sein Gegenüber mit *»Ich weiß«* o. ä. reagiert. Nach einigen Erklärungen steigert er den Schwierigkeitsgrad, indem er Fremdwörter verwendet, von denen er annehmen kann, daß diese seinem Gegenüber nicht (alle) bekannt sind. Doch sein Gegenüber wird nicht mehr fragen, sondern nur nicken – und akzeptieren!

Die ***Abwehr*** gegen die Methode, mit Fremdwörtern zu bluffen, erfordert Selbstbewußtsein. Eine Hatz auf Fremdwörter zu veranstalten, ist wenig hilfreich. Andererseits ist nicht jede Situation geeignet, nach dem Sinn eines verwendeten Fremdwortes zu fragen. Erkanntes »Nichtwissen« kann auch peinlich sein. Aber viel gefährlicher wäre es, nichts zu tun. Eine erfolgreiche Abwehr (in diesem Fall »Gegenwehr«) besteht darin, selbst Fremdwörter zu verwenden, um so zu demonstrieren, »daß man mithalten« kann. Aber achten Sie darauf, daß Sie die Bedeutung dieser Wörter nicht vergessen. Man(n) könnte Sie fragen. Wer das nicht kann, sollte mit dem bewährten Instrument der Frage arbeiten. Dieses läßt sich hierzu in unterschiedlichen »Härtegraden« einsetzen:

»Sie sagten gerade ›Insuffizienz‹. Was meinen Sie genau damit?«
Oder: *»Worauf kommt es Ihnen dabei konkret an?«*
»Was verstehen Sie in unserem Zusammenhang konkret unter ›Insuffizienz‹?« (Nach der Erklärung): *»Ist das eigentlich das treffende Fremdwort? Wir müssen doch bedenken ...!«*
»Können Sie das, was Sie ausgeführt haben, nochmals in einem Satz zusammenfassen?«

»Sie verwenden auffällig viele Fremdwörter. Ist Ihnen die deutsche Muttersprache ausgegangen?« Oder scherzhaft:
»Der Usus der Fremdwörter sollte prinzipiell auf ein Minimum reduziert werden!«

Die ICH- und die DU-Botschaft
Die ICH-Aussage ist das Gegenteil der DU-Aussage, die eigentlich als **»DU-Anklage«** bezeichnet werden müßte.
Die Beispiele dazu:
In einem Gespräch können Sie zu Ihrem Partner sagen:
*»**SIE** haben mich in die Sonne gesetzt!«* (DU-Aussage).
Als ICH-Aussage formuliert, müßte es heißen:
*»Die Sonne blendet **mich**!«*
Eine ICH-Aussage setzt den Mut voraus, zu den eigenen Gefühlen zu stehen und sie auch zu nennen. Es ist in Gesprächen ein großer Unterschied, ob Sie sagen:
*»**SIE** haben mich beleidigt!«* (DU-Aussage) oder:
*»**ICH** fühle mich beleidigt!«* (ICH-Aussage).

Ein Grundsatz in der Kommunikation lautet:
Es nicht wichtig, wie etwas gemeint war, sondern stets nur, wie es ankommt.

Dazu einige Beispiele:
Mann: *»Was ist denn das für ein Schweinsbraten?«*
Frau: *»Also, bei dem Haushaltsgeld, was du mir gibst, kannst du nun wirklich kein Filet erwarten ...!«*

Oder:
Mann: *»Das Bier ist alle!«*
Frau: *»Geh doch selber in die Küche!«*
Mann: *»Habe ich gesagt, du sollst mir ein Bier holen? Man wird sich doch wohl in seiner eigenen Wohnung noch die Frage erlauben dürfen, ob Bier da ist oder nicht!«*

Oder:
Mann: *»Hast du diese Wurst aus dem neuen Supermarkt?«*
Frau: *»Also dir kann man vorsetzen, was man will. Du hast immer was zu meckern!«*
Mann: *»Zum Donnerwetter! Habe ich mich denn beklagt?«*
Mag sein, daß in dieser Ehe ohnehin etwas nicht mehr stimmt. In jedem Fall wurde aber der Streit durch DU-Botschaften ausgelöst.

DU-Botschaft:
Frau: *»Herrmann, willst du nicht endlich mal den Rasen mähen?«*
Mann: *»Meckere mich doch nicht schon wieder an. Jeden Tag dasselbe!«*
ICH-Botschaft:
Frau: *»Herrmann, ich glaube, der Rasen geht kaputt, wenn der nicht bald gemäht wird. Ich kann das aber nicht so gut.«*
Mann: *»O. K. Samstag morgen mach' ich's!«*

DU-Botschaft:
Frau: *»Herr Krause, Ihr Bericht strotzt mal wieder vor Fehlern!«*
ICH-Botschaft:
Frau: *»Herr Krause, ich verstehe einige Dinge in Ihrem Bericht nicht. Wann können wir darüber sprechen?«*

DU-Botschaft:
Frau: *»Da haben Sie mich falsch verstanden!«*
ICH-Botschaft:
Frau: *»Da habe ich mich leider nicht klar ausgedrückt!«*

In der Arbeitswelt ist es oftmals besser, dem Macho-Chef mit ICH-Botschaften und Fragen zu begegnen als mit direktem Widerspruch, denn Macho-Chefs gibt es nun mal zuhauf, und sie lassen sich nicht so schnell verjagen. Selbstverständlich können Sie **DU-Botschaften taktisch** einsetzen. Sie können bewußt, gezielt, aber dennoch »sehr höflich« und legal, z. B. in einem Gespräch oder in einer Verhandlung, nur mit DU-Botschaften arbeiten, um Ihr Gegenüber langsam, aber sicher zu Überreaktionen zu veranlassen:

»SIE sollten mal ....!«
»SIE haben doch gesagt, daß ...!«
»SIE haben mich falsch verstanden!«
»Das ist ein Problem, welches SIE zu lösen haben!«
»SIE sind es doch gewesen, der ...!«

Wenn Sie es nun fertigbringen, die (ganz sicheren!) DU-Reaktionen des Mannes, z. B. Widerspruch, Gegenangriffe, Anschuldigungen etc., mit ICH-Botschaften aufzufangen, schaffen Sie psychologisch gute Voraussetzungen für »ein Klima, welches der Mann zu verantworten hat«. Und wenn nötig, können Sie es ihm auch vorwerfen! Aber das ist dann eine unfaire Technik.

Noch ein Hinweis für den privaten Bereich. Es nutzt wenig, wenn in spannungsreichen Beziehungen nur die Frau mit ICH-Botschaften, der Mann aber ständig mit DU-Botschaften agiert. Den meisten sind diese wichtigen Dinge ohnehin nicht bekannt. Und welcher dieser Männer läßt sich schon zum Besuch eines Kommunikationsseminars bewegen?
Aber **Sie** können etwas »bewegen«. Sprechen Sie mit dem Mann darüber, und geben Sie einfache Beispiele (siehe oben). Auch wenn er es als *»Quatsch«* abtut oder sagt: *»Ich rede so, wie mir der Schnabel gewachsen ist!«*, sollten Sie nicht aufgeben und ihn immer wieder daran erinnern. Das hat vor allem einen psychologischen Hintergrund. Wir Männer nehmen in Anspruch, mit konkreten Sachthemen besser umgehen zu können. Die Gefühlsebe-

ne liegt uns nicht so, sagen wir. Die Manneswort: *»Sei nicht schon wieder beleidigt!«* oder *»Nun heul' nicht wieder!«* sind Ausdruck unserer Hilflosigkeit auf der Gefühlsebene. Uns fehlt das Konkrete, daß Faßbare und damit Angreifbare. Gefühle von Frauen sind für die meisten Männer nicht erklärbar und faßbar (*»Verstehe einer die Frauen«, »typisch Frau«, »Weiberkram«* usw.). Der versalzene Braten z. B. ist etwas Konkretes. Das verstehen wir und können es kritisieren.
Daraus folgt: Wo es für uns Männer konkret wird, läßt sich der Hebel für Frauen ansetzen. **Die ICH- und die DU-Botschaft sind etwas sehr Konkretes.** Der häufige Hinweis darauf (ohne Belehrungs- oder Vorwurfscharakter) wirkt Wunder! Voraussetzung: Sie haben einen »Mann« zu Hause und keine ferngelenkte Unterhose ...! Im folgenden Beispiel war's anders.

In einer Diskussion über den Wert von ICH- und DU-Botschaften erklärte mir eine junge Frau folgendes:
»Das ist doch alles Theorie. Wenn ich das ein paarmal bei meinem Freund mache, dann fühlt der sich belehrt, wird wütend und scheuert mir eine, wenn ich nicht aufhöre!«
»Wie bitte? Ist das dein Ernst, oder war das nur so dahingesagt?«
»Na, du hast vielleicht Ahnung von Beziehungen. Natürlich ist das Ernst. Bei dem sitzt die Hand halt locker, das habe ich schon ein paarmal festgestellt. Und der hat Kraft, sag' ich dir. Der macht Bodybuilding, aber vom Feinsten. Eine Figur hat der, Wahnsinn! Vorigen Monat hat er den ersten Preis bei einem Landeswettbewerb in Bodybuilding gewonnen. In zwei Wochen geht's zu den Deutschen Meisterschaften. Super!«

Da war ich erst einmal sprachlos. Tja, so schnell kann man(n) perplex sein! Auf den Mann, der sie nach Bedarf schlägt, ist sie auch noch stolz. Ihr war wohl nicht klar, wie demütigend ihre Rolle ist. Ihr ist der schöne Körper des Mannes wichtiger als ihr eigenes Ehrgefühl und die Würde als Frau. Von persönlicher Weiterentwicklung oder Gleichstellung gar nicht zu reden. Selbstaufgabe als Preis für kurzlebige und vergängliche, zudem noch zweifelhafte und eher langweilige »Schönheit« einer durch Kraftpillen gedopten Hülle. Wobei übrigens oft bewiesen wurde, daß zwei Muskelgruppen durch Bodybuilding nicht anschwellen: Die eine Gruppe gehört zu den Gehirnmuskeln ...!

Glückwunsch also zu diesem Prachtexemplar! Oder wäre ein »Herzliches Beileid« angebrachter?

Mann: »Ohne unser starkes Geschlecht gäbe es die Frauen nicht. Schließlich hat Gott die Frau aus der Rippe Adams geschaffen!«

Frau: »Also sind wir Frauen dem Herzen nah. Sie aber, mein Herr, wurden vermutlich aus einem verlängerten Rücken geschaffen ...!«

5.5 Vortragstechnik – Reden vor anderen

»Es ist leichter, den Mund zu halten als eine Rede«, kalauerte schon Heinz Erhard.
Eine Rede, einen Vortrag o. ä. zu halten, fällt vielen Frauen *und* Männern schwer. Kaum zu bändigendes Lampenfieber, die Angst vorm Steckenbleiben, die Angst vorm roten Kopf – kurzum: die Angst vor der »großen Blamage« ist es, die das Reden vor einer größeren Gruppe von evtl. sogar noch unbekannten Menschen zum Schreckgespenst macht. Und ganz schlimm wird es, wenn es ein diesbezügliches Schlüsselerlebnis gab. Doch die Alibifloskel: *»Ich kann nicht reden!«* sollten Sie vergessen. Rede- und Vortragstechniken lassen sich erlernen. Und es sind nur wenige Regeln, die grundsätzlich beachtet werden müssen, und es gibt eine Reihe von Tips, Tricks und Kniffen, die Ihnen das Reden vor anderen zur Freude machen können.

Wenn du redest,
muß deine Rede besser sein,
als dein Schweigen gewesen wäre.
Arabisches Sprichwort

Viele Frauen haben jedoch eine regelrechte ***Redephobie***. Panik macht sich breit. Auch Schwindel- und Ohnmachtsanfälle sowie Weinkrämpfe sind keine Seltenheit. Doch es gibt einige psychologische, technische und organisatorische Voraussetzungen, die bei einem Referat, bei Präsentationen, bei Sachvorträgen und Überzeugungsreden etc. dazu führen, die Angst abzubauen. Nicht verlieren werden Sie das Lampenfieber – und das ist auch gut so. Das Lampenfieber gehört einfach dazu. Weder Schauspieler noch Moderatoren, Interviewer, Profiredner usw. leugnen das. Unterschieden werden muß allerdings zwischen »panischer Angst« und »normalem Lampenfieber«. Wenn Sie ein paar wichtige Grundregeln zur Vorbereitung und Durchführung kennen und beachten, wird *aus der panischen Angst normales Lampenfieber.* Mein erster Rat dazu: Üben Sie das Reden, wann immer Sie Gelegenheit dazu haben. Sie werden feststellen, daß »ein Auftritt« auch viel Spaß machen kann. Es sei denn, Sie haben Ihren Mitmenschen nichts zu sagen …

5.5.1 Zum Ziel

Was soll es werden: eine **freie** oder eine **Manuskript**rede? Ein Referat/Vortrag oder Überzeugungsrede? Eine Überzeugungsrede beinhaltet grundsätzlich am Ende stets den Aufruf zum Handeln, bei einem Referat/Vortrag ist das nicht immer so. Behandeln Sie Ihre Aufgabe wie ein Marketing-Konzept. Dieses besteht aus drei Grundfragen:

Ziel:	*Was will ich erreichen?*
Strategie:	*Wie will ich das erreichen? (Mit welcher Methode?)*
Durchführung:	*Mit welchen Mitteln kann ich das erreichen?*

Wollen Sie etwas verkaufen? Wollen Sie informieren? Wollen Sie zum Handeln aufrufen? Wollen Sie überzeugen? Wollen Sie etwas klären/klarstellen? Wollen Sie eine Leistung/Person würdigen? Die Frage nach dem Ziel, also *was Sie mit Ihrer Rede erreichen wollen*, ist die erste und wichtigste Frage, die Sie sich stellen müssen. Wird das Ziel nicht ausgesprochen exakt definiert, können Strategie und Maßnahmen falsch gewählt werden. Das ist dann übrigens oft der Fall, wenn der/die Redner/in über ein Spezialwissen verfügt, welches die Zuhörer nicht haben. Referenten reden dann meist nicht »für die Zuhörer« sondern nur »über ihr Thema«. Damit ist auch eine weitere, sehr wichtige Überlegung angesprochen:
Wer sind die Zuhörer, wie viele kommen, warum kommen sie, wie und als was werden Sie angesehen, welche Erwartungen haben die Zuhörer, was kennen diese vom Thema, und was werden sie fragen?

Es geht also darum, daß Sie sich – insbesondere bei Spezialthemen – **»in die Zuhörer versetzen«**. Stellen Sie sich darum bei allen Vorbereitungen in jeder Phase immer wieder die Frage: *»Kann ich damit mein Ziel erreichen?«* Profis, wie z. B. Fernsehmoderatoren, verwenden sehr viel Aufmerksamkeit auf die

Frage, ob und wie etwas beim Zuschauer »ankommt«. Und es wird gnadenlos gestrichen, gekürzt und geändert, wenn der Verdacht entsteht, daß etwas nicht »rüberkommt« – auch wenn bestimmte Details scheinbar »ganz wichtig sind«. Bewährtes Mittel: Schreiben Sie Ihre Zielvorstellung auf ein Blatt Papier, und legen Sie es bei Ihren weiteren Vorbereitungen stets lesbar vor sich hin.

5.5.2 Zur Strategie

Hierunter wird der Weg verstanden, auf dem das Ziel erreicht werden soll. Wollen Sie eine freie oder eine Manuskriptrede halten? Wollen Sie »nur reden« oder auch visualisieren? Wollen Sie die Zuhörer direkt mit einbeziehen (z. B. mit Fragen) oder im Zusammenhang vortragen? Wollen Sie z. B. ein »Pro und Kontra« bzw. ein geteiltes Referat mit einem/einer Partner/in durchführen? Wie lang soll die Rede werden, bzw. welche Zeit wurde vorgegeben? Eine »optimale Redezeit« gibt es nicht, da diese von vielen Faktoren abhängig ist. Wichtigster Faktor: Wie spannend ist Ihre Rede/Ihr Vortrag? Üblicherweise sollte ein Referat nicht länger als 45 Minuten und eine Informations- bzw. Überzeugungsrede nicht länger als 20 Minuten dauern. Bei längeren Referaten ist unbedingt eine Pause einzulegen, es sei denn, daß schon während des Referats Fragen gestellt werden können oder kurze Diskussionen zugelassen werden.

Eine Profiregel lautet: *Sie können über alles reden, nur nicht über 20 Minuten.* Danach wird's kritisch. Die Spannung der Zuhörer läßt nach, und man läßt das Referat »über sich ergehen«. Wenn – was sehr häufig der Fall ist – eine längere Redezeit vorgesehen ist, müssen Sie sich »etwas einfallen lassen«. Auch beim spannendsten Thema ist nämlich die Aufnahmekapazität Ihrer Zuhörer begrenzt. Entweder Sie machen einen originellen »Schnitt« (*»So, meine Damen und Herren, jetzt brauchen Sie sicher erst einmal eine kurze Bewegungspause. Darf ich Sie also bitten, sitzen zu bleiben?«*), oder Sie (audio)visualisieren (hören und sehen). Dauert ein Referat zwei bis drei Stunden, müssen Pausen eingeplant werden. Reden über drei Stunden erfordern schon Showbusineß-Elemente. Je nach Thema, Zielvorstellung und Zuhörerschaft lassen sich viele Strategien denken – oftmals allerdings abhängig von den technischen Durchführungsmöglichkeiten.

Audiovisuelle Hilfsmittel:
Hören *und* sehen – wann immer es geht: weniger sollte es nicht sein. Redner/innen kommunizieren nicht nur akustisch, sondern ebenso visuell mit dem Publikum. Da die Zuhörer meist »Sehtypen« sind, ist optische Unterstützung oftmals unerläßlich.

Behaltenswirksamkeit

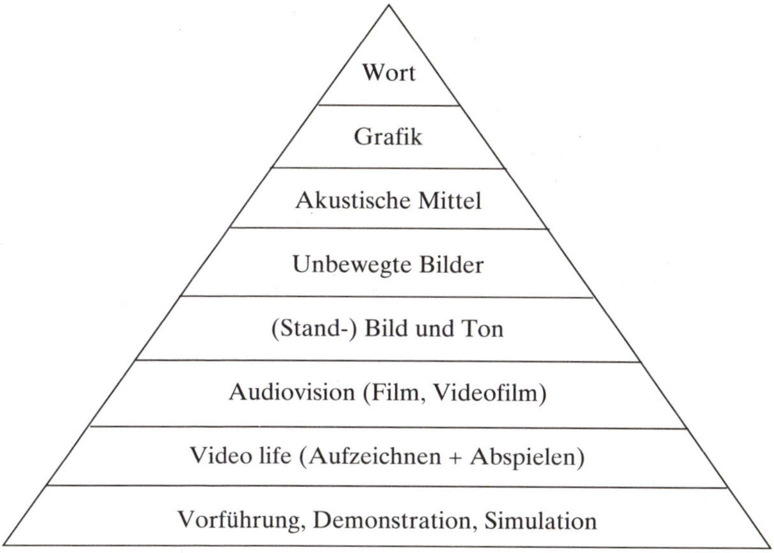

Fazit: Beim Hörer mehrere Sinne ansprechen (mehrkanalig fahren). Kerninformationen möglichst durch eine optische Darstellung veranschaulichen. *»Ein Bild sagt mehr als 1000 Worte«*, lautet eine chinesische Weisheit. Man muß allerdings ergänzen: sofern es im richtigen Zusammenhang eingesetzt wird. Ein einprägsames Bild ist dem gesprochenen Wort, das sich nur allzuschnell verflüchtigt, meist überlegen.
Es gibt eine Vielzahl von technischen Geräten zur Visualisierung. Die gebräuchlichsten sind immer noch:

- Overheadprojektor (Tageslichtschreiber),
- Diaprojektor,
- Video/Wand oder Fernsehgerät/Monitor,
- Tonband/Radiogerät.

Aufwendigere Techniken, wie z. B. **Computerprojektion** mittels einer Flüssigkristallscheibe, aufgelegt auf einen Overheadprojektor (LCD), sind selten und oftmals auch anfällig gegenüber Störungen. Bei Techniken dieser Art ist der/die Referentin meistens mit der Technik und nicht mit seinem Referat beschäftigt. Der Vorteil besteht aber darin, daß z. B. durch den Computer eine Grafik langsam entwickelt werden kann (ähnlich den Schaubildern bei Wahlen im Fernsehen). Die Informationsaufnahme erfolgt damit sukzessive und nicht en bloc. Doch wehe, wenn diese Technik mitten im Referat versagt ...!

Der **Overheadprojektor** bietet immer noch die meisten Vorteile. Der Raum braucht nicht völlig abgedunkelt zu werden; Sie bestimmen, wann eine Bildfolie aufgelegt wird und welche Teile gezeigt werden, können den Projektor abschalten (sonst wird er zum Wettbewerber; siehe »Generalprobe« und »Premiere«) und sind beim Aufschreiben dem Publikum zugewandt (im Gegensatz zum Flip-Chart [Papierblock-Ständer], der nur in Kleingruppen eingesetzt werden sollte).Wenn Sie Rechtshänderin sind, muß der Projektor rechts stehen und Sie links davon (auch Ihre Unterlagen liegen links). Prüfen Sie vor Beginn die Funktionsfähigkeit (vor allem probeweise umschalten auf die Ersatzlampe). Benutzen Sie zur Erklärung einen Lichtzeiger (Taschenlampe, die einen Pfeil auf die Leinwand projiziert) bzw. ein Zeigeteleskop, oder lassen Sie einen Bleistift o. ä. auf dem Punkt der Folie liegen, den Sie gerade besprechen (noch besser: halbdurchsichtige Zeiger; im Fachhandel erhältlich).

Diaprojektoren haben den Vorteil, gute Bilder zu liefern, aber den Nachteil, daß der Raum relativ dunkel sein muß. Weder werden Sie gesehen, noch können Sie die Zuschauer beobachten (schlecht!). Prüfen Sie vorher, wie und wo der Raum verdunkelt werden kann. Übliche Projektoren, die ein Bild nach dem anderen liefern, haben den Nachteil, daß sich die Augen der Zuseher

bei jedem Bildwechsel von sehr dunkel bis sehr hell umstellen müssen. Das ermüdet auf die Dauer. Vorteilhafter sind sog. *Überblendprojektoren*, die mit zwei Objektiven arbeiten. Beim Bildwechsel geht ein Bild ins andere über, ohne daß der störende Dunkeleffekt entsteht. Zudem können spannende Effekte erzielt werden. Wird ein zentraler Diaprojektor von einem Vorführer gesteuert, ist genaue vorherige Absprache erforderlich, sonst gibt's »Dia-Salat«. Überprüfen Sie, falls das Diamagazin unbeaufsichtigt stand, vor dem Referat die Reihenfolge und die Bilder. Schon mancher Referent zeigte plötzlich ungewollt statt einer Umsatzkurve die Kurven eines Pin-up-Girls ...
Grundsätzlich gilt:
- Nicht zu viele Dias auf einmal bringen.
- Keine überhasteten mündlichen Erklärungen (vor allem nicht ununterbrochen »quatschen«, sondern die Bilder »sprechen« lassen. Schon manches gute Dia wurden »zerredet«; oft zu beobachten bei Reisevorträgen.
- Schnelldurchgänge vermeiden; nur in Ausnahmefällen, z. B. Zeigen von verschiedenen Beispielen.

Sehr wichtig: die Größe der Leinwand (in Seminarhotels sehr unterschiedlich). Hierauf muß Ihr besonderes Augenmerk liegen. Vor einer größeren Gruppe mit einer 1,80 × 1,80 m kleinen Silberleinwand zu arbeiten, ist schlicht unmöglich (hängen Sie lieber ein Bild ab und benutzen die weiße Wand). Vor Gruppen von 30 bis 40 Personen gilt: 2 × 2 Meter, darüber 3 × 2 Meter Leinwandgröße. Es ist vor allem darauf zu achten, daß alle Zuschauer die gesamte Leinwand sehen, ohne ständig den Kopf verrenken zu müssen. Darum: Die Leinwand so hoch wie möglich ziehen, ggf. auf ein Podest stellen. **Mit der richtigen Leinwandgröße (und dem Abstand des Gerätes dazu!) steht oder fällt Ihr gesamtes Referat!**

Videofilme, die über ein Fernsehgerät (mindestens 70er Bildschirm) abgespielt werden, können nur vor einer Gruppe von maximal 50 Personen gezeigt werden. In bestimmten (Groß-)Veranstaltungen werden darum Videowände eingesetzt (sehr aufwendig und teuer!). Falls diese Technik zu Ihrem Vortrag eingesetzt wird, bekommen Sie ohnehin vom Technik-Master entsprechende Hilfe. Die früher üblichen Filmprojektionen gibt es heute kaum noch. Bei Profifilmen muß ohnehin wieder der Techniker »ran«.

Beim Einsatz von **Tonbändern**/Radiogeräten/Schallplatten etc. muß darauf geachtet werden, daß Lautstärke und Qualität dem Zuhörerkreis angemessen sind. Ein tragbares Stereogerät erreicht zwar alle Zuhörer, muß aber oftmals bei einer größeren Gruppe zu laut aufgedreht werden. Das ergibt eine schlechte Tonqualität, und außerdem müssen sich die Zuhörer in den ersten Reihen die Ohren zuhalten. Bei öffentlichen Vorträgen stets auf GEMA-Rechte oder/und Copyright achten!

Ein falscher Medieneinsatz kann auch mehr verwirren als nutzen. Daher diese Regeln für den Einsatz von Medien:

1. Den »richtigen« Medieneinsatz sorgfältig planen und die technische Handhabung vorher üben.
2. Nur die wichtigsten Informationen visualisieren.
3. Die Information muß übersichtlich sein. Nicht zuviel ins Bild bringen. Der Sachverhalt muß auf den ersten Blick erkennbar und einprägsam sein (nicht die Zuschauer mit Info-Masse »erschlagen«).
4. Die Bilder müssen durch erklärende Worte verständlich gemacht werden.
5. Die Bildinformation muß verarbeitet werden (nicht zu schnelles Vorgehen, Zeit lassen).
6. Nicht mehrere Informationen gleichzeitig via Bilder vermitteln.
7. Auf die Schriftgröße achten!

Einige Anmerkungen zu Punkt 7. Leider viel zu oft zu beobachten: *Folien-Referenten.* Das sind »gottbegnadete Redner«, die mit Schreibmaschinenschrift dicht beschriebene Seiten auf Folien ziehen, während des Referats mit lautem »Ratsch« die Schutzseiten abziehen, die Folie auf den Overheadprojektor legen und dann ihr Geschreibsel vorlesen.
Die Größe der Schrift (Lesbarkeit) richtet sich immer nach der letzten Reihe des Vortragsraumes! Richten Sie den Abstand des Projektors von der Leinwand so ein, daß Sie aus der letzten Rei-

he alles erkennen können. Lassen Sie eine/n Kollegen/in die Schrift zur Probe vorlesen. Grundsätzlich gilt bei Gruppen bis 30 Personen: Keine Schrift auf Folien darf kleiner als 5 mm sein (stets nur Fettdruck). Bei mittleren Gruppen bis zu 50 Teilnehmern muß die Schrift auf der Folie mindestens 10 mm hoch sein, bei noch größeren Gruppen 15–20 mm. Längere Texte müssen vermieden werden. Richtiger ist es, ein oder mehrere Stichworte aufzuschreiben und diese dann zu erläutern (siehe »Premiere«). Die optische Aufbereitung der Folien ist im Zeitalter von Farbkopierern relativ einfach und wirkungsvoll zu gestalten. Farbig gestaltete Folien sind ansprechender als Schwarzweißfolien. Unter Fachleuten gilt: *An den Folien sollt ihr sie erkennen!* Damit ist gemeint, daß man an der Art und Weise, wie Folien aufbereitet wurden, schon viele Dinge zur Einstellung und Vorbereitung des Redners erkennen kann.

Stichwort: **Mikrophon**. Viele männliche Redner können es sich leisten, lauter zu sprechen als im normalen Gespräch. Bei Frauen kann das problematisch werden, weil die Stimme gehoben wird und sich dadurch »Kreischeffekte« einstellen können. Wenn Sie ohnehin eine leise Stimme haben, benötigen Sie ab ca. 30 Personen ein Mikrophon. Doch Vorsicht, da gibt es Tücken! Ein Mikrophon in der Hand zu halten ist sehr schlecht, vor allem, wenn Sie z. B. Overheadfolien auflegen müssen o. ä. Umhängemikrophone haben den Nachteil, daß sie oftmals »Aussetzer« haben und zudem nicht ausgesteuert werden. Das bedeutet, daß die Lautstärke sich beim Heben und Senken Ihres Kopfes ständig verändert. Das nervt und ermüdet die Zuhörer. Vorteilhaft sind Knopfmikrophone, die z. B. am Revers, am Kostüm etc. festgemacht werden. Bei größerem Zuhörerkreis erfolgt eine Aussteuerung durch eine Zentrale (muß vorher eingerichtet werden!). Werden Dias, Folien usw. von einer anderen Person aufgelegt, bedeutet das genaueste Abstimmung; kaum ein Referat, in dem dabei alles klappte. (*»Bitte das nächste Bild. Das ist das falsche. Bitte eines zurück. Das ist auch falsch. Bitte zwei zurück …!«* Usw.)

5.5.3 Zur Durchführung

Stoffsuche und Auswahl
Wer die Wahl hat, hat die Qual, denn zu welchen Themen gibt es keine Informationen, Literatur oder Quellen? Legen Sie zunächst gemäß dem Thema grob fest, über was Sie reden wollen – und wie lange Sie reden können. Besonders wichtig sind Schwerpunkte, die Sie setzen. Diese müssen für alle Zuhörer/innen klar erkennbar sein. Bewährt hat sich darum, daß solche auch im Referat deutlich benannt werden (*»Der erste Schwerpunkt ist der Sachverhalt XY«*). Wenn Sie als Fachfrau über ein Spezialgebiet referieren, denken Sie bitte daran, daß Sie Ihre Zuhörer/innen nicht mit allzu vielen Details »überfrachten«, denn damit geht meistens der rote Faden bei den Zuhörern verloren.

Wer ein Thema beherrscht, muß außerdem beachten, daß einem während des Vortrags häufig Dinge einfallen, die z. B. als Erklärung, Beweis oder »gerade passendes Beispiel« zusätzlich herangezogen werden. Bedenken Sie, daß Sie damit den vorher festgelegten Zeitrahmen überschreiten. Ich habe noch niemals einen Redner kennengelernt, der *vor* seiner Zeit das Referat abschloß, nur sehr wenige, die pünktlich zum Ende kamen, aber sehr viele, die ihre Zeit überzogen.

Sind z. B. anläßlich einer Tagung mehrere Redner vorgesehen, so entsteht für die letzten Redner ein kaum lösbares Zeit- und Zuhörerproblem (verspätete Mittagspause, unpünktliches Beenden der Tagung etc.). So habe ich mehrfach ein dadurch verkürztes Referat abgelehnt, aber dennoch mein Honorar berechnet. Strafe muß sein, denn für die pünktliche Einhaltung der Redezeiten ist der Tagungsleiter verantwortlich. Da diese aber sehr oft Hemmungen haben, z. B. einen prominenten Redner auf die abgelaufene Redezeit hinzuweisen, hat es sich bewährt, einen altmodischen Wecker (des schrecklichen Klingelns wegen) auf das Ende der Redezeit einzustellen.

Die Stoffsammlung sollte anhand eines roten Fadens (Inhalt) Ihres Vortrages ausgesucht und z. B. auf kleine Zettel/Kärtchen mit einem Suchwort geschrieben werden. Vermerken Sie vor allem Fundstelle/Quelle (Name, Buch/Zeitschrift etc., Titel, Erscheinungsjahr, Datum usw.) der Information. Diese Quellendaten müssen nicht unbedingt in Ihr Manuskript geschrieben werden, sollten aber während des Referats (durch das Suchwort) leicht auffindbar sein. Das hat sich bei anschließenden Diskussionen bewährt, denn es gibt immer wieder Zeitgenossen, die durch Abstreiten oder Anzweifeln Aufmerksamkeit gewinnen oder sich durch Detailfragen selbst darstellen wollen.

Dem Zusammenfügen der ausgewählten Inhalte sollten Sie besondere Bedeutung beimessen. Vermeiden Sie langatmige Sätze oder gar Schachtelsätze. Diese verwirren oft den Zuhörerkreis. Gehen Sie in kleinen Schritten vorwärts, bauen Sie einen Gedanken auf dem anderen auf, und bringen Sie nicht mehrere wichtige Gedanken unmittelbar hintereinander. Sinnvoll ist es auch, komplizierte Gedankengänge zusätzlich von einer anderen Seite zu beleuchten. Generell gilt die Regel: Kurze Hauptsätze. Wählen Sie statt Hauptwörtern Tätigkeitswörter (nicht: Der Sachverhalt wird zur Darstellung gebracht, sondern: Der Sachverhalt wird dargestellt).
Die Gabe, eine Rede mit Humor zu würzen, haben nicht viele. Eine spontane, humorvolle Bemerkung von Rednern, die »es draufhaben«, kommt meistens gut an. Wer sich aber einen Witz, eine humorvolle Bemerkung, Sponti-Sprüche, Anekdoten oder Aphorismen zurechtlegt, wird oftmals enttäuscht. Was man selbst als witzig empfindet, kann beim Publikum eisiges Schweigen oder gar Unmut hervorrufen. Gleiches gilt für Sarkasmus, Ironie oder Bissigkeiten.

Generalprobe

»Dann legte er den Pinsel hin und sagt: Da steckt viel Arbeit drin. Doch damit war's auch leider aus. Die Arbeit kam nicht mehr heraus.« – Eugen Roth faßte diese und andere bekannte Alltäglichkeiten in treffende Verse. Profiredner stellen sich ihr Referat mühelos zusammen und reden. Sie haben ihr Thema, ihre Redezeit und die Zuhörer »im Griff«. Nichtgeübte Redner machen sehr oft den Fehler, daß sie bis zuletzt zwar am Inhalt feilen und theoretisch die Zeit

festlegen, aber in der »Stunde der Wahrheit« doch erkennen müssen, daß zwischen Theorie und Praxis Welten liegen.
Da Übung bekanntlich den/die Meister/in macht, ist eine »richtige« Generalprobe mehr als empfehlenswert (nicht richtig: nur Teilaspekte proben). Falls Sie im Besitz einer Video-Anlage sind, haben Sie hervorragende Möglichkeiten, sowohl Inhalt/Verständlichkeit, Zeitrahmen wie vor allem auch Ihre Mimik, Gestik und Kinesik zu studieren und zu verbessern. Ein »Probevortrag« vor Familienmitgliedern, im Freundeskreis oder vor Kollegen ist aus mehreren Gründen wenig sinnvoll (demoralisierende Dauerkritik, Kritik an der falschen Stelle, überschwengliches Lob usw.).
Falls Sie keine Videokamera haben, erfüllt ein großer Spiegel ebenfalls diese Aufgabe. Vorteilhaft ist – psychologisch gesehen – dabei, daß Sie sich oftmals »auf sich selbst« konzentrieren (Sie schauen sich an) und möglicherweise den Faden verlieren. Das ist nämlich relativ praxisnah, da das auch im Referat geschehen kann, eben dann, wenn Sie z. B. einen Zuhörer haben, der ständig den Kopf schüttelt, gähnt, abwinkt oder sonstige negative nonverbale Äußerungen macht. Vor dem Spiegel müssen Sie sich also selbst zur (Rede-)Disziplin bringen – das fördert Ihre eigene Sicherheit. Stellen Sie auch eine Uhr auf, und stoppen Sie die Zeit. Sie werden feststellen, daß Unterbrechungen, Wiederholungen, Schwafeln etc. sehr schnell den vorgegebenen Zeitrahmen sprengen. Und noch eine sehr wichtige Empfehlung: Üben Sie Ihr Referat nicht am Abend vorher oder »basteln« noch daran, sonst ist die Nacht »gelaufen«. Kopfausstauben in frischer Luft (Abendspaziergang) ist hilfreicher. Lassen Sie das fertige, durchgeprobte Referat einen Tag liegen, und – falls Sie gleich morgens »dran sind« – stehen Sie eine Viertelstunde früher als üblich auf, und »überfliegen« Sie noch einmal kurz den Inhalt. Sie werden merken: Durch die Generalprobe hat Sie Ihr Gedächtnis nicht im Stich gelassen, und Sie gehen selbstsicher »in die Bütt«.
Jetzt geht es nur noch um (äußere) Kleinigkeiten.

Premiere

Ob die alte Theaterweisheit: *»Eine danebengegangene Generalprobe ist der Garant für eine gelungene Premiere«* auch bei Reden gilt, kann bezweifelt werden – zumindest sollten Sie sich nicht darauf verlassen. Machen Sie sich vor allem moralisch stark: Sie haben viel Zeit darauf verwandt, den Zuhörern ein nützliches Referat zu bieten. Sie beherrschen das Thema, kennen die Vor- und Nachteile, freuen sich, vor anderen zu reden, und brennen darauf, gut zu sein. Nicht angebracht sind negative Gedanken (*»Hoffentlich versage ich nicht«* Oder: *»Wenn das Referat danebengeht, bin ich unten durch!«* Usw.). Das hat im übrigen nichts zu tun mit Lampenfieber (Herzklopfen, feuchte Hände, schlimmes Gefühl in der Magengegend, Zittrigkeiten usw.). Das können Sie nämlich ebensowenig austricksen wie das Wetter. Machen Sie das Lampenfieber »zu Ihrem guten Freund«. Immer wenn der »gute Freund« sich bemerkbar macht, ist »etwas los in Ihrem Leben«, vielleicht sogar ein kleiner Höhepunkt. Nur bei routinierten Profirednern, die erprobte Standardvorträge halten, meldet sich der »gute Freund« nicht. Langweilig.

Ganz wichtig: **Ihre mentale Einstellung**. Dazu sollten Sie, wenn möglich schon am Vorabend, die Räumlichkeiten besichtigen (z. B. bei Tagungen in einem Hotel), von Ihrem Platz aus zum Rednerpult gehen (falls die Rednertribüne über ein paar Stufen erreichbar ist, gehen Sie diese bewußt rauf), die Technik überprüfen bzw. einrichten (Overhead- oder Diaprojektor, Mikrophon etc.) usw. Wenn Sie abends keine Gelegenheit dazu haben und morgens gleich beginnen müssen, kommen Sie eine halbe Stunde vorher in den Raum und machen sich mit den Gegebenheiten vertraut. (Technik überprüfen. So manche Hotel-Technik hat ihre Tücken. Viele Hotels haben einen altmodischen Projektor, sonst *nix*! Sie finden weder wasserfeste Schreibstifte noch Lichtzeiger, ordentliche Leinwand, Beistelltisch etc. Sie finden auch keine Einzelfolien, sondern nur eine Abrollfolie, die – zurückgedreht – genau das verrät, was bei dem Vor-Seminar so geheimnisvoll war.) Ein Glas Mineralwasser *ohne* Kohlensäure nicht vergessen!

Zugegeben: Die letzte Viertelstunde vor Ihrem Referat ist das reinste Martyrium. Vor allem dann, wenn noch Gäste begrüßt oder traumhaft langweilige Formalien durchgegeben werden. Da müssen Sie durch! *»Wenn's doch nur schon vorbei wäre«*, denken Sie sich und lauern absprungbereit auf Ihren Einsatz.

Halt!

Jetzt gilt es kleine, aber sehr wichtige Dinge zu beachten.

Zehn-Punkte-Regel

1. Rücken Sie Ihren Stuhl unmerklich so weit zurück, daß Sie problemlos aufstehen können, ohne daß Sie mit »Möbelrücken« oder gar Umfallen des Stuhles unerwünschte Aufmerksamkeit erzeugen.
2. Überprüfen Sie unmerklich Ihre Kleidung; (Kragen umgeklappt, Bluse etc. richtig geknöpft, Kostümtaschen O. K., Rock oder Hose nicht hochgerutscht? Vorher an Make-up/Frisur denken! Usw.)
3. Alle Unterlagen griffbereit halten. Mitunter sind Kleinigkeiten wichtig: Hat den Zeigestock oder die Leerfolien/Filzstifte, die Sie sich am Projektor bereitgelegt haben, Ihr Vorredner eingesteckt, oder wurden sie gar verschlampt?
4. Wenn Ihnen das Wort erteilt wird, springen Sie nicht wie von der Tarantel gestochen auf, sondern nicken Sie kurz, stehen auf und gehen, weder hastig noch lahm, mit Blick auf Ihren Rednerplatz darauf zu.
5. Wer immer Sie angekündigt hat: Ihm/ihr haben Sie zu danken und dann die Anwesenden zu begrüßen (*»Vielen Dank, Herr Meier. Meine Damen, meine Herren«* ... jetzt Pause gemäß Punkt 6).
6. Jede Rede beginnt mit Schweigen! Nach der Begrüßung gemäß Punkt 5 machen Sie zwei bis drei Sekunden lang eine Pause, und schauen Sie die Zuhörer an (»Kräftemessen«). Beginnen Sie dann bewußt langsam zu reden, denn die Zuhörer müssen sich erst an Ihre Stimme, Lautstärke, Sprechgeschwindigkeit etc. gewöhnen. Atmen Sie tief ein, aber atmen Sie vor dem ersten Satz ca. ein Viertel der Luft wieder raus.
7. Falls Sie eine These, Theorie, ein Pro und Kontra, eine Fachaussage usw. an den Anfang Ihrer Rede gestellt haben, machen Sie danach wiederum bewußt eine Drei-Sekunden-Pause. Die Zuhörer müssen das zunächst »verkraften«. Erst dann beginnen Sie »loszulegen«. Doch denken Sie stets daran: Was Sie zu Hause mehrfach durchdacht haben, müssen Ihre Zuhörer sofort begreifen. Also: Ein Referat ist kein Hürdenlauf un-

ter Zeitdruck. Bauen Sie in Ihr Referat darum »schöpferische Pausen« für die Zuhörer ein.

8. Machen Sie die Technik nicht zu Ihrem »Wettbewerber«. Wenn Sie eine Folie auf den Projektor auflegen, wird eine begleitende Erklärung nur noch zu einem Teil aufgenommen, da die Zuhörer mit dem Folieninhalt »beschäftigt« sind. Decken Sie die Texte oder Bilder, über die Sie gerade nicht sprechen, mit einem Blatt Papier ab. Falls es sich um einen Text in der Mitte handelt, decken Sie mit zwei Blättern den oberen und den unteren Teil ab (Sehschlitz). Falls Sie zwischenzeitlich den Projektor nicht benötigen, schalten Sie diesen ab. Da dies aber bei modernen Geräten mit Halogenlampen problematisch ist, legen Sie über die gesamte Lichtfläche einfach ein Blatt Papier. Bei Diavorträgen sollte die Projektorlampe ausgeschaltet werden (nicht das Gebläse!).
9. Wenden Sie bei Erklärungen an der Leinwand den Zuhörern nicht ständig den Rücken zu (Blickkontakt halten!), denn Sie sprechen bei diesen Erklärungen nicht mehr in Zuhörerrichtung (akustische Verständigung!).
10. **Für den ersten Eindruck gibt es keine zweite Chance, und was zuletzt gesagt wurde, wird am besten behalten!** Eine Einleitung, interessant, originell, lustig, kontrovers o. ä., garantiert Aufmerksamkeit für den Hauptteil. Doch der Schluß muß die Krönung sein. Legen Sie darauf besonderen Wert! »Vernuscheln« oder zerreden Sie nicht den Schluß, und schleichen Sie sich nicht von dannen! Bringen Sie sich selbst nicht um die Früchte des Erfolgs. Bedanken Sie sich kurz, und nehmen Sie den Beifall auch ernst! Er gilt Ihnen und Ihrer Arbeit. Es müssen nicht wie in einer Theaterpremiere zehn Vorhänge sein, aber verschämtes Wegschleichen unmittelbar nach Ihrem Schlußwort ist Mißachtung des Dankes der Zuhörerschaft. Lächeln und nicken Sie kurz, verharren Sie ein Sie paar Sekunden (je nach Beifall), und gehen Sie dann selbstbewußt (mit erhobenem Kopf!) auf Ihren Platz – auch und gerade, wenn es Kritik gab. Tuscheln Sie nicht sofort mit Ihrer/m Sitznachbarn/in (Wichtigtuerei).

Mimik

Den nonverbalen Ausdrucksformen müssen Sie die gleiche Beachtung schenken wie den verbalen. Oftmals beeinflussen Sie die Zuhörer damit sogar mehr als mit dem gesprochenen Wort. Finster und wichtigtuerisch dreinschauende Referenten gibt's schon genug. Einige wichtige Grundregeln:

»Das Lächeln, das du aussendest, kehrt zu dir zurück«, lautet eine chinesische Weisheit, die auch bei uns ständige Gültigkeit hat. Lächeln Sie freundlich, wann immer es geht (nicht grinsen). Doch wenn es (mal) nicht geht, vermeiden Sie das Verlegenheitslächeln. Das setzt Ihre Wirkung herab. Falls Sie eine Überzeugungsrede halten, sollte sich Ihre Mimik der Bedeutung Ihres Schlußappells (Fazit) anpassen.

Der Blickkontakt gehört zur Mimik. Nicht »irgendeinen«, sondern die ganze Zuhörerschaft müssen Sie ansprechen. Sehr wichtig also: mit langsamen Rundumbewegungen des Kopfes (und der Körperhaltung!) sowohl die linke, die mittlere wie auch die rechte Seite der Zuhörerschaft ansprechen. Vergessen Sie dabei die hinteren Reihen nicht. Schenken Sie aber allen Zuhörern die gleiche Mimik, also nicht links freundlich, rechts unfreundlich oder umgekehrt. Sie sprechen nicht im Bundestag.

Suchen Sie sich dabei eine Person, die Ihnen freundlich gesonnen ist, und lassen Sie sich nicht irritieren durch einen negativ eingestellten Zuhörer, der mit dem Kopf schüttelt. Wenn nötig: ihn oder sie niederlächeln (bewußt etwas länger ansehen, sprechen und dabei lächeln). Ignorieren Sie vor allem Teilnehmer, die während Ihres Referats den Raum verlassen. Die Gründe zum Verlassen müssen nicht unbedingt bei Ihnen liegen.

Gestik

So häufig wie nötig, so sparsam wie möglich – lautet hier der Grundsatz. Seien Sie keine Salzsäule, aber auch keine Windmühle. Abzuraten ist vom »Andressieren« irgendwelcher Gesten, die nicht zu Ihnen passen. Das wirkt letztlich lächerlich oder komisch. Üben Sie darum vor dem Spiegel, wie verschiedene Gesten auf Sie selbst wirken. Wenn Sie sich bei bestimmten emphatischen Gesten blöd vorkommen, vermeiden Sie diese. Nehmen Sie z. B. ein Manuskript in die linke Hand und unterstreichen mit der rechten Ihre Aussage. Oder: Lassen Sie z. B. den linken Arm locker herunterhängen, winkeln Sie den rechten Arm bis Bauchhöhe an, und sprechen Sie. Fast automatisch werden Sie nun mit Gesten arbeiten.

Grundsätzlich müssen Gesten zur sprachlichen Aussage passen. Wenn Sie etwas positiv ausdrücken wollen, kann Ihre Gestik nicht in der negativen Wirkungsebene verschwinden. Die (passende) Geste muß immer der sprachlichen Aussage vorausgehen; sie darf nicht »Nachkömmling« sein (nur in bestimmten Ausnahmefällen oder mit taktischer Absicht).

Körperhaltung

Das sind Ausnahmefälle: Die kleine, gebeugte, unscheinbare Frau tritt ans Rednerpult und spricht mit leiser, eher unsicherer Stimme, ohne besondere Mimik und Gestik. Und doch kann man eine Stecknadel fallen hören, denn was sie sagt, erzeugt größte Spannung. Wenn Sie diesen Bonus (noch) nicht haben, dann sind nonverbale Ausdrucksformen für Sie »ein Thema«. Körpersprachliche Aussagen gehen entweder mit verbalen Aussagen einher oder verringern bzw. verstärken die sprachliche Aussage, und ... sie können verräterisch sein! Nur geübte Profis können mit der Körpersprache täuschen. Die Nichtgeübten verraten sich selbst: ständig mit den Schultern zucken und/oder diese hochziehen, den Kopf nach vorne fallen lassen oder schräg halten, hilflos-nervöses Suchen in den Manuskripten, mitleidheischende Blicke, verbunden mit gequältem Lächeln, verlegenes Kinnstreicheln, Kratzen, ständig in die Frisur greifen, von einem Bein auf das andere treten usw. Diese und viele andere Merkmale signalisieren: *»Ich bin unsicher. Ich weiß das selbst nicht so genau. Hoffentlich fragt mich niemand. Ich stehe nicht hinter dem, was ich sage«*, usw. Mit nonverbalen Aussagen positive Eindrücke zu erzeugen heißt in erster Linie, sich negative, verräterische Aussagen abzutrainieren.

Einige Grundregeln zur Körperhaltung:

Referat hinter einem Pult

Diese Dinger sind offensichtlich nur für Männer gebaut. Frauen, durchschnittlich 10 cm kleiner als Männer, »verschwinden« mit einem Teil ihres Oberkörpers dahinter. Das hat die fatale Folge, daß Gesten meist nur in der oberen Wirkungsebene erfolgen können. In diesem Fall sollten Sie auf die meisten Gesten verzichten. Auch das Mikrophon muß erst zurechtgebogen werden. »Klemmen« Sie sich nicht zu dicht hinter das Pult, kein Abstützen der Ellenbogen und schon gar keine »Pultumarmung«, und treten Sie nicht von einem Bein auf das andere (»Referenten-Lambada«). Übrigens: Die ganz Mutigen stellen sich, wenn es die Mikrophontechnik zuläßt, neben das Pult …

Referat im Stehen

Ohne Tisch, Pult oder sonstige Sicherheiten frei stehend reden: für viele ist es ein Alptraum. Das muß nicht sein, ganz im Gegenteil, denn es ist die Form, die den Zuhörern die ganze Rednerin zeigt. Und damit haben Sie es in der Hand, »durch sich selbst« zu wirken. Zugegeben, es kostet am Anfang einige Überwindung, zumal gerade Frauen die Vermutung haben, daß sie von anwesenden Männern durch Blicke »ausgezogen« werden. Fieslinge bringen es sogar fertig, den Blick bewußt langsam vom Kopf zu den Beinen wandern zu lassen. Hier hilft nur eines: Selbstbewußtsein! Schließlich haben auch wir Männer dieses Problem. Ich kenne kein Frauenseminar und keine Vorträge vor gemischtem Publikum, in dem ich nicht deutlich das Abtaxieren meiner Person bemerkte. Das kann man(n) sich auch zum Hobby machen. Ein »bißchen Narzißmus« muß sein …!

Die eigene Sicherheit ergibt sich stets aus drei Faktoren:
- *Selbstwertgefühl.*
- *Beherrschung des Themas.*
- *Beachtung einiger Grundregeln des Auftretens und Redens.*

Negativ kommt immer an:
- *Arroganz/Überheblichkeit.*
- *Humorlosigkeit/Verbissenheit.*
- *Inkompetenz.*

Ihre psychische Sicherheit ist untrennbar mit der physischen Sicherheit verbunden. Stehen Sie also mit beiden Beinen fest auf dem Boden, und verlagern Sie nicht das Körpergewicht von einem Bein auf das andere. Auch kapriziöse Haltungen, die »die Beine schöner erscheinen lassen« (z. B. linke Fußhacke leicht abgehoben seitlich vor den rechten Innenfuß stellen, das linke Knie etwas nach rechts abgewinkelt), sind für ein Referat nicht zu empfehlen. Sie müssen nämlich sehr viel Energie darauf verwenden, die Balance zu halten. Das ist Energie, die Ihnen für die Kopfarbeit fehlt. Auf einer Party, in fröhlicher Gesellschaft oder beim Small talk ist das etwas anderes.

»Der Rücken« ist in der deutschen Grammatik »männlich«. Tun Sie in diesem Fall etwas für die Aufrechterhaltung dieser Männlichkeit, und halten Sie ihn gerade. Die Schultern lassen Sie bitte nicht nach vorne fallen, sondern beherzigen ausnahmsweise einmal ein (männliches) Militärkommando: *»Brust raus, Bauch rein!«*

Referat im Sitzen

Das Übereinanderschlagen der Beine ist, wenn eine Frau auf einem Stuhl sitzt und kein Tisch oder sonstige Barrieren davor sind, üblich und meistens auch vorteilhaft (siehe Kap. 4). Während eines Referats gelten andere Kriterien, denn diese Haltung ist ungünstig. Probieren Sie es einmal aus: Es ist fast unmöglich, daß Ihr Oberkörper gerade ist, die Schultern werden nach vorne gezogen, die verschränkten Arme stützen sich auf den Tisch, und Gesten wirken verkrampft. Das ist eine »geschlossene Haltung«, die den Zuhörern Verschlossenheit, Zurückziehen, evtl. Unsicherheit signalisiert. Verzichten Sie also darauf, und stellen Sie beide Füße fest auf den Boden. Rücken Sie mit dem Stuhl nahe an den Tisch, so daß Sie Ihre Unterarme und Hände auf den Tisch legen können. Lehnen Sie sich an die Rückenlehne. Dadurch sitzen Sie aufrecht, haben alles im Blick und können mit Gesten arbeiten.

Dummes Referats-Zeug

Eine immer wiederkehrende Frage ist, wer wie in welcher Reihenfolge zu begrüßen ist und wie man sich bedankt.

Um eine Ausnahme vorwegzunehmen: Sollten Sie in Anwesenheit unseres Bundespräsidenten oder des Papstes eine Rede halten, so sollten Sie diese, aber auch nur diese!, vor allen anderen

persönlich begrüßen. Ansonsten heißt es schlicht und ergreifend: *»Meine Damen, meine Herren!«* Auch möglich: *»Meine sehr verehrten Damen und Herren!«* Alles andere ist Anbiederung, Liebedienerei, Schleimerei, Unterwürfigkeit, sprachliche Prostitution usw. (beachten Sie aber Punkt 5 der Zehn-Punkte-Regel Kap. 5.7.3). Ausschütten vor Lachen könnte ich mich darüber, welche verbalen Verrenkungen manche Redner veranstalten, um »Ehrengäste« in ihrer Rangfolge (!) zu begrüßen. *»Ganz besonders herzlich möchte ich …«* Oder: *»Nicht zuletzt möchte ich …«* Oder: *»Vor allem freue ich mich …«* usw. bla, bla, bla! Und die anderen sind Fußvolk, Füllmasse oder gesellschaftliche Dünnformate? Honoratioren, besonders »kirchliche Würdenträger« zu begrüßen, mag auf einer Dorfhochzeit recht amüsant sein. Bei seriösen Vorträgen gilt: Schlichtheit ist in! Wer immer auch anwesend sein mag: bei mehreren »Honoratioren« können Sie es ohnehin niemandem recht machen. Garantiert vergessen Sie jemanden beim Akt des verbalen Verbeugens.
Eine moderne, selbstbewußte Frau beugt sich nur zu ihren Kindern (um ihnen etwas zu geben, z. B. einen Kuß).

Ebenso amüsant (oder besser: schlecht) sind ähnliche Einleitungen oder Abschlüsse. *»Es ist mir eine besondere Ehre, Ihnen heute …«* Oder: *»Mir wurde die ehrenvolle Aufgabe zuteil …«* usw. Wie bitte? Da hocken die Zuhörer wie in Hitchcocks »Die Vögel« und lassen sich informieren. Sie, die Referentin, bedanken sich unterwürfigst auch noch dafür, daß Sie die ganze Arbeit gehabt haben? Warum nicht anders, z. B.: *»Meine Damen, meine Herren* (… drei bis vier Sekunden Pause), *mein Thema heißt … XY. Zum Einstieg folgende These …«* usw.
Ebenfalls sehr schlecht sind Einleitungen, die mit
- Eigenlob (*»Als Expertin auf dem Gebiet der …«*),
- Entschuldigungen (*»Leider kann ich Ihnen nur kurze Infos über …«*),
- negativen Bemerkungen (*»Ich habe noch niemals vor so wenigen Zuhörern gesprochen …«*),
- Drohungen (*»Ich kann Ihnen leider mehrere Statistiken nicht ersparen …«*),
- Versprechungen (*»Ich bin sicher, Ihnen lustige Details …«*)

etc. beginnen (negative Programmierung oder Enttäuschung). Vermeiden Sie diese! Ihre Zuhörer müssen sich auf Ihr Referat freuen (können).

Auch beim Abschluß können lachhaft aufgeblasene Kapriolen geschlagen werden: *»Es war mir eine besondere Ehre und ein großes Anliegen …«*
Oder: *»Es war mir eine große Freude, Ihnen …«*
Oder: *»Ich habe dieses Thema nur anreißen können …«*
Oder: *»Jetzt habe ich Ihre Geduld lange genug strapaziert und …«*
Oder: *»Möge Ihnen der Vortrag in guter Erinnerung bleiben/zum Nachdenken anregen …«*
usw.
Unterwürfiger Quatsch! Besser so:
»Zum Abschluß möchte ich den Inhalt meines Vortrages in zwei Sätzen zusammenfassen. 1. ABC und 2. XYZ. Vielen (besten, herzlichen usw.) Dank!«
Notieren Sie die Zusammenfassung auf Ihrem Manuskript wörtlich, und lesen Sie diese vor!
Auch über die letzte Bemerkung (*»… Dank«*) gibt es unterschiedliche Auffassungen. Oft wird empfohlen, auch den Dank am Ende wegzulassen. Hier aber muß ich daran erinnern, daß einerseits der Zuhörerschaft das Vortragsende deutlich signalisiert und andererseits die »Möglichkeit für den Beifall« geschaffen werden muß. Es schafft noch einmal eine letzte verbindliche Gemeinsamkeit. Warum nicht?
Die Mutigen schließen ihr Referat mit einer Bemerkung über die Floskelproblematik:
»Meine Damen und Herren. Überflüssige Redefloskeln und Danksagung am Ende eines Referats sind out. Dafür bleibt unser Thema (Referat XY) in.« Kurzes Nicken, Abgang.
Einen »richtigen« Abschluß fand ich anläßlich eines Vortrags in einer Großveranstaltung vor mittelständischen Unternehmern zum Thema »Unternehmenskultur«. Auftraggeber war ein Bundesverband, vertreten durch den Vorstand. Das Problem bestand darin, daß es einige »Altherren« in der Unternehmerschaft gab (Zuhörer), die das Thema als »Quatsch« ansahen und Vorstandsentscheidungen blockierten. Ich schloß mein Referat rhe-

torisch massiv mit den Worten: *»Ich danke dem Vorstand und den zukunftsorientierten Unternehmern, daß Sie mir durch dieses Referat die Möglichkeit gaben, den Ewiggestrigen mal kräftig in das eingeschlafene verlängerte Rückgrat zu treten.«* Danach wollte plötzlich niemand mehr konkrete Vorstandsbeschlüsse torpedieren ...

»Wie ich den Leserinnen bereits an anderer Stelle verdeutlicht habe ...«, ach ja! Und warum wiederhole ich es dann? Halte ich Sie etwa für zu dumm, meine Ausführungen beim ersten Mal zu begreifen? *»Doch um es Ihnen ehrlich und offen zu sagen ...!«* Auch das noch. Was habe ich denn vorher getan? *»Das ist kompliziert zu erklären.«* Na, dann erklären Sie es doch einfach! *»Ich versuche, es Ihnen so zu erklären, daß es alle verstehen ...!«* Alles klar, wir sind für andere Erklärungen nicht intelligent genug. *»Ich will nicht mißverstanden werden ...!«* Ach, haben Sie Angst davor, daß wir etwas nicht verstehen? *»Hier drängt sich die Frage auf ...!«* Lassen Sie sie drängen. Wir drängen nicht. *»Dazu muß man einfach wissen, daß ...!«* So, aha! Muß *man* das? *Frau* nicht? Und wieso einfach? *»Doch was soll das alles ...?«* Tja, das fragen wir uns auch! *»Ich kann Ihnen hier nur sagen, daß ...!«* Wieso »nur«? Haben Sie sich nicht genügend vorbereitet? *»Ich möchte meinen, daß ...!«* Was *möchten* Sie bitte, und was *meinen* Sie? *»Als Frau kann ich Ihnen dazu leider nur sagen ...!«* Papperlapapp! Als Frau sagen Sie dazu ...! *»Aber wie wir ja alle wissen ...«* Äh, wie bitte? Und wenn wir (die Zuhörer) das nicht wissen? Sind wir dann dumm, oder ist ein solcher Bezug auf Allgemeinwissen schlicht nur sprachliches Imponiergehabe? Die Antwort zu diesen und ähnlichen Beispielen ist klar: Weglassen!

Pannen, Probleme und Zwischenrufe ... willkommen!

Veni, vidi, vici – ich kam, sah, siegte (Ausspruch Cäsars, als er König Pharnaces bei Zela im Pontus [Reich am Schwarzen Meer] schnell besiegt hatte). So leicht sind für Ungeübte Vorträge/Referate nicht zu »packen«. Für die meisten besteht aber die Problematik nicht im Thema selbst, sondern in der Furcht vor Pannen, Steckenbleiben, Zwischenrufen usw. Diese Furcht kann nicht einfach »weggeredet« werden, aber Sie können sich durch kleine

Hilfsmittel wappnen bzw. »sicher machen«. Im Prinzip gibt es drei Fälle, die auftreten können:

a) den roten Faden verlieren und steckenbleiben,
b) Zwischenfragen und Zwischenrufe,
c) unvorhergesehene Ereignisse (Strom- oder Geräteausfall, Tisch/Stuhl etc. fällt um, Prominente/r kommt überraschend und wird begrüßt, zwei Zuhörer oder Gruppe unterhalten sich störend, usw.).

Hilfsmittel: Fertigen Sie drei kleine Kärtchen an, die stets neben Ihrem Konzept liegen. Auf diesen notieren Sie für jeden der drei genannten Fälle ein paar Satzanfänge:

Kärtchen 1 (steckenbleiben):
- *»Fassen wir noch einmal kurz die letzten Punkte zusammen ...«*
- *»Ich möchte noch einmal besonders betonen ...«*
- *»Ich wiederhole also noch mal ...«*
- *»Nun/also hier den treffenden Ausdruck zu finden, ist gar nicht so einfach ...«*
- (Wenn Sie einen Punkt vergessen haben): *»An dieser Stelle muß noch ein wichtiger Punkt bedacht werden, und zwar ...!«* (Aber keine Entschuldigung, weil Sie ihn vergessen haben.)

Kärtchen 2 (Zwischenfragen):
- *»Auf diesen interessanten Aspekt komme ich später zu sprechen ...«*
- *»Es würde den Rahmen dieses Vortrags sprengen, wenn ich ...«*
- *»Gut, ich bin gerne bereit, Ihnen nach meinem Vortrag (spätere Diskussion) dazu ...«*
- *»Diesen wichtigen Punkt werde ich gleich behandeln.«* (Greifen Sie dann aber auch bewußt die Zwischenfrage auf: *»So, und jetzt komme ich zu Ihrer Frage ...«*)
- *»Vielen Dank für den interessanten Hinweis. Doch zunächst möchte ich im Referat weiter fortfahren ...«*
- *»Pardon, aber ich möchte meine Ausführungen im Zusammenhang vortragen ...«*
- *»Jetzt wurde ich schon das zweite Mal unterbrochen. Ich möchte Sie bitten ...«*

- (Schärfer): *»Sie haben mich nun schon das zweite Mal unterbrochen, und ich muß mich fragen, welche Absicht Sie damit verfolgen.«*
- (Bei unflätigen Zwischenrufen): *»Herr Kollege, Sie haben zwar eine schöne Stimme, aber etwas Vernünftiges hört man nicht von Ihnen!«*

»Belohnen« Sie den Zwischenfrager nicht noch dadurch, daß Sie ständig Blickkontakt mit ihm halten oder etwas mehrfach beweisen wollen, sonst fühlt er sich noch ermuntert, weitere Fragen zu stellen. »Übersehen« Sie ihn. Besonders wirkungsvoll ist es, falls Sie keine Antwort haben oder sich nicht »in die Nesseln setzen« wollen, die Frage an die Zuhörer/Gruppe »zurückzugeben«:

- *»Ich möchte diese Frage hier nicht vorschnell beantworten, sondern frage Sie, meine Damen und Herren: Was meinen Sie dazu …?«*
- *»Bei dieser Frage geht es nicht nur um meine Auffassung. Welche Meinung haben Sie, meine Damen und Herren, dazu …?«*

Insgesamt besser ist es jedoch, wenn Sie sich vorher Gedanken darüber machen, welche Zwischenfragen gestellt werden könnten, und Sie sich thematisch darauf vorbereiten. Wer ganz cool ist, provoziert Zwischenfragen (auf die Sie selbstverständlich die Antwort parat haben): *»Also, an dieser Stelle müßten einige Fragen gestellt werden, z. B. zum Aspekt ABC.«* Kurze Pause machen, bei der Zuhörerschaft mit Blicken Fragen »herausfordern«. Häufiger Nebeneffekt: Es werden im Vortragsverlauf kaum noch Fragen gestellt, da erkannt wurde, daß Sie »parieren« können.

Taktik Zeitgewinn:

- (Wiederholen lassen!) *»Ich habe Ihre Frage nicht genau verstanden. Würden Sie freundlicherweise …«*

Und/oder:

- (Selbst wiederholen:) *»Wenn ich Sie recht verstanden habe …«*

Durch diese versachlichende Wiederholungstaktik verliert der Einwand auch meist seine Suggestivwirkung (er wird ent-emotionalisiert). Welche Reaktion Sie auch immer wählen, halten Sie sich an die Grundregel der souveränen Redetaktik:

Ruhig und verbindlich bleiben!
Nicht nervös machen oder provozieren lassen!

In vielen Fällen ist gar keine Reaktion die beste. Doch nicht immer können Zwischenrufe übergangen bzw. ignoriert werden, zumal Zwischenrufer meistens hartnäckig sind. Hier gilt es, vorsichtig zu sein. Ein Zwischenrufer kommt nicht, um sich öffentlich von Ihnen schulmeistern zu lassen. Nur wer schlagfertig ist und sein Publikum »im Griff« hat, kann sich Kritik an einem Zuhörer leisten. Zu warnen ist jedoch davor, sich einen Fragesteller oder Zwischenrufer »zum Feind« zu machen. Aus der Gruppendynamik ist bekannt, daß die Gruppensympathie schnell umschlagen kann – zu ungunsten des Redners. Sie können einem Angreifer keinen größeren Gefallen tun, als die Selbstkontrolle zu verlieren. Wenn Sie emotional »mit gleicher Münze« zurückschlagen, spielen Sie genau die Rolle, die sie/er erwartet (und bei vielen Zuhörern den Anschein erweckt, der Einwand sei berechtigt).

Ihre Reaktion wirkt um so überlegener, je besser Sie Einwände durch starke Gegenargumente entkräften können. Zum Kärtchen 2 gehört darum auch, daß Sie passende Antworten auf mögliche
- *Sach-Einwände,*
- *Killerphrasen,*
- *persönliche Angriffe*

notieren. Bei Sach-Einwänden/Fragen ist es wichtig, daß Sie nach Ihrer Antwort zurückfragen: *»Ist Ihre Frage damit beantwortet, Herr Kollege?«*

Kärtchen 3 (unvorhergesehene Störungen, »Notbremse«):
- Unterbrechen Sie den Vortrag für eine kurze Pause.
- Gehen Sie auf den »Gemeinschaftstrip«: *»So, meine Damen und Herren, das war eine kleine Störung/Unterbrechung. Was schlagen Sie vor, wollen wir weitermachen oder eine kurze Pause einlegen?«*
- Legen Sie sich eine kurze Story zurecht, die zum Thema paßt (oder ein gelungenes Zitat, Aphorismen, Sponti-Spruch etc.).

– Gehen Sie aufs Ganze: *»Nun, meine Damen und Herren, bei mir/hier oben hat die Störung voll durchgeschlagen. Wie sieht's bei Ihnen aus und was schlagen Sie vor?«*

Sehr unangenehm wird es für Sie, wenn sich zwei Teilnehmer oder gar eine kleine Gruppe so unterhalten, daß es stört. Oberlehrerhaftes Schulmeistern ist stets tabu (keine Feinde machen!). Aber auch Aufforderungen wie *»Darf ich um Ruhe bitten?«* sind unoriginell und bestenfalls kurzfristig wirksam. Eine außergewöhnlich wirkungsvolle Methode ist aber die, alle Zuhörer zu »Ihrem Oberlehrer« zu machen. Das geschieht wie folgt:
Mitten im Satz, noch besser: mitten im Wort, brechen Sie ab und schauen nur auf die Störer. Nichts sagen, keine weiteren Reaktionen.
Garantiert schauen sich alle Teilnehmer zu den Störern um, und diese verstummen augenblicklich! Die Methode wirkt besonders intensiv, wenn Sie ein zweites Mal auf diese stumme Weise die Störer maßregeln. Die Methode kann vor allem dann hervorragend eingesetzt werden, wenn es sich bei den Störern um Personen handelt, die Sie nicht öffentlich maßregeln können (Chefs, Prominente, Veranstalter, Experten etc.).

Falls Sie die Möglichkeit haben, Ihr Referat in der Generalprobe vor anderen zu üben, versäumen Sie nicht, einige Störungen »einzubauen«. Bei der Spiegelprobe hilft ein kleiner Trick: Ein Familienmitglied o. ä. stellt einen Wecker auf eine Ihnen nicht bekannte Zeit während Ihrer Probe.

Freie Rede
Eine wirklich »freie Rede« ist sehr selten und nicht zu verwechseln mit Diskussionsbeiträgen. Die wahre freie Rede ist eine Redekunst, die nur wenige beherrschen. Sie hat den Vorteil, daß sie bei den Zuhörern »ankommt«, aber den Nachteil, daß sie zeitlich unkontrolliert gehalten wird. Zudem erfordert freies Reden die Hochleistung des »Sprech-Denkens«. Es ist die Technik, während des Sprechens das Folgende zu durchdenken und »innerlich« vorzuformulieren. Das setzt voraus, daß etwas langsamer als gewohnt gesprochen wird, dafür aber mit Betonung, Akzentuierung und

dem helfenden Einsatz von Mimik und Gestik. **»Sprech-Denken« können Sie üben:** Erinnern Sie sich an Ihre letzte Urlaubsreise, und beschreiben Sie den Weg von Ihrem Zuhause bis an den Urlaubsort so, als ob Sie darüber ein Referat halten würden. Sie werden feststellen, daß Sie in Gedanken stets bei dem nächsten Ereignis (Station) sind, obwohl Sie in Ihrer Rede noch nicht so weit sind. Um das Folgende, das Sie »innerlich« vorformuliert haben, auch (ungestört!) sagen zu können, sprechen Sie mit der »Überraschenden-Pausen-Technik« (Kap. 5.4.6).

Dieses Sprech-Denken erfordert einerseits Konzentration, andererseits können Sie aber rhetorische, mimische und gestische Ausdrucksformen wirkungsvoll einsetzen. Allerdings: Menschen, die frei reden können, reden auch gerne – und oft lange!

Ein Vortrag kann auch dann schon als »freie Rede« bezeichnet werden, wenn der/die Referent/in nur Stichworte z. B. auf Karten geschrieben hat, über die er/sie spricht. Stichworte müssen »Schlüsselworte« sein, über die Sie zum Thema reden können (siehe auch Kap. 5.3). Wenn Sie beispielsweise über Mißstände in unserem Staat sprechen wollen, ist das Wort »Demokratie« kein Schlüsselwort, sondern z. B. Kindergärten, Polizeibewaffnung, Fraueneinkommen, Sozialhilfe usw.

Ob Sie bei einer freien Rede mit Stichwort-Manuskript DIN-A5-Karten oder DIN-A4-Blätter verwenden, ist nicht entscheidend. Beides hat Vor- und Nachteile. Verwenden Sie z. B. zu einem Referat zehn Karten, dürfen Ihnen diese natürlich nicht runterfallen. (Kann bei verschiedenen Gesten leicht passieren! Numerierung der Karten ist daher sinnvoll.) Hinzu kommt, daß Sie den gesamten Referatsinhalt und das nächste Schlüsselwort nicht »im Blick« haben. Das DIN-A4-Blatt hat den Nachteil, daß es zittrige Bewegungen Ihrer Hände »mitmacht«. Das können Sie aber abstellen, wenn Sie das Blatt auf eine Kartonunterlage legen. Vorteil: Sie haben alles im Blick und können den linken Daumen als »Lesezeichen« einsetzen; darum soll ein breiter linker Rand beim Beschriften gelassen werden. Die Schrift selbst **muß deutlich und groß** sein! Alles Selbstverständlichkeiten …

Über den inhaltlichen Aufbau eines Manuskripts ist schon viel Tinte verschrieben worden. Machen Sie es sich doch einfach, und erinnern Sie sich an Ihre Schulzeit, als Aufsätze geschrieben werden mußten. *Einleitung, Hauptteil (in Gliederung) und Schluß* war die einfache formale Regel. Und die war damals wie heute richtig. Zur Einleitung hat sich bewährt, daß Sie die ersten zwei oder drei Sätze wörtlich hinschreiben und ablesen. Sie überwinden damit die »Adrenalin-Schwelle« (Lampenfieber). Der Hauptteil sollte aus Schlüsselworten bestehen, die Sie mit Ergänzungen in Stichworten versehen können. Der Schluß muß – und das ist sehr wichtig – stets eine Zusammenfassung enthalten. Damit diese auch glückt, ist es empfehlenswert, den Schluß ebenfalls wörtlich in zwei, drei Sätzen hinzuschreiben und vorzulesen. Bewährt hat sich auch, daß hinter die einzelnen Schlüsselworte die Zeit in Minuten geschrieben wird, die Sie für den Vortrag benötigen. Zur Zeitkontrolle können Sie z. B. Ihre Armbanduhr verwenden, die Sie neben Ihr Manuskript legen (nicht empfehlenswert: das ständige Blicken auf die Armbanduhr an Ihrem Arm).

Manuskriptrede

Diese Redeform ist die langweiligste, weil sie Vorlesungscharakter hat und die emotionale Wirkung von Stimme, Sprache und Gestik verloren geht. Wer schon mit einem dicken Bündel Papier zum Rednerpult schreitet, gehört zu denen, die das Recht oder die Aufgabe haben zu reden, aber nicht die Gabe. Es gibt aber auch Fälle, wo es auf korrekte Formulierungen ankommt (juristische Auslegungen, Zitate usw.). Daß diese Redeform so ermüdend ist, liegt vor allem an der falschen Vortragstechnik »nur ablesen ohne hochzusehen«. Man spürt förmlich, wie sich Referenten/innen ans Manuskript klammern und Angst haben, »den Faden zu verlieren«.

Es gibt eine einfache Technik (Aufnehmen und Vorlesen), die geeignet ist, auch eine Manuskriptrede fast als eine freie Rede zu halten:

1. Nehmen Sie einen Satz (oder Satzteil) auf.
2. Sprechen Sie diesen zu den Zuhörern, und nehmen Sie – kurz vor dem Ende
3. … den nächsten Satz wieder auf, sprechen ihn, usw.

Nach einigen Übungen wird es Ihnen gelingen. Wichtig dabei: Die Sätze dürfen nicht zu lang sein, und der Text sollte in kurzen Blöcken mit Abständen geschrieben werden. Ein kleines Hilfsmittel: Numerieren Sie die Blöcke und schreiben Sie vor die jeweiligen Blöcke die laufende Nummer. In Ihrem Unterbewußtsein wird die jeweilige Zahl gespeichert, so daß Sie sich auch bei Unterbrechungen usw. schnell wieder zurechtfinden.

6. Dialektik für Frauen

6.1 Dialektik – die Kunst zu überzeugen. Aber von was?

Wertfrei meint Dialektik die Kunst, die zwischen verschiedenen Standpunkten versteckte Wahrheit durch Rede und Gegenrede zu suchen, insbesondere das Aufdecken von Widersprüchen. Kurz gesagt: Es ist die Kunst zu überzeugen. Doch wovon soll jemand überzeugt werden? Von der Wahrheit oder der Unwahrheit? Beides ist »logisch« möglich. Und damit ist angedeutet, daß es »faire« und »unfaire« Dialektik geben kann. »Ein Mensch von bestechender Dialektik« – aber ist diese fair oder unfair? Sagt dieser die Wahrheit bzw. interessiert er sich dafür, oder will dieser nur »seinen Standpunkt« durchsetzen? Wie läßt sich das feststellen, welche Abwehrmöglichkeiten gibt es für Sie, und läßt sich Dialektik »erlernen«? Mit Antworten auf diese Fragen befaßt sich das folgende Kapitel.

Zunächst sind zwei zentrale Begriffe angesprochen: Logik und Wahrheit in der Dialektik. Zunächst einmal zum Begriff »Dialektik« selbst. Ebenso wie die Rhetorik galt die Dialektik bei den »alten Herren aus Griechenland und Rom« als Gipfel der Bildung. Aus der »Kunst, gut zu reden« (ars bene dicendi) in der Antike hat sich über unterschiedliche Formen in den Jahrhunderten heute ein breites Feld der »Gebrauchsrhetorik und Dialektik« herausgebildet, welches z. B. im Geschäftsleben und in der Politik zeitgemäße Ausdrucksmittel miteinander verknüpft. Mit der klassischen Rhetorik und Dialektik zur »Wahrheitsfindung« hat das nur noch wenig zu tun, und eine rein akademische Vermittlung der Rhetorik ist für das tägliche Geschäftsleben schlicht unbrauchbar.

In der Politik, in der ohnehin andere Maßstäbe gelten, hat stets *der* den Erfolg, der ein gerissener Fuchs ist, weil es für ihn immer mehrere »Wahrheiten« gibt, mit denen man Wähler täuschen und die Ehrlichen und Redlichen kräftig übers Ohr hauen kann. Entsprechend hat die Rhetorik und Dialektik der meisten Politiker einen »schlechten Ruf«. Daß das nicht immer so war, zeigt ein kurzer historischer Rückblick. Ausgangspunkt der Rhetorik war ein bis heute ungelöstes Problem: das Naturrecht. *Heraklit von Ephesus* (griech. Philosoph, 550–480 v. Chr.) lehrte den *Wandel aller Dinge als ständige Aufeinanderfolge und Ablösung von Gegensätzen.* Hierunter war zu verstehen, daß zwischen menschlicher Ordnung und natürlichem Sein eine wesensmäßige Einheit bestehe, die Heraklit als Einheit von Nomos (Gesetz, Sitte, Ordnung etc.) und Physis so lehrte: *»Alle menschlichen Gesetze nähren sich aus dem göttlichen Einen.«* Der griechische Philosoph Aristoteles (384–322 v. Chr.), dessen universales Werk Grundlage für die abendländische Philosophie ist, entwickelte zur Dialektik den »Syllogismus« als »Schlußkunst«, bei der alle Beweise logisch und schlüssig vorgetragen werden mußten. Nach dieser Vorgehensweise wurde von zwei vorangegangenen Aussagen verbindlich auf eine dritte Aussage als Beweis geschlossen. Ein Kontrahent mußte nun entweder die logische Schlüssigkeit angreifen und »besiegen«, oder er hatte die Möglichkeit, zu einer der vorausgegangenen Aussagen einen »Beweis« zu fordern, der dann von dem »Angegriffenen« wiederum in der gleichen, syllogistischen Vorgehensweise erbracht werden mußte.

Man stelle sich eine solche Vorgehensweise perfekter dialektischer Kunst, in der allein das größere Wissen, die Beherrschung der Logik und die Beweiskraft der Argumente als objektivste Technik zur Wahrheitsfindung die »Regel« ist, heute in einem Politikergespräch vor! Unvorstellbar. Die heutige Regel lautet: Mediengerechte, psychologische, manipulative, wähler- und effektheischende Selbstdarstellung. Wegen »Gottlosigkeit« wird heute niemand mehr verurteilt. Anders der griechische Philosoph Protagoras (480–410 v. Chr.), der als bedeutendster Sophist mit der Maxime »Der Mensch ist das Maß aller Dinge« neue Fragen nach der »Wahrheit« schuf. Die Sophisten des antiken Griechenlands lehrten, daß es keine »alles überragende Wahrheiten« gebe, sondern nur eine »relative, auf den Menschen bezogene Wahrheit«. Erst zufolge der Mehrheit, die nur durch Überzeugung oder Überredung der anderen mittels der Rhetorik gewonnen wird, wird sie zur »absoluten Wahrheit«. Danach war also die Mehrheitsmeinung der

Maßstab für die Wahrheit, geschaffen durch die Rhetorik. Doch wer wüßte heute nicht, daß auch die Mehrheit unrecht haben kann, weil sie z. B. durch Massenmedien manipuliert wurde. Der »Sophismus« gilt darum heute als ein Scheinbeweis und Trugschluß, der mit Täuschungsabsichten gemacht wird. Ein »Sophist« ist heute jemand, der in geschickter und spitzfindiger Weise etwas mit Worten zu beweisen versucht, ebenso wie der »Rabulist«, der in spitzfindiger, kleinlicher, rechthaberischer Weise argumentiert und dabei oft den wahren Sachverhalt verdreht. So bleibt nur festzuhalten, daß zu allen Zeiten Menschen versucht haben, andere Menschen durch das gesprochene Wort zu überzeugen, zu beeindrucken, zu führen – aber auch zu *ver*führen.

Die hehren Maßstäbe griechischer Debattierkunst zur Wahrheitsfindung gelten heute weder in der Politik noch in Wirtschaft, Kirche oder Gesellschaft, sondern bestenfalls in akademischen Zirkeln. Es geht, wer wüßte das nicht, auch nicht mehr darum, die »Wahrheit zu finden oder der Wahrheitsfindung zu dienen«, sondern im Kern einzig und allein darum, Macht zu bekommen und zu erhalten, das Patriarchat und Pfründe zu sichern und ohne Rücksicht recht zu bekommen. Daß dieser »Kern« allerdings mit »demokratischen, sozialen, menschenfreundlichen, ehrlichen« Falsch- und Lügenpackungen von Gruppen bzw. Personen jeglicher Couleur kaschiert wird, ist hinreichend bekannt. Geblieben sind aus den antiken und mittelalterlichen Ansprüchen zur Wahrheitsfindung nur die Bezeichnungen »Rhetorik und Dialektik« – die Ansprüche selbst sind in des Wortes doppelter Bedeutung »antik‹ und ›mittelalterlich«. Es hat darum auch keinen Zweck, eine »zeitgemäße« Definition für diese historischen Begriffe zu finden, denn sie würde – wie immer sie lautete – den ursprünglichen Vorstellungen zur Wahrheitsfindung blanken Hohn sprechen.
Begnügen sollten wir uns mit der einfachen Definition:
Dialektik ist die Kunst zu überzeugen,
wie und mit welchen Mitteln das auch immer geschieht. Hinter dieser kurzen Definition verbirgt sich dennoch ein faszinierendes Gebiet, welches als Spiel von Frage und Antwort zur Wahrheitsfindung über die mißbräuchliche Verwendung, um das Falsche wahr und das Wahre falsch erscheinen zu lassen, reicht.

Die heutige Dialektik läßt sich grob in faire und unfaire Dialektik einteilen. Beide Formen können sowohl auf der Sach- als auch auf der Beziehungsebene bzw. auf beiden Ebenen eingesetzt werden. Die Grenzen sind dabei fließend; es ist nicht möglich zu behaupten, Vorgehensweise A sei ausschließlich fair und B unfair. Das mag bereits an der groben Einteilung »fair/unfair« liegen, die schon ein Werturteil impliziert: Fair ist das, was gut – unfair das, was schlecht ist. Eine Relativierung ergibt sich dann, wenn nach dem »Ziel« gefragt wird: Was soll durch Dialektik erreicht werden? Soll z. B. der »Wahrheit« zum Siege verholfen werden, unabhängig davon, wer sie vertritt – und was ist dann »die Wahrheit«? Ein baden-württembergischer Ministerpräsident schwäbelte einst über das Verhältnis des nationalsozialistischen Rechts zum heutigen Recht: *»Was damals Recht war, darf heute nicht Unrecht sein!«*

Gibt es z. B. eine »absolute« und eine »relative« Wahrheit? Oder reicht statt »Wahrheit« die »Gewißheit«? Die Erreichung der Gewißheit auf dem Wege der Wahrheitsfindung wird von vielen Zeitgenossen als höchste Stufe der Erkenntnis vertreten, weil »absolute Wahrheiten« nicht erreichbar sind. Doch die Gewißheit ist ein psychischer Zustand, der es schwer (und oft unmöglich) macht, das »Wissen, welches man hat« anzuzweifeln und in Frage zu stellen. Entscheidend ist allerdings, *wie, durch wen, auf welchem Wege und mit welchen Mitteln* dieses »Wissen« erworben und demzufolge »überzeugt« wurde. Wurde man überzeugt oder wortreich »überredet«? Wenn Überzeugung erreicht werden soll, dann muß versucht werden, den Gegner mit eigenen Erkenntnissen auf »logisch-dialektischem Wege« so zu beeinflussen, daß es bei ihm über die »Wahrscheinlichkeit« zu einer steigenden Gewißheit und damit zur »Überzeugung« kommt, daß unsere Position die richtige ist. Doch damit wurde zweifelsfrei »manipuliert« – also ist selbst faire Dialektik selbstverständlich auch »Manipulation«, gleichgültig, ob diese nun durch eigene, ehrliche Überzeugung oder durch »Recht-haben-Wollen um jeden Preis« erfolgt. Unfair wird in diesem Zusammenhang alles das, was auf der Ebene der emotionalen Beziehungen meist mit persönlichen (unfairen) Angriffen verbunden wird.

Um Dialektik erfolgreich in der Praxis anzuwenden, muß diese **in der Grundform einfach** sein – das ist eine ganz zentrale Erkenntnis aus unseren Seminaren, die »die Kunst des Überzeugens« zum Inhalt hatten. Und zwar nicht deswegen, weil den Teilnehmern die Materie generell »zu kompliziert« war oder nicht verstanden wurde, sondern einzig aus dem Grund, weil jede Diskussion und Argumentation emotional besetzte Werte und Aspekte hat. Emotionen aber verdecken und verhindern sehr oft eine logisch-nüchterne Vorgehensweise. Damit soll klar gesagt werden, daß ein einfaches »Übertragen« unserer Empfehlungen zur Vorgehensweise in der Dialektik (und ebenso ihre Abwehr!) in die Alltagsrhetorik nicht »funktionieren« kann. Erst das ständige Üben bringt den erwünschten Erfolg. Enorm wichtig hierbei: Verschaffen Sie sich ständig kleine Erfolgserlebnisse, und lassen Sie sich von »Mißerfolgen«, ob anfänglich oder später, nicht demotivieren!

Ein weiterer Aspekt muß im Zusammenhang »Erlernen dialektischer Gesprächsführung« aufgezeigt werden, der einer alltäglichen Erfahrung entspricht. Als besonders »fatal« im Sinne von »störend« erweist sich nämlich stets das »Vor-Urteil«, daß Schlagfertigkeit grundsätzlich als Zeichen besserer Disputationskunst angesehen wird. Das stimmt so nicht. Schlagfertigkeit ist zwar eine »rhetorische Gabe«, die bis zu einem gewissen Grad »trainiert« und als ein Zeichen der Überlegenheit gesehen werden kann, aber sie kann auch eine »Falle« sein. Sie wird sogar zu einer sehr üblen, folgenschweren Falle, wenn der Schlagfertige in seine eigene (schlagfertige) Fähigkeit »verliebt« ist und im Grunde darauf hofft und alles darauf abstellt, »mit einem Schlag fertig zu sein« (oft zu beobachten übrigens bei Menschen mit »Mutterwitz«). Als »Sieger« verläßt der Schlagfertige aber nur dann den Platz, wenn er ein »Publikum« hat, welches generell Schlagfertigkeit als Maßstab für einen Diskussionssieg wertet.

Zunächst zum Aufbau einer dialektischen Gesprächsführung, die wir anhand der einfachen Betrachtungsweise beginnen wollen, daß die Dialektik von drei zentralen Ansatzpunkten ausgeht:

1. Wahrheit,	die oft nicht voll genannt wird und Wahrscheinlichkeit, die in unterschiedlichen Stufen zur Gewißheit führt, die es als psychischer Zustand schwermacht, eine Aussage zu bezweifeln.
2. Logik	als reiner Denkakt, der zur Wahrheit keine Stellung nimmt.
3. Schlagfertigkeit	als rhetorische Sprachspiele, die Aussagen in die richtige Sprache »verpacken« und/oder die bewußt verwirrend, irreführend etc. dazugehören und (meist emotional) eingesetzt werden.

Zur »Wahrheit«

Bekannt ist, daß Halbwahrheiten meistens gefährlicher als Lügen sind. Der Grund ist sehr einfach. Wir Menschen »suchen« seit unserem Bestehen stets nach der Wahrheit. Je vielfältiger, umfangreicher und somit »erdrückender« die Informationen sind, die uns auf diesem Wege zur Wahrheit »begleiten«, uns »›wahrhaft« lenken oder irritieren sollen, um so mehr sind wir bereit, ja oft »dankbar«, Anhaltspunkte aufzugreifen, nach denen wir auf diesem Weg »gesucht« haben. Sie erleichtern uns die »Gewißheit«, auf dem »richtigen Wege« zu sein. Wenn auch das letzte »Quentchen Wahrheit« stets fehlt, so wird es die meisten Menschen nicht daran hindern, das bisher Erfahrene als »die Wahrheit« zu erkennen. Zwar würde kein vernünftiger Mensch sich mit dem Argument jenes Bankangestellten zufriedengeben, der seinem Kunden, welcher 1000 DM in Markstücken forderte, aus einem Geldhaufen 800 DM vorzählte, und den Restbetrag mit der Bemerkung rüberschob: *»Die 800 DM haben gestimmt, also wird der Rest auch stimmen!«* Doch in der »Suche nach Wahrheit« begehen wir in unserer Argumentation stets diesen Fehler. Es mag auch eine Rolle spielen, daß wir nicht immer bereit sind, die Mühen eines gänzlichen Beweises auf uns zu nehmen, und statt dessen nur bestimmte Informationen aufnehmen. Dadurch ist zu verstehen, daß Halbwahrheiten, die bestimmte Schlüsselreize implizieren, von uns besonders »gefiltert« und »empfangen« werden. Werden diese dann in eine »logische Schlußfolgerung« eingebunden, besteht für die meisten Menschen kein Zweifel mehr an der Wahrheit der Gesamtaussage – obwohl sie nur den Zustand der »Gewißheit« erreichen. Unschwer ist also zu erkennen, daß die Einbindung von Halbwahrheiten in den logischen Zusammenhang einer Argumentation hervorragende Manipulationsmöglichkeiten eröffnet.

6.2 Frauen sind unlogisch? Darauf bauen wir …!

Was heißt bitte **»wir«**? Männer oder Frauen?
Zunächst die Männer. Daß Frauen mehr gefühlsorientiert statt logisch denken und argumentieren, ist – übrigens nicht nur unter Männern (!) – ein weitverbreitetes Vorurteil. Männer denken logischer, sagt man(n). Und weil – »ganz offensichtlich und beweisbar« – Logik der Wahrheit näher ist als das Gefühl, ist die Frage »recht oder unrecht zu haben« präjudiziert. Natürlich zugunsten der Männer. Das erklärt u. a., warum es nahezu ausnahmslos Männer waren und sind, die Gesetze machen, die Frauen betreffen …
Doch heißt »logisch« auch gleichzeitig »wahr«?
Das Vorurteil »Frauen können nicht logisch denken« bringt verständlicherweise viele Zeitgenossinnen auf die Palme. Es ist ebenso diskriminierend wie:
Frauen können nicht Auto fahren!
Frauen verstehen nichts von Politik!
Zum Führen gehört ein Mann!
Frau und Technik passen zusammen wie Igel und Türklinke!
Usw.
Autofahren, Politik, Führung, Technik und andere Männerdomänen wurden erfolgreich auch von Frauen besetzt. Das Vorurteil »Frauen und Logik« ist geblieben. Das Gekreische militanter Feministinnen fördert dieses Vorurteil noch und vergrößert den Abstand zum gemeinsamen Konsens zwischen Mann und Frau. Dieser Weg kann wahrlich nicht empfohlen werden. Dennoch müssen sich Frauen auch gegen dieses Vorurteil wehren. Doch warum nicht der folgende Weg für Frauen:

1. *Sich selbst mit den Regeln der Logik vertraut machen (d. h. wissen und erkennen, wie man[n] manipuliert und argumentiert).*
2. *Die Männer glauben lassen, daß das Vorurteil stimmt (also darauf »aufbauen«).*
3. *Mit den gleichen Waffen zurückschlagen bzw. wirksame Abwehr betreiben.*

Die **Logik** ist das »Herzstück« der Dialektik und wird von den meisten Menschen als **Straße zur Wahrheit** empfunden; entsprechend wird der logisch denkende Mensch geachtet und bewun-

dert. Menschen, die einen logischen Zusammenhang nicht verstehen, werden von ihren Kontrahenten mit dem Urteil »blöd, dumm, begriffsstutzig« etc. stigmatisiert. Unter klassischer Logik verstehen wir die Lehre vom Begriff, vom Urteil und vom Schluß, wobei insbesondere die *»conclusio«*, die Konklusion (Schlußfolgerung), besondere Aufmerksamkeit erfordert.
Die Regel in der sprachlichen Logik ist der **»Syllogismus«**, ein logischer Dreisatz, dem zufolge von zwei vorhandenen Aussagen verbindlich/logisch auf eine dritte Aussage (Konklusion) geschlossen werden kann. Dazu ein bekanntes Beispiel:

*** Nichts ist besser als das Himmelreich.
*** Ein warmes Bier ist besser als nichts.

*** Folglich ist ein warmes Bier besser als das Himmelreich.

Mit solchen einfachen Beispielen des sprachlich-logischen Dreisatzes läßt sich eine »Menge Unsinn« anstellen, weil die Schlußfolgerung nach den vorhergegangenen Sätzen und der Ableitung »logisch«, aber eben nicht ›wahr‹ ist. Hinzu kommt, daß sprachliche Begriffe, Wörter, Namen, Bewertungen usw. emotional besetzt oder mehrdeutig sein können (Ambiguität). Dazu zwei Beispiele, in denen jeweils das Wort »Fuchs« und »Schlange« mehrdeutig verwendet werden:

*** Der Fuchs ist ein Vierbeiner.
*** Der Chef ist ein Fuchs.

*** Folglich ist der Chef ein Vierbeiner.

Oder:

*** Die Schlange ist ein Kriechtier.
*** Die Chefsekretärin ist eine Schlange.

*** Folglich ist die Chefsekretärin ein Kriechtier.

Auf diese Art läßt sich aus einem normalen Betrieb mit Menschen ein ganzer Zoo machen. Entstehen kann dieses aber nur darum,

weil Syllogismen eine gewisse Gläubigkeit erzeugen, indem sie vertraute Positionen oder Begriffe in einen logischen und damit (scheinbar) wahren Zusammenhang stellen. Daß damit einer trefflichen Manipulation Tür und Tor geöffnet wird, versteht sich von selbst.
Man kann nun die Schlußfolgerung aufgreifen und den logischen Dreisatz weiterführen – bis zum Nonsens:

»Nichts ist besser, als das Himmelreich.
Eine flinke Frau ist besser als nichts.
Folglich ist eine flinke Frau besser als das Himmelreich!«

Das läßt sich »frauenfreundlich« und logisch weiterführen:

»Nichts ist besser als eine flinke Frau.
(Das wurde ja gerade bewiesen!)
Ein lahmer Autor ist besser als nichts.
Folglich ist ein lahmer Autor besser als eine flinke Frau …!«

Entscheidend – neben der logischen Ableitung – ist vor allem, daß die Anfangsaussagen »akzeptiert« werden. Diese Akzeptanz ergibt sich aus der Einbindung von Allgemeinweisheiten, gültigen Normen und Wertmaßstäben oder auch speziellen Erkenntnissen bzw. Weisheiten.
Dazu gibt es eine Vielzahl von Vorgehensweisen, die wir aus Gründen der Praxisorientierung auf zwei beschränken wollen. Um sich gegen faire und unfaire Dialektik »wehren« zu können, ist es nämlich nicht erforderlich, alle Varianten zu kennen, sondern vor allem ist es wichtig, daß die prinzipielle Vorgehensweise »Dialektik« erkannt wird. Dazu wollen wir zwei Grundformen darstellen:

1. Deduktion
2. Induktion.

6.2.1 Vom Allgemeinen auf das Besondere schließen (Deduktion)

Die Deduktion ist die erste (und in der Praxis üblichste) Grundform des logischen Schließens. **Deduktion schließt vom Ganzen auf einen speziellen Teil bzw. vom Allgemeinen auf das Besondere.** Mit Hilfe der logischen Regeln des Schließens können aus wahren oder wahr angenommenen Aussagen weitere Aussagen abgeleitet (deduziert) werden, die dann ihrerseits für weitere Deduktionen benutzt werden können.

Die Anwendung der Deduktion setzt **Anfangsaussagen** (Axiome) voraus, die ihrerseits nicht abgeleitet oder bewiesen werden. Üblicherweise werden solche Aussagen vorangestellt, die allgemein bekannt und/oder glaubhaft sind. Ein besonders erfolgreicher Weg ist dann gegeben, wenn es gelingt, vieldeutige Begriffe, Allgemeinplätze, gültige Werte und Normen etc. in die Axiome »einzubauen«, die zwar jeder kennt, zu denen aber meistens Definitionen nicht erwartet werden, weil diese Begriffe Allgemeinwerte besitzen, wie z. B. Heimat, Vaterland, Gerechtigkeit, Wahrheit, Demokratie, Frauenrechte, Rechtsstaatlichkeit, Ehrlichkeit, offene Gesellschaft, Nächstenliebe etc. Solche Begriffe sind mit Werten besetzt, aber **ein Wert kann bekanntlich hoch oder niedrig sein**. Als Beispiel dazu der Begriff »Heimat«. Keine andere Sprache dieser Welt kennt diesen Begriff so, wie wir ihn »kennen und werten«, und er kann auch in keine andere Sprache so übersetzt werden, daß dann darunter das Phänomen verstanden wird, das wir unter »Heimat« verstehen. Aber was »verstehen« wir konkret darunter? Auch die deutsche Sprache hat dafür keine einheitliche, allgemeingültige Definition, weil die Werte und Normen, die an diesen Begriff gebunden sind, einfach zu unterschiedlich von jedem Menschen verstanden werden. Ähnlich verhält es sich mit anderen Begriffen, die Allgemeinplätze beschreiben. Die Verwendung dieser Begriffe ist also nicht nur ungefährlich, unverfänglich, sondern sogar sehr nützlich, weil sie meistens moralisch gültige Wertmaßstäbe implizieren. Auch die Emotionalitäten, die diese Begriffe auslösen, spielen eine große Rolle, z. B. »Ausländerfeindlichkeit« (wer will das schon?) oder »Frauenrechte« (wer will das nicht?).

Entscheidend in der deduktiven Vorgehensweise ist also, daß – vereinfacht – »Allgemeinweisheiten« verwendet werden. Die Grundform der Deduktion ist wiederum der sprachliche Dreisatz, gebildet aus

a) **dem 1. Obersatz** (meistens eine Allgemeinweisheit) und
b) **dem 2. Obersatz** (meistens eine spezielle »Weisheit«), der dann zur
c) **Konklusion** (Schlußfolgerung)

herangezogen wird. Hierzu das Beispiel:

1. Obersatz:	**Alle Menschen sind sterblich.**	(Allgemeinweisheit) ↓
2. Obersatz:	**Auch der reichste Mann der Welt ist ein Mensch.**	(spezielle Weisheit)
Konklusion:	**Also ist auch der reichste Mann der Welt sterblich.**	

Es ist nun wichtig, daß der Gegner auf eine **»gedankliche Schiene«** gebracht wird, die – weil es eine Allgemeinweisheit ist – nicht verdächtig erscheint und meistens vom Gegner widerspruchslos akzeptiert wird. Dazu das Beispiel:

1. Obersatz:	**Alle Vögel können fliegen.**	(Das weiß doch jeder!)
2. Obersatz:	**Der Sperling ist ein Vogel.**	(Das weiß auch jeder!)
Konklusion:	**Folglich kann der Sperling fliegen.**	(Das ist logisch!)

Das ist zwar immer noch ein banales Beispiel, aber den meisten Teilnehmern unserer Rhetorik- und Dialektik-Seminare war bis jetzt nichts aufgefallen – und doch wurden sie hinter das berühmte Licht geführt, weil sie in eine erste, kleine Falle getappt waren. In diesem Beispiel wurde nämlich als 1. Obersatz eine Allgemeinweisheit vorangestellt, über die kaum einer nachdachte, weil »Vögel eben fliegen können«. Erst als der logische Dreisatz durch einen neuen 2. Obersatz geändert wurde, »fiel der Groschen«:

*** **Alle Vögel können fliegen.**
*** **Der Strauß ist ein Vogel.**

*** **Folglich kann der Strauß fliegen ...** (Kann er das?)

Er kann es nicht, wie wir alle wissen, und es gibt mindestens fünf weitere Tierarten, die als »Vögel« bezeichnet werden und nicht fliegen können. So lösten auch die nächsten Beispiele prompt Einsprüche aus, obwohl wieder von einer (glaubwürdigen) Allgemeinweisheit ausgegangen wurde:

*** **Schwangerschaften dauern neun Monate.**
*** **Gabi ist schwanger.**

*** **Folglich dauert Gabis Schwangerschaft neun Monate.**

Das nahmen die Teilnehmer schon nicht mehr widerspruchslos hin: *»Es gibt auch Sieben-Monats-Schwangerschaften oder Fehlgeburten nach x Wochen«, »Gabi kann sich ja bereits im fünften Monat befinden, dann stimmt die Konklusion nicht mehr«, »Mit ›Ärzte-Zuschlag‹ dauern Schwangerschaften 40 Wochen«*, usw.

Niemand wird natürlich Argumentationen so simpel vortragen. Doch betrachten Sie die Beispiele in ihrer Art als »Knochengerüst«, um das noch »Fleisch gesprochen« werden muß (verbindende Worte). Dann wird daraus eine erstaunlich logisch-dialektische Argumentation, der man sich nur schwer entziehen kann.

Wie läßt sich nun Dialektik erkennen?
Der erste wichtige Schlüssel zum Erkennen eines dialektischen Redeaufbaus ist die Verallgemeinerung im 1. Obersatz (deduktive Methode). Das ist in einfachen Beispielen, wie diese dargestellt wurden, ohne weiteres möglich. Sobald die Beispiele aber komplizierter und mit entsprechender Rhetorik vorgetragen werden, wird das schwieriger. Hinzu kommt etwas sehr Wesentliches: Sie müssen auf das Erkennen einer dialektischen Vorgehensweise (in diesem Fall Deduktion) »trainiert« sein, also die »richtigen Antennen« haben. Das ist zwar theoretisch möglich, in der Praxis

aber müssen Sie davon ausgehen, daß es in einem längeren Gespräch mit einem versierten Dialektiker kaum gelingt, jede dialektische Falle zu erkennen und zu umgehen. Auch in der Literatur finden sich unzählige Beispiele dialektischer Vorgehensweisen, die erst nach mehrmaligem Lesen »enttarnt« werden können. Wie sollte das unmittelbar und sofort z. B. erst in einem Streitgespräch geschehen? Wer aufmerksam z. B. eine politische Diskussion mit geschulten Rednern im Fernsehen verfolgt, wird – wenn wir ehrlich sind – beiden Redeparteien gute Argumentationsführung bescheinigen. Und wer wäre nicht schon einmal in die »Sowohl-Als-auch«-Position geraten, weil jede Partei eine Argumentation vorbrachte, mit der wir uns identifizieren konnten?

Doch wenn man die Video-Aufzeichnungen sehr interessanter Diskussionen unter dem Aspekt *»Wurde sachlich argumentiert oder manipuliert, und, wenn ›ja‹, wie wurde manipuliert?«* nochmals abspielt, kommt man in den meisten Fällen zu der Erkenntnis, daß die Zuhörer auf eine »gedankliche Schiene« gebracht wurden. Das heißt konkret, der Disputant versuchte (oft erfolgreich), mit bestimmten Begriffen, die einem anerkannten Wert- und Normensystem entsprachen, die Zuhörer zu zwingen, in einer bestimmten Richtung zu denken. Diese ›gedankliche Schiene‹ kann aber eher mit **»Locken auf eine falsche Fährte«** bezeichnet werden. Ausgangspunkt ist die Unterscheidung
a) Autorität … und
b) autoritär.

Eine »Autorität«, so meine Argumentation, hat es im allgemeinen nicht notwendig, »autoritär« aufzutreten. Wer aber »autoritär« auftritt, will entweder etwas verbergen, verdecken (z. B. eigene Unvollkommenheit) oder hat eine hohe Prestige- bzw. Machtmotivation. Es ist sehr wichtig, daß dieses erkannt und darauf »reagiert« wird. Der Volksmund sagt zwar: *»Bangemachen gilt nicht!«*, aber in der Praxis sieht das ganz anders aus. Oftmals betritt eine Person den Raum – und plötzlich ist dieser Raum »ausgefüllt«, scheinbar ist kein Platz mehr vorhanden für eigene Individualitäten (wer wüßte nicht, wie wichtig der gelungene Auftritt generell ist). Und wer wüßte nicht, wie viele Zeitgenossen sich eben dadurch blenden und beeindrucken lassen. In den meisten Fällen spielt auch das Drumherum, die Situation, in der sich andere befinden und durch die man zwangsweise geschleust wird, eine große Rolle: der junge Reporter, der die Chance erhält, endlich den Minister interviewen zu können, oder der Journalist, der zum Herrn Intendanten gerufen wird, oder die nachgeordnete Mitarbeiterin, die zum Big Boss bestellt wird, oder der bislang unbescholtene Bürger, der plötzlich vor Gericht zitiert wird ... usw. Wer hätte als Normalverbraucher nicht ein Schmetterlingsflattern in der Magengegend? Und wer – außer den stets besserwissenden Maulhelden – würde sich nicht von Respektspersonen, Situationen und Sachverhalten beeindrucken lassen?

Bereits an dieser Stelle muß also der Hebel angesetzt werden. Weder eine Autorität noch autoritäres Verhalten darf dazu führen, daß Sie sich als Frau einschüchtern lassen. Einschüchterung kostet den Verlust von Selbstachtung, Freiheit und nicht selten ... Geld. Das aber sind kostbare Güter, die nicht verschenkt werden dürfen.
Doch gerade mit diesen Mitteln arbeitet das Patriarchat. Wie immer »Autorität«, »autoritäres Verhalten« oder beides zusammen eingesetzt werden: Das Ziel ist, den Zustand (Herrschaft der Männerwelt) zu erhalten!

6.2.2 Vom Besonderen auf das Allgemeine schließen (Induktion)

Die Induktion ist die zweite Methode, die erläutert werden soll; sie führt vom besonderen Einzelfall auf das Allgemeine, Gesetzmäßige, um daraus die logische Schlußfolgerung zu ziehen. Es ist quasi eine »umgekehrte Deduktion«. Das Beispiel hierzu:

*** **Heinrich ist ein Mensch.** (Einzelfall)
*** **Alle Menschen sind sterblich.** (Allgemeinfall)

*** **Folglich ist Heinrich sterblich.** (Konklusion)

Die Induktion ist als Schlußverfahren wissenschaftlich strenggenommen zwar nicht zulässig, wird aber in der Regel akzeptiert, wenn zwischen der Zahl der Ausgangsfälle und der Zahl der Fälle, auf die geschlossen wird, eine bestimmte Relation besteht. Das ist z. B. in der politischen Diskussion anders, denn wer achtet in einer politischen Argumentation schon auf wissenschaftliche Akribie? Hier zählt einzig der Effekt, »wählerwirksam« ein Ziel zu erreichen. Als Beispiel sei die »Asylantendebatte« genannt. Zunächst einmal wird mit »Asylanten« ein Begriff verwendet, in dem eher negative Obertöne mitschwingen – im Gegensatz zu dem Begriff »Asylbewerber«. Wenn nun aber bereits mit weiteren, wertbesetzten Begriffen erkennbar werden soll, daß es Asylbewerber gibt, die sich nicht aus politischen, sondern aus wirtschaftlichen Gründen um »Asyl bewerben«, taugt der Begriff »Scheinasylbewerber« nichts. Wesentlich »besser«, weil negativer, klingt der Begriff »Scheinasylanten«. Daß es Menschen aus fremden Ländern gibt, die – obwohl sie dort politisch nicht verfolgt werden – mit ihren Mitteln und Möglichkeiten bei uns versuchen, auf wirtschaftlich besseren Füßen zu stehen als in ihrem Heimatland, ist bekannt (merkwürdigerweise wird dabei selten beachtet, daß die Industrienation Deutschland selbst vorwiegend auf den Export in fremde Länder ausgerichtet ist). Und natürlich ist auch bekannt, daß es »Betrüger« unter den Asylbewerbern gibt, die durch Tricks mehrfach »Sozialhilfe abkassieren«. Das kostet den deutschen Steuerzahler Millionen und läßt die Volksseele kochen. Weniger Beachtung findet da das Argument, daß alle diese »ergaunerten« Beträge zusammengenommen nicht höher sind als die Schmiergelder (pardon: Auftragsbeschaffungskosten ...), die mancher Groß- oder Rüstungskonzern für die Zuteilung lukrativer Aufträge zahlt. Woher mag das Geld wohl stammen ...?

Es gibt eine Fülle von Beispielen aus dem politischen Leben, die exemplarisch für die dargestellten Vorgehensweisen sind. Daß insbesondere Politiker-Beispiele verwendet werden, hängt einfach damit zusammen, daß diese via Massenmedien »frei Haus geliefert« werden und somit bekannt sind. Damit werden natürlich Politiker generell »›stigmatisiert«, d. h. gebrandmarkt. Umfragen aus dem Frühjahr 1994 belegen, daß das Ansehen aller unserer »Volksvertreter« einen bisher nicht gekannten Tiefststand hat. Verständlicherweise ist das bei Wirtschaftsmanagern anders, denn ihre Vorgehensweisen, die mitunter wesentlich härter, unsozialer und menschenunfreundlicher sind, werden der breiten Masse nicht bekannt. Somit ist die Gattung Manager, Wirtschaftskapitäne, Führungskräfte etc. eher hochgeachtet. Doch was oftmals an Frauenfeindlichkeit in allen Wirtschaftsbereichen hinter geschlossenen Türen geliefert wird, würde so manchen braven Bürger erschaudern und seine Politikerschelte vergessen lassen ...!

Es muß an dieser Stelle nochmals darauf hingewiesen werden, daß **Logik nur eine Denkart ist und zur Wahrheit keine Stellung nimmt** und darüber hinaus die Logik der Wahrheit oft einen Streich spielt. Das aber ist in der Männerwelt »Methode«. Hier ergibt sich allerdings ein fruchtbares Betätigungsfeld. Die Voraussetzungen dazu sind klar: Einerseits verfährt und argumentiert man nach z. B. streng logischen Gesetzen – und darf in nahezu allen Fällen erwarten, daß eine solche Ableitung auch als »logisch« angesehen wird. Wer beschäftigt sich schon ausführlicher mit den Fesseln der Logik, um sagen und mit populären Beispielen belegen zu können, daß streng logische Ableitungen auch eine Menge dummes Zeug produzieren können? Andererseits kann man meistens den streng logischen und einsichtigen Ableitungen nur mit der »eigenen Erfahrung« oder Einzelbeispielen begegnen, die das Gegenteil aussagen. Auf das häufige Argument der »eigenen Erfahrung« läßt sich aber kontern:

- *Erfahrung ist immer die Summe aller Irrtümer!*
- *Erfahrung ist immer etwas von »gestern« – und wir sprechen hier von »morgen«.*
- *Gegen die Erfahrung des Alters kann die Kreativität der Jugend gesetzt werden!*
- *Jedes Erfahrungsbeispiel kann mit einem Gegenbeispiel widerlegt werden!*

Männer produzieren »logische Verpackungen« als oft uneinnehmbare Festungen. Insbesondere verbal vorgebrachte deduktive Vorgehensweisen, Zirkelschlüsse, Analogieschlüsse usw. sind in der Hitze eines Gefechts kaum schnell zu entdecken, geschweige denn zu widerlegen – im Gegensatz zu schriftlichen Formulierungen, bei denen eine Analyse »in Ruhe« möglich und der Überrumpelungseffekt nicht ohne weiteres möglich ist. Doch je näher

»Hallo, ihr Beiden!
Wie wär's mit uns drei Hübschen? Ich hätte da 'ne tolle Idee ...!«

»Dann sagen Sie uns erst mal, was Sie wollen.
Und dann sagen wir Ihnen, was Sie uns können ...!«

der logische Beweis, d. h. die Konklusion, in Übereinstimmung mit Erfahrungsgrundsätzen des Lebens steht, desto schwieriger ist es, einen »logischen Fehlschluß« aufzuspüren.
Männer wissen: **Logische Konklusionen dürfen daher keine »Exoten« sein.**

6.2.3 Vom »hinkenden Vergleich« (Analogien)

»Wenn Sie auf das Problem X mit der Maßnahme Y reagieren, dann schießen Sie mit Kanonen auf Spatzen. Sie machen aus einer Mücke einen Elefanten! Kein vernünftiger Mensch wird dieses Problems wegen die Gerichte bemühen. Wir hatten damals doch einen vergleichsweise ähnlichen Fall, wo es auch darum ging, daß ...« usw. Wir alle kennen solche Vergleiche und wissen, was damit gemeint ist. Doch oft bekommen wir auch als Antwort zu hören, daß »die Vergleiche hinken«. Der Grund für diese Form der Argumentation ist, daß wir nach Analogien suchen. Darunter verstehen wir die Ähnlichkeit zweier Systeme in bezug auf ihre Funktion und ihre Strukturen, wobei – je nach Problemlage – eine teilweise Übereinstimmung ausreichen kann.

Ein Analogieschluß ist allerdings nicht zwingend, weil er nicht wahr sein muß, aber er eignet sich sehr gut dazu, schwierige Sachverhalte anschaulich zu erklären. Im Prinzip sind Analogien und die Schlüsse daraus vergleichbar mit Indizien und Indizienurteilen. Und die können richtig oder falsch sein, so wie eine Analogie fair oder unfair sein kann. Damit ist der Analogieschluß ein beliebtes Mittel, einen Gegner lächerlich oder unglaubwürdig zu machen. Das entscheidende Merkmal (oder besser: der Trick) dieser Vorgehensweise besteht darin, daß das vorangestellte Argument unbewiesen bleibt – die Analogie und der Analogie*schluß* aber sollen die Richtigkeit oder Falschheit eines Arguments durch bildhafte Vergleiche untermauern bzw. »beweisen«. Das hat zwar mit logischer Argumentation nichts zu tun, ist aber im Prinzip nicht unredlich. Satanisch wird es erst, wenn ein Gegner lächerlich gemacht oder verunglimpft werden soll. Dazu einige Sätze aus einem Fernsehinterview mit *Norbert Blüm* vom August 1980, in dem Blüm die Nichtanwendung des Ausbildungsgesetzes, welches die Sozialdemokraten erlassen haben, kritisiert:
»Der Staat hat so ein Ausbildungsgesetz erlassen, von dem die Sozialliberalen sich nicht trauen, es anzuwenden. Das ist so, wie wenn Sie eine Maschine kaufen, aber Angst haben, sie anzustellen, weil die Sicherung durchfliegt.«
Ebenfalls unfair handeln diejenigen, die im Vorsatz komplizierte Sachverhalte mit Fremdwörter zusätzlich verschleiern, sich also als »kompetenter Fachmann« präsentieren, und im Nachsatz den »kleinen Mann auf der Straße« mit einer kumpelhaften Sprache für ihre Ziele gewinnen wollen. Das Beispiel (1986, Minister *G. Stoltenberg*):
»Die Struktur der Steuerreform ist so determiniert, daß die Gewinne der Besserverdienenden kumulativ erfaßt und progressiv besteuert werden – also mehr Steuergerechtigkeit. ***Wenn Sie das ablehnen, dann erklären Sie mal dem Kumpel, der für sein Geld hart malochen muß, warum er vergleichsweise mehr Steuern zahlen soll, als z. B. ein Unternehmen!«***

Ein Beispiel mit »demagogischer« Wirkung, welches große Proteste bei der Opposition hervorrief, lieferte Heiner Geißler in bezug auf die Schulden, die von den Sozialdemokraten gemacht wurden:
»Wenn jeder Mensch seit der Geburt Jesu Christi 5,– DM Schulden

gemacht hätte, dann entspräche das dem Schuldenberg, den die Sozialdemokraten uns überlassen haben.«

Nun ist allerdings auch bekannt, daß Analogien und Beispiele stets »hinken« und daß das vom Diskussionspartner auch gesagt wird. Und oftmals ist frau mit einem Beispiel »geplatzt«, wenn es dem Mann gelingt, ein treffenderes Beispiel zu bringen. Eleganter und wirksamer ist daher die Verwendung von Zirkelschlüssen. Es wird das, was begründet werden soll, als bereits bewiesen vorausgesetzt. Der Volksmund sagt: *»Hier beißt sich die Katze in den Schwanz!«* Diese Vorgehensweise ist vergleichbar mit dem Satz: *»Ein Haus ist ein Haus, weil es ein Haus ist.«* Das ist zwar nicht falsch, aber es ergeben sich keine neuen Erkenntnisse, es ist eine »Scheinargumentation«. Dazu folgendes Beispiel:
»Daß gute Baukenntnisse und logisches Denken für die Ausübung des Architektenberufes unerläßlich sind, zeigt sich schon daran, daß zum Architekturstudium nur zugelassen wird, wer über einen entsprechenden Lehrabschluß im Bauhauptgewerbe und die Mittlere Reife verfügt.«

Daß für die Ausübung des Architektenberufes logisches Denken und Baukenntnisse erforderlich sind, ist sicherlich richtig. Diese Notwendigkeit allerdings von den Zulassungsbestimmungen zum Studium abzuleiten, ist ein Scheinargument, denn es wird die Behauptung mit sich selbst bewiesen. Es muß also, um keinen Zirkelschluß entstehen zu lassen, der Satz geteilt werden, und zwar z. B. wie folgt:
»Gute Baukenntnisse und logisches Denken sind für die Ausübung des Architektenberufes unerläßlich./ Zum Studium wird nur zugelassen, wer …« usw.

Doch sind Sie in der Lage, sofort einen Zirkelschluß erkennen zu können?

Mit der daraus zwangsläufig entstehenden Frage, was Sie tun können, um aus diesem »logischen Gefängnis« herauszukommen, ist auch die Frage nach der generellen »Abwehr« von logisch argumentierenden Gesprächspartnern gestellt.

6.3 Wirkungsvolle Abwehrtechniken für Frauen!

6.3.1 Mentale und psychologische Voraussetzungen

Dazu zählt:

daß Sie sich als Frau selbst moralisch aufrüsten:

»Und wenn die (Klassen-)Unterschiede noch so groß sind: ***Ich bin ich, und du bist du.*** *Wenn du mich nicht achtest, wirst du auch mein Recht nicht achten. Achte mich, und ich werde dich achten!«*

daß Sie sich als Frau Ihrer eigenen Kraft und Möglichkeiten bewußt werden:

»Ich kenne die Strategien, Taktiken und Tricks der Männer. Ich kenne auch die Möglichkeiten, mich als Frau dagegen zu wehren. Und auch ich kann angreifen …!«

daß Ihr Selbstwertgefühl gestärkt wird:

»Ich sitze hier nicht, weil du nur mit mir plaudern willst. Du willst etwas von mir, und ich will etwas von dir. Aber ich bin dir nicht untergeordnet. Wir reden, verhandeln und begegnen uns als Gleichberechtigte!«

daß Sie Selbstbewußtsein haben bzw. demonstrieren:

»Mit fiesen Tricks oder Männertaktiken lasse ich mich nicht aus der Fassung bringen oder nervös machen. Ich durchschaue deine Taktiken, weil ich sie kenne und den Mut habe, diese offenzulegen sowie die Legitimität zu hinterfragen. Ich weiß als Frau, was ich will!«

und daß daraus auch Selbstsicherheit entsteht:

»Es ist kein Naturgesetz, daß stets nur Männer bestimmen müssen. Als Mann bist du nicht mein Gegner, sondern mein Partner. Ich weiß, daß wir beide gewinnen können. Ich will das, aber ich werde als Frau auch auf der Hut sein!«

Wenn Sie sich als Frau in dieser wichtigen Voraussetzung nicht »stark genug fühlen«, dann sollten Sie sich nicht scheuen, Frauen-Seminare zu besuchen, um »Selbstbewußtsein« zu trainieren. Es gibt aber auch viele Möglichkeiten und Chancen gerade im täglichen Leben, als Frau Selbstbewußtsein zu trainieren (siehe Kapitel 2).

In diesem Buch ist ständig die Rede von »den Männern«. Doch ebensowenig, wie es die »typische Frau« gibt, gibt es den »typischen Mann«. Denn wäre es so, wäre es sehr einfach, Verhaltensgrundsätze aufzustellen. Die Männer- wie die Frauenwelt besteht aus unterschiedlichen Individuen, die nur schwer »typisiert« werden können, weil es »den Typen« nicht gibt; es sind zumeist »Mischtypen«. In meinen Seminaren stelle ich darum oft die folgenden »Typen« als »Gruppe 1« und »Gruppe 2« vor:

Gruppe 1:

Herr Choleriker

Herr Besserwisser

Herr Hochnäsig

Gruppe 2:

Herr Unentschlossen

Herr Nachdenklich

Herr Risikoscheu

»Wer bzw. welche Gruppe ist Ihnen als Gesprächs- oder Verhandlungspartner lieber?« Die Antworten sind stets gleich: Gruppe 2. Übliche Begründung: *»Die Typen der Gruppe 1 sind unsympathisch, unangenehm!«* Doch es gab auch einzelne Teilnehmer/-innen, die die Gruppe 1 favorisierten, und zwar mit der Begründung: *»Die kann man besser einschätzen. Da weiß man, woran man ist!«*

Mit diesem Beispiel soll der **Schwachpunkt in der Abwehr** angesprochen werden, denn es ist nicht leicht, mit den eigenen Gefühlen und Emotionen kontrolliert umzugehen. Es gibt Menschen, die »rasten« schon aus, wenn ihnen jemand mit arrogant-hochnäsiger Mimik entgegentritt. Andere regen sich auf, wenn ihnen jemand häufig widerspricht. Nur die wenigsten Menschen »haben die Ruhe weg« und können ihre Emotionen, was immer geschieht, unter Kontrolle halten. Doch das Kontrollieren Ihrer eigenen Gefühle und Emotionen ist Dreh- und Angelpunkt in der Abwehr – und der schwächste Punkt zugleich. Der wichtigste Hinweis für die Abwehr kann darum nur lauten:
Trainieren Sie höfliches Selbstbewußtsein.

Bringen Sie sich z. B. selbst in Situationen, die zwar ungefährlich, aber geeignet sind, diese notwendige Voraussetzung zu üben (z. B. in Diskussionen mit Bekannten, im Kollegenkreis usw.). Da es eine **Wechselbeziehung zwischen Selbstwertgefühl und Selbstbewußtsein** gibt, erwächst daraus auch die so notwendige Souveränität.

6.3.2 Das Grundprinzip »Abwehr«

Das Wichtigste ist, daß es ein Grundprinzip geben muß, mit dem man sich auch in »Notsituationen« erfolgreich wehren kann. Dieses Grundprinzip muß jeder Frau so in »Fleisch und Blut« übergehen wie der tägliche Gruß »Guten Tag«, »Grüß Gott« usw. Dieses Grundprinzip umfaßt drei Punkte:

1. **Als Frau die »richtigen Antennen« entwickeln,**
   d. h. nicht durch männliches Verhalten einlullen, unterbuttern oder über den Tisch ziehen lassen. Sie müssen erkennen, daß am männlichen Verhalten »etwas faul« ist, daß manipuliert wird, usw. ***Stichwort: Sensibilisierung!***

2. **Als Frau Selbstbewußtsein haben**
   und es auch demonstrieren – aber keine Überheblichkeit zeigen! So groß die Unterschiede zwischen dem männlichen Gegenüber und Ihnen auch sein mögen: ***ER ist ER, und SIE sind SIE! Wer Sie nicht achtet, wird auch Ihr Recht nicht achten!***

3. **Fragen, fragen und nochmals fragen,**
   denn nichts erschüttert eine taktische Argumentation mehr als das ständige Hinterfragen und permanente Infragestellen der Aussagen und Ansprüche. Lernen Sie, mit dieser schärfsten und wirkungsvollsten Waffe umzugehen. ***Regel: Weniger reden, gut zuhören, mehr fragen! Und FORDERN!!!***

Vielen Frauen ist vermutlich nicht klar, wie leicht sie die andressierte Führungsrolle der Männer mit hartnäckigen Fragen erschüttern können. Es sei denn, sie glauben tatsächlich, daß wir Männer gottgewollt »zur Führung geboren« werden. Wir werden nur dazu erzogen – und zwar durch Verhältnisse, die wir Männer uns über Jahrhunderte selbst geschaffen haben. Wir »erwarten und sind es auch gewohnt«, daß uns die Frauen folgen. Und damit stehen wir in unserer abendländischen Kultur nicht allein. In den meisten anderen Kulturen ist das Patriarchat das Maß aller Dinge. Und wenn sich die Herrschaft der Männerwelt **in allen Kulturen dieser Welt** unabhängig voneinander *so und nicht anders* entwickelt hat, kann unser heutiges Handeln doch nicht falsch sein!? Äh …, wie war das doch gleich mit der Dialektik (*deduktiver Ansatz*)?

Zum **Angriff** gilt:
Mit häufigen kurzen, knappen Fragen kann man Männer »aushebeln« und sie in eine »Erklärungsposition« bringen.

Zur **Verteidigung** gilt:

Hier wirkt die Methode der »Entlarvung«, d. h., zuerst muß die Methode entlarvt und kritisiert werden und dann erst der Redebeitrag bzw. die Behauptung des Mannes.

Bei **»Unterbrechungen«** gilt:

Nicht aus der Ruhe bringen lassen, sondern auf dem eigenen Redebeitrag bestehen, indem Sie z. B. sagen:

»Pardon, aber ich möchte meine Ausführungen im Zusammenhang darstellen!«

»Bitte stellen Sie diese Frage noch zurück, damit ich ...!«

»Worauf legen Sie mit Ihrer Frage jetzt besonderen Wert?«

Oder aber Sie »quittieren« die Unterbrechung mit der Bemerkung:

»Ich fahre dort fort, wo Sie mich unterbrochen haben!«

Oder Sie stören den Redefluß durch bewußtes, permanentes »Hineinreden« und fügen am Ende noch selbstbewußt (und frech!) hinzu:

»Und wie Sie gemerkt haben, lasse ich mich nicht beeindrucken, da ich Ihre Taktik des Dauerredens durchschaut habe!«

Mittelständler und Freiberufler klagen darüber, daß sie trotz massiven Ablehnens ständig und wiederholt von – mehr als lästigen – »Anlageberatern« angerufen und aufgefordert werden, ihr Geld mit »garantierten 25 %« anzulegen. Nun hat man(n) nicht immer die sehr wirkungsvolle Trillerpfeife neben dem Telefon liegen, die bei sexuellen Belästigungen am Telefon vielen Frauen schon geholfen hat, aber es gibt eine wirkungsvolle Methode, aufdringliche Telefonbelästiger abzufertigen:

Anrufer: *»Guten Tag. Hier Broker-Set in Hamburg. Wir möchten Ihnen einen Weg bieten, Ihr Kapital zu 25 % Zinsen pro Jahr in eine Anlage zu bringen, die ...!«*

Sie: *»Moment bitte, haben Sie drei Sekunden Zeit?«*

Anrufer: *»Oh, ja. Selbstverständlich.«*

Sie: *»Soviel Zeit brauchen Sie nämlich, um sich von mir zu verabschieden!«* ***(Hörer auflegen)***

Eine andere, sehr wirkungsvolle Abwehrmethode ist die **»Roger-Taktik«**. Sie geht davon aus, daß ein und derselbe Satz zur Abwehr ständig wiederholt wird. *J. J. Bambeck* (Soft Power, Wirtschaftsverlag 1989) gibt dazu ein amüsantes Beispiel und sagt, daß es »dabei wichtig ist, daß man auf keinen ausgeworfenen Köder anbeißt, auf keine Unterstellung, Provokation oder Schuldzuweisung reagiert, sondern konsequent, stereotyp und unbeirrt ein und denselben Satz variiert und wiederholt:
»Ich verstehe, was Sie meinen, aber ich bin nicht interessiert!«

Vertreter: *›Ich kann mir einfach nicht vorstellen, daß Sie, gnädige Frau, kein Herz für diese armen Kinder haben!‹*
Sie: *›Ich verstehe, was Sie meinen, aber ich bin nicht interessiert.‹*
Vertreter: *›Ich kann nicht glauben, daß Sie das Elend dieser Kinder nicht interessiert. Sehen Sie, mit diesem Abonnement ...!‹*
Sie: *›Ich habe verstanden, worum es geht, aber ich bin dennoch nicht interessiert.‹*
Vertreter: *›Darf ich fragen, ob Sie verheiratet sind?‹*
Sie: *›Ich verstehe, was Sie meinen, aber ich bin an keinem Abonnement interessiert.‹*
Vertreter: *›Sehen Sie sich dieses Magazin wenigstens einmal an. Ich kann Ihnen versichern ...!‹*
Sie: *›Ich habe verstanden, worum es geht, aber ich bin nun mal nicht interessiert.‹*
Vertreter: *›Sie haben doch Kinder, die wahrscheinlich schon zur Schule gehen?‹*
Sie: *›Ich verstehe völlig, was Sie meinen, aber ich bin nicht interessiert.‹*
Vertreter: *›Ich habe das Gefühl, Sie wollen mich auf den Arm nehmen.‹*
Sie: *›Ich kann Sie verstehen, trotzdem bin ich nicht interessiert.‹*
Vertreter: *›Kann ich mal Ihren Mann sprechen?‹*
Sie: *›Ich verstehe, aber ich bin nicht interessiert.‹*
Vertreter: *›Können Sie mir dann wenigstens sagen, welche Personen und Familien außer Ihnen in diesem Haus wohnen?‹*

Sie: *›Ich verstehe Ihr Anliegen, aber ich bin absolut nicht interessiert.‹*

Vertreter: *›Sagen Sie, können Sie nur mit diesem einen Satz antworten!?‹*

Sie: *›Ich kann Ihnen versichern, ich habe Sie verstanden, trotzdem bin ich nicht interessiert.‹* …

Und so weiter und so fort, falls der andere nicht längst aufgegeben hat oder vor Wut, daß seine tollen Verkaufstricks so einfach lahmgelegt werden können, ins Geländer beißt.«
Natürlich kann man nicht immer mit der »Roger-Methode« abwehren, sondern oft ist man ist gezwungen, zuzuhören. Dem »lieben Kollegen« kann man ja noch flapsig antworten: *»Sagen Sie mal, wollen Sie mir ein Ohr abkauen?«* Oder: *»Nehmen Sie erst mal die Hand aus der Tasche, wenn Sie mit mir reden, und buchstabieren Sie Acapulco!«*
Doch in »Gesellschaft« ist es besser, erst zuzuhören und dann »zuzuschlagen«:
»Toll, Herr Krause, was Sie sagten. Und jetzt fassen Sie das Ganze mal in einem Satz zusammen, ***ohne*** *Ihre Zuhörer zu nerven!«*
Schlimm sind allerdings die »pastoralen Typen«, die nervtötend mit belanglosem Blabla stets Langeweile verbreiten. Um nicht sanft in Morpheus' Armen zu entschlummern und den Abend zu retten, spielen Sie zunächst eine gewisse Aufmerksamkeit, um dann in eine Sprechpause »reinzuhauen«:
»Also ich bin fasziniert! Das war eine ganz seltene Kombination Ihrer vermutlich schwachen Intelligenz und Ihrer schwachen Blase. Für Ihre schwache Blase wüßte ich Abhilfe …!«

Das Leben ist bekanntlich eine Krankheit, die auf sexuellem Wege übertragen wird. Der eine hat mit zunehmendem Alter ein »ständig steigendes Sex-time-lag«, der andere mag's »quick«. Nicht alle Frauen mögen letzteres. Wenngleich eine gesunde Verdorbenheit besser ist als eine verdorbene Gesundheit, so hat sich manche Frau doch oft eines quickieliebenden Playboys zu erwehren. Wenn dessen Absichten allzu durchsichtig sind, gibt's einen auf den »Hammer«:
»Mein Herr, Sie interessieren sich zwar auffällig für die Aufrechter-

haltung meiner Weiblichkeit, aber ich interessiere mich nicht für die Aufrechterhaltung Ihrer Männlichkeit. Bye, bye!«
Oder:
»Wenn's heute nicht klappt, trösten Sie sich. Ein guter Playboy hat immer was in petting!«
Oder:
»Sie haben so schöne Zähne. Gibt's die auch in Weiß …?«
Oder:
»Wer trägt bei Ihnen zu Hause eigentlich die sauberen Hemden?«

Zweifellos sind diese Sprüche nicht jederfraus Geschmack. Aber bei denen, die damit Erfolg hatten (und das sind nicht wenige …!), stellt sich schnell der »Dracula-Effekt« ein: Ein Biß – und schon ist man »Mitglied«. Und wo gibt es schon Gegner, die ständig mit einem Kreuz bzw. Knoblauchstrunk rumlaufen?

6.3.3 Abwehr unangenehmer Fragen:

Um Männer sprachlos zu machen, ist es sinnvoll, sich einige verblüffende Fragen oder Antworten stets passend zurechtzulegen. Diese sollten regelrecht auswendig gelernt werden. Und wer als Frau die wahrlich verblüffenden Wirkungen der folgenden Abwehr-Empfehlungen erfahren konnte, wird sich mit dem Erlernen nicht schwertun. Im Gegenteil, es besteht eher die Gefahr, zu oft diese Abwehrschemen einzusetzen, weil der Erfolg unmittelbar zu spüren ist. Das mag unter Freunden eine originelle Vorgehensweise sein, aber in wichtigen Gesprächen wird damit für Sie »kein Land gewonnen«. Es kann sich sogar ins Gegenteil verkehren, nämlich deswegen, weil diese Bemerkungen – wenn nichts darauf folgt – patzig, frech, ungehobelt und destruktiv wirken. Wird einer Frau dieses von ihrem Gesprächspartner vorgeworfen, so kann sie sich schnell in einer »Rechtfertigungsecke« wiederfinden – und die ist bekanntlich kein guter »Aufenthaltsort« für Frauen.

Nehmen wir ein Beispiel, welches Ihnen nicht fremd sein wird. Ein lästiger »Irgendjemand« will Sie ausfragen. *»Das sage ich nicht!«* oder *»Das geht Sie nichts an!«* sind unprofessionelle Ant-

worten. Diese haben keinen selbstbewußten, sondern lediglich einen einfältigen Charakter.
Lernen Sie das folgende Beispiel schlicht auswendig, und erproben Sie die Wirksamkeit bei einem Zeitgenossen, der Sie mit Fragen nervt:

Beispiel »Abwehr von Neugierde«

Mann: *»Was ist denn Ihre Auffassung über den Sachverhalt XYZ?«*
Frau: *»Ich kann Ihnen darauf selbstverständlich eine Antwort geben. Aber was machen Sie dann damit?«*
Mann: *»Wieso machen? Mich interessiert das halt.«*
Frau: *»Ich meine: Geben Sie diese Information dann allgemein weiter, oder behalten Sie diese für sich?«*
Mann: *»Na, die gebe ich natürlich nicht weiter. Es interessiert mich eben ...!«*
Frau: *»Es ist also reine Neugierde von Ihnen, die uns beiden nichts nutzt. Denn Sie lebten vorher ohne diese Information gut, und ich kann auch ohne Ihre Neugierde gut leben ...!«*
Mann: *»Äh ...!«*

Oder etwas schärfer:
Frau: *»Neugierde als Nebenberuf? Mit welchen Fragen beschäftigen Sie sich eigentlich hauptberuflich?«*

Kurzfassung.

Sie fragen:
- Was machen Sie damit (Weitergeben oder behalten)?
- Also reine Neugierde?
- Adieu!

Es handelt sich bei dieser Taktik also nicht um die reine »Gegenfrage«, sondern um eine Umformulierung. Durch diese Taktik der *fragenden Umformulierungen* wird der Kollege ständig in die »Reaktion« gezwungen. Er soll permanent seinen Standpunkt so lange durch das »Infragestellen« überdenken, bis seine Position ad absurdum geführt ist.

Es nutzt aber nichts, nur reaktiv den Erfolg »Sprachlosigkeit von Männern« zu genießen, sondern viel wichtiger ist es, die gewonnene Pause der Sprachlosigkeit für das eigene weitere aktive Vorgehen zu nutzen. Das kann z. B. dadurch geschehen, daß Sie mit einer Redewendung auf einen bereits behandelten oder neuen Sachverhalt zu sprechen kommen.

Beispiel »Abwehr und Angriff«:

Mann: *»Es ist ja wohl berechtigt, zu fragen, warum Sie Schadensersatz fordern.«*

Frau: *»Berechtigt, sagen Sie? Dann nennen Sie doch mal drei Gründe für Ihre Frage …? O. K., ich will es Ihnen leichter machen: Nennen Sie die drei Gründe bitte in alphabetischer Reihenfolge!«*

Mann: *»Also, hören Sie mal …! Ich weiß nicht, was das soll!«*

Frau: *»Nun, ich habe den Eindruck, daß Ihnen die guten Fragen ausgegangen sind. Ich kann Ihnen da aushelfen. Sie haben zu unserem Schaden die Lieferung der Formstücke AX entgegen vertraglicher Abmachungen 14 Tage hinausgezögert. Wie groß ist der Umfang Ihrer Vorbereitungen, um uns diesen Schaden zu ersetzen?«*

Durch die provozierende Frage am Schluß der Antwort können Sie ziemlich sicher sein, daß eben diese aufgegriffen und nicht mehr Bezug auf die Provokationen zu Beginn der Antwort genommen wird. Damit hat man »zwei Fliegen mit einer Klappe« erschlagen:

1. Beitrag zur Demoralisierung oder zu emotionalen Reaktionen und
2. Übernahme der »Führung« des Gesprächs.

Kurzfassung:

Sie fragen:
- Drei Gründe …? Keine Antwort?
- Ich helfe Ihnen … mit der Frage … usw.

Beispiel »provokative Frage«:

Mann: *»Warum sind Sie eigentlich immer noch Mitglied bei der NPD (Reps, PDS, Partei, Sache XY)?«* Etc.

Frau: *»Wenn diese (... XY) als katholisches Kulturgut vom Papst gesponsert wird, trete ich dieser Partei bei! Wie denken Sie als Marxist (Linker, Rechter, geistiger Invalide, Pfennigfuchser usw.) darüber?«*

Auch beim anschließenden Disput bringen Sachantworten erfahrungsgemäß nichts. Dialektisch muß der Gegner schachmatt gesetzt werden:

Mann: *»Das ist doch keine Antwort auf meine Frage!«*

Frau: *»Das liegt ganz sicher daran, daß an Ihrer Frage nur das Fragezeichen seriös war!«* Oder:
»Ist denn diese Frage für Ihren (geistigen) Fortbestand von Bedeutung?«

Kurzfassung:

- Ethisch hoch: katholisches Kulturgut – Papst
- Ethisch gering: Gegenteil als Frage

Beispiel »Abwehr von Beleidigungen«:

Mann: *»Also Ihnen fehlt es wirklich an Intelligenz/zu dumm etc.!«*

Frau: *»Wie interessant, daß Sie sich zutrauen, Intelligenz zu beurteilen. Haben Sie schon einmal Ihren IQ testen lassen, und wie weit kam der über 40?«*

»Was ist der Grund, daß Sie Ihr Image mit dieser Anmerkung so leichtfertig aufs Spiel setzen?«
»Was glauben Sie, hat sich mit dieser Frage Ihr Image nun verbessert oder verschlechtert?«

Entsprechende Reaktion beim Thema »Erfahrung«:

Mann: *»Sie haben darin noch nicht die ... Erfahrung.«*

Frau: *»Erfahrung ist immer die Summe aller Irrtümer. Wie oft haben Sie sich eigentlich geirrt?«*

Mann: *»Ich habe mich überhaupt nicht geirrt. Sie können von mir lernen ...!«*

Frau: *»Nicht geirrt? Das heißt doch konkret, Sie haben keine Erfahrung!«*

»Was glauben Sie, warum ist es wichtig, daß Sie jetzt Erfahrungen sammeln?«
»Wie gehen Sie mit diesem Phänomen um? Nehmen Sie Abführmittel oder was?«

Kurzfassung:
- Hinweis auf Intelligenz
- Gegnerischen IQ als bissig-scharfe Gegenfrage.

Gleiches Schema bei Vorhaltungen:
»Sie müßten doch eigentlich ...!«
Mann: *»Sie müßten das doch eigentlich können!«*
Frau: *»Tja, was machen wir jetzt mit Ihrer Fähigkeit, Sachverhalte nicht richtig einschätzen zu können?«*
Mann: *»Den Sachverhalt habe ich schon richtig eingeschätzt!«*
Frau: (lächelnd-ironisch) *»So, so, na dann üben Sie mal schön weiter. Vielleicht klappt's beim nächsten Mal«.*
»Wann besuchen Sie denn den Aufbaukurs Rhetorik ›Wie tappe ich nicht in Fallen‹?«

»Und was soll das?« (mit abwertendem Unterton):
Sehr häufig begegnen uns in Diskussionen solche abwertenden Fragen. Die Frage »Was soll das?« ist **ausgesprochen gefährlich**! Mit solchen Fragen will man Ihr Konzept publikumswirksam abschmettern und Sie zu einer Grundsatzdiskussion zwingen. Viele machen den Fehler, nun irritiert oder ungeduldig den Sachverhalt nochmals zu erklären. In den meisten Fällen ist eine sinnvolle Debatte mit dem Fragesteller nicht möglich, denn er will sich nur billig profilieren. Wollte er sich nämlich informieren, würde er die Frage anders und vor allem nicht mit abwertenden Ober- bzw. Untertönen stellen. Dialektisch muß es darum gehen, den Fragesteller zu zwingen, seine Frage nochmals zu stellen – und zwar konkret und ohne Untertöne!

Mann: *»Und was soll das?«*
Frau: *»Richtig! Wenn man(n) etwas nicht verstanden hat, soll man(n) fragen. Und zwar sachlich nach Informationen.*

War Ihre Frage sachlich, und welche Informationen benötigen Sie?«

Härtere Stufe:

Frau: *»Wenn bereits solche Ober- und Untertöne in der Frage verpackt sind, dann braucht man sich mit der Antwort keine Mühe zu geben, denn der Fragesteller will nur ›seinen Auftritt‹. Und Ihren Auftritt können Sie haben:* ***Bitte!***«

Mann: *»Wieso Auftritt? Ich will nur wissen, was das hier soll?«*

Frau: *»Wenn Sie Informationen benötigen, gebe ich Ihnen die gerne. Stellen Sie mir also eine konkrete Frage nach Informationen – ohne Ober- und Untertöne!«*

Je nach Sachverhalt können Sie nun auf seine Fragen antworten – oder ihn weiter »aushebeln«, z. B. mit ständigen Hinweisen auf seine Ober- und Untertöne.

Kurzfassung:
- Richtig! Fragen!
- Ober- und Untertöne?
- Auftritt oder Informationen?

Ihre »Notbremse« (Schlüsselwort-Methode):
Es kann durchaus sein, daß Sie auf jemanden treffen, der ebenfalls schlagfertig ist oder bissige Bemerkungen von sich gibt. (*»Ich beschäftige mich nur mit intelligenten Dingen. Im Gegensatz zu Ihnen!«*) Hier hat es keinen Sinn, den Disput aufrechtzuerhalten. Es gibt eine sehr schöne, stets wirkungsvolle **»Notbremse«** für (fast) alle Fälle. Sie sagen lächelnd-ironisch:
»So, so. Na, dann üben Sie mal schön weiter!«

Sie drehen sich um und gehen. Falls das nicht möglich ist (oder Sie Spaß am Fighten gewonnen haben), können Sie auf dieser Schiene weitermachen und den Gegner regelrecht »hochnehmen«. Das Wort »üben« fungiert hierbei als »Schlüsselwort«, an das andere Begriffe schnell gebunden werden können: Seminar, Training, Schule, saubere Aussprache, Fragen, Benehmen usw. Was immer geantwortet wird: Mit dem Wort »üben« läßt sich dann jede noch

so spektakuläre Antwort »zerschmettern«. (*»Und wann üben Sie, weniger zu reden und mehr zuzuhören?«* Oder: *»Und wann üben Sie besseres Benehmen?«* Oder: *»Wann üben Sie denn, gescheite Fragen zu stellen?«*)
Aber Vorsicht! Selbst ruhige Männer können bei dieser Methode jähzornig werden!

Gleiches gilt für die »Roger-Methode«, und auch diese ist nicht ganz ungefährlich! Rhetorisch nicht versierte Frauen werden sicherlich noch einige Mühen haben, diese Schlagfertigkeit sofort umzusetzen. Aber es muß auch nicht sofort gelingen. **Wichtig ist doch lediglich, daß Sie damit beginnen, Sprach- und Hilflosigkeit zu überwinden.** Unwichtig ist zunächst, ob es Ihnen gleich gelingt. Morgen ist auch noch ein Tag. Und jeden Tag steht ein Despot, Macho oder Pascha auf, der Ihnen begegnet ...!

Die folgenden Beispiele sollen darum als eine Fundgrube zum »Üben von Abwehr unangenehmer Fragen« dienen:

Ihre Frage hat viel Gutes und viel Neues. Aber das Neue ist nicht gut und das Gute nicht neu!

An Ihrer Frage war nur das Fragezeichen seriös!

Eine gute Antwort setzt eine gute Frage voraus. Aber alle wissen: Das Bessere ist der Tod des Guten. Ihre Frage war nachweislich nur gut. Stellen Sie also eine bessere ...!

Man gewinnt den Eindruck, daß Ihnen mittlerweile die guten Fragen ausgegangen sind. Ich kann Ihnen da aushelfen. Warum haben Sie z. B. ...?

In Ihrer Frage liegt ein Vorwurf, den ich nicht teile, und zwar ...!

Die Frage muß doch anders gestellt werden, und zwar ...!

Zunächst bleibt einmal dahingestellt, ob das die wichtigste Frage ist ...!

Sie sagten »Ja, aber«. Worauf bezieht sich das »Ja«?

Ihre Frage ABC haben Sie gestellt, aber die wichtigste Frage lautet doch XYZ. Damit ist zumindest bewiesen, daß wir uns auf Sie verlassen können, wenn es um nebensächliche Fragen geht ...!

Warum »muß« ich diese Frage beantworten? Stehe ich hier vor einem Kriegsgericht?

Das ist eine sehr wichtige Frage, zu der es viele Alternativen gibt. Haben Sie Zeit und Geduld, daß ich diese *korrekt* ausführe?

Sie sind wirklich sehr korrekt. Sie nehmen nichts an. Nicht einmal Vernunft. Was veranlaßt Sie dazu?

(Wenn Sie jemand erkennbar mit unbekannten Fremdwörtern hereinlegen will): Eine dezidierte Exemplifikation *(genaue Ausführung)* Ihres Paradigmas *(Beispiels)* würde zu einer affektlabilen Loquazität *(jähzornigen Geschwätzigkeit)* bei den Respondenten *(Interviewpartnern)* führen. Wollen Sie das?

Was glauben Sie: Hat sich mit Ihrer merkwürdigen (idiotischen/überflüssigen etc.) Frage Ihr Image verbessert oder verschlechtert?

Das ist wieder eine intellektuell so niedrigstehende Bemerkung, daß ich mich seit einiger Zeit frage: Wer hat eigentlich zuerst das Märchen von Ihrer Intelligenz erzählt?

Wer wäre bei solchen Antworten nicht verblüfft oder sprachlos? Doch »passend« sollten sie sein, und **nicht so**:
Während einer Party versuchte eine junge Dame, besonders »originell« zu sein. Sie stellte in einer Runde von erfahrenen Managern die Frage: *»Was sagen Sie als Außenstehender zur Intelligenz?«* – und traf prompt auf den Falschen. Dieser sagte knallhart: *»Die beste Art, Intelligenz zu beweisen, ist die, sich* ***nicht*** *mit Ihnen zu unterhalten!«* Sprach's, drehte sich um und ging zu einer anderen Gruppe. Pech gehabt, junge Dame – die stand bald alleine da!

6.3.4 Abwehr unfairer nonverbaler Elemente

Die Abwehr unfair eingesetzter nonverbaler Elemente erfordert Selbstbewußtsein und Standvermögen. Wer es versteht, mit der Körpersprache überzeugend zu täuschen, ist ein Profi. Es wäre solchen Zeitgenossen gegenüber sehr gefährlich, den Versuch zu unternehmen, besser oder »ebenbürtig« zu sein (z. B. ebenfalls mit Körpersprache, Mimik, Gestik, Stimuli usw. zu täuschen), zumal nicht unmittelbar unterschieden werden kann, welche körpersprachlichen Aussagen »echt« und welche »unecht«, also »gespielt« sind.

Es wäre zu einfach, die Abwehr unfair eingesetzter nonverbaler Elemente damit zu beschreiben, daß »man diese einfach übersieht«, also nicht zur Kenntnis nimmt, denn es findet letztlich doch eine »Kommunikation« über die (empfindliche und gefährliche!) emotionale Beziehungsebene statt.

Um sich dennoch »zu wehren«, hat sich eine Vorgehensweise **in drei Stufen** bewährt:

1. **Die Deutung körpersprachlicher Aussagen, von Mimik, Gestik, Stimuli etc. sowie die Kenntnis darüber, daß diese auch täuschend eingesetzt werden können. Das muß mit der eigenen Selbstsicherheit verbunden werden, »sich nicht täuschen zu lassen«. Machen Sie sich selbst »stark«, »rüsten Sie sich selbst auf«, »motivieren Sie sich selbst«, indem Sie sich immer wieder sagen:**
   »Ich kenne diese Tricks! Ich lasse mich nicht nervös machen! Mich täuschen Sie nicht! Sie wollen mich verunsichern! Ich lasse mich nicht beeindrucken! Ich bin sicher! Ich weiß, was ich will!«

2. **Wenn möglich, lassen Sie »da und dort« im Redebeitrag (freundlich lächelnd, nicht zynisch!) durchblicken, daß Sie das taktische Manöver durchschaut haben (um die Taktik wirkungslos zu machen):**
   »Ich lege nur auf die Sache wert, Herr Kollege, und lasse mich auch nicht durch (echte oder unechte) nonverbale Aussagen irritieren!«

3. **Es ist sehr wichtig, daß Sie »Überlegenheit« demonstrieren. Wer selbst grimmig dreinschaut, ungehalten reagiert oder gar böse wird, signalisiert im Grunde, daß die Taktik der Gegenseite Erfolg hat. Viel erfolgreicher ist es, den Gegner »niederzulächeln«. Lächeln heißt nicht, ständig zu grinsen oder arrogant-überheblich zu lachen. »Niederlächeln« heißt, den »Gegner mit Freundlichkeit zu entwaffnen«, ihn »freundlich zu erschöpfen«, heißt: freundliche Standhaftigkeit zu bewahren.**

Bewährt hat sich auch die Taktik *»Pause als Vorwurf«* (siehe Abschnitt 5.4.6). Besonders Einkäufer und Verhandler, die durch Täuschung verunsichern wollen, setzen gerne die Taktik ein, mit einer »eiskalten«, regungslosen oder grimmigen Mimik und einer ablehnenden Körpersprache ihr Gegenüber zu verunsichern. Und es gelingt ihnen zumeist, denn viele reagieren falsch (werden nervös, verunsichert, verlieren den »Faden«, reden drauflos oder stellen falsche Fragen: *»Äh, ... is' was?«*).

Eine Methode wäre, jetzt »richtige Fragen« zu stellen:
»Welche Auffassung haben Sie zu dem Punkt XY, den ich gerade erläutert habe?«
Doch Einkäufer sind darauf »getrimmt«, auch offene Fragen nur kurz zu beantworten. Mögliche Antwort des Einkäufers wäre also:
»Zunächst keine. Bitte machen Sie weiter!«

Eine *andere Methode* wäre, die **»Taktik der Pause als Vorwurf«** einzusetzen. Das heißt: **Den letzten Satz zu Ende sagen, dann ohne erkennbare Mimik schweigen und den Partner ansehen (auch nicht lächeln), und zwar so lange, bis der Gegner etwas sagen »muß«.**
Um die Wirkungsweise dieser (äußerst erfolgreichen!) »Abwehrmethoden« kennenzulernen, muß man **üben, üben und nochmals üben**. Das wird nicht leicht sein, denn wer einem anderen Menschen gegenübersitzt, der seine körpersprachlichen Aussagen provozierend einsetzt, wird auf der emotionalen Beziehungsebene angegriffen – und damit bewegt er sich nicht mehr im »Sachbereich«, der von der Ratio bestimmt wird.
Vielleicht finden Sie in Ihrem Bekannten- oder Freundeskreis ein »geeignetes Opfer zum Üben«. Es könnte z. B. ein/e Kollege/Kollegin sein, der/die Ihnen durch ein hämisches Gegrinse, unflätiges Benehmen, provozierende Mimik, Gestik und Stimuli oder negative körpersprachliche Aussagen »auf den Wecker geht«. Er/sie ist gerade richtig zum Üben. Was immer diese Person verbal und nonverbal »sagt« – **sagen *Sie* sich:**
»Du kommst mir gerade richtig zum Üben. Mehr will ich nicht von dir!«

6.3.5 Abwehr unfairer Dialektik

Wer ist schon in der Lage, in einem Gespräch, in einer Diskussion oder in einer Verhandlung blitzschnell die gegnerische, logische Argumentation zu erkennen und zu »knacken«? Mir sagten sehr viele Seminarteilnehmerinnen, daß es das Schlimmste sei, »überrumpelt« zu werden und erst nachher zu erkennen, wie und mit *welchen Mitteln* der Gegner das fertiggebracht habe. Aber dann sei es auch in den meisten Fällen schon zu spät gewesen, man habe sich schlicht und einfach »über den Tisch ziehen lassen«.

Hier setzt der zentrale Gedanke der »Abwehr« ein. Es geht in der Abwehr nicht darum, in der Dialektik oder in den Analogie- bzw. Zirkelschlüssen generell »besser« zu sein – dieser Anspruch ist zwar ein sehr hehrer, aber für die meisten vermutlich zu »theoretisch«. Die berühmte Praxis sieht leider anders aus. Und vielleicht geht es so mancher Leserin wie einer Seminarteilnehmerin, die mir sagte: *»Ich bin sicherlich nicht zu dumm, die dialektischen Fallen zu erkennen, aber ich brauche so schrecklich lange, bis es von meinem Kopf in meinen Füßen ist.«* So ähnlich verhält es sich auch mit der Schlagfertigkeit, die viele »leider Gottes immer nur bei anderen hören«. Und manche Leserin wird sich auch daran erinnern, daß ihr erst nach Rückkehr von einer Besprechung die besten Antworten einfielen und sie dann sagte: *»Wenn der das nochmals zu mir sagt, dann werde ich ihm aber antworten, daß …«* usw. Doch welch ein Unglück: Jede zukünftige Situation wird neu sein, die alte Situation kommt nicht wieder!
Das ist insgesamt ein Problembereich, der auch für Ungeübte sehr einfach zu lösen ist.

Um das zu verdeutlichen, sei das Beispiel eines Politikers gebracht, der in einer Versammlung »eine große Rede an sein Volk schwingt«. Er hat sich bestens darauf vorbereitet; das Manuskript ist wohlgefeilt ausgearbeitet, seine Rhetorik faszinierend und der Beifall »einkalkuliert«. Alles müßte daher prächtig gelingen, wenn … ja, wenn da ganz hinten im Saal nicht einige Frauen und Männer stünden, die sich einen Teufel um seine geschliffene Rhetorik kümmern, den Vortragenden durch permanente Fragen und Zwischenrufe zur Weißglut bringen und sich im übrigen auch nicht durch die sympathisierende Mehrheit und deren Unmut »entmutigen« lassen. Nehmen Sie als konkretes Beispiel dazu Diskussionen über Kernkraft, Entsorgungslager, technischen Standard, Anhörungsverfahren usw. Diese Zwischenfrager werden als »Berufsstörer« stigmatisiert, weil sie das ganze »schöne Redekonzept« des Politikers mit ihrem mutigen Eingreifen und ihren konkreten Fragen durcheinanderbringen. Nehmen Sie als weiteres Beispiel eine Person des öffentlichen Lebens, die in TV oder Rundfunk durch einen kritischen Reporter (Gott sei Dank und erfrischenderweise immer öfters Frauen) interviewt wird. Alles ist bestens vorbereitet und müßte hervorragend gelingen, wenn ... ja, wenn nicht ständig der schnittige Redefluß durch »lästige Zwischenfragen« gestört würde. Darum gibt es auch z. B. Spitzenpolitiker, die sich von ganz bestimmten Reportern nicht mehr interviewen lassen. Schließlich möchte man den Bürgerinnen und Bürgern ja etwas erklären *»... in diesem unserem Lande ...«*!

Damit ist der wichtigste Teil der »Abwehr« angesprochen, nämlich das permante Stellen von Fragen.
Das erscheint zunächst als zu banal, um zu glauben, daß damit ein »Profi« aus der Ruhe gebracht werden könnte – ist es aber beileibe nicht! Das Problem besteht nämlich einzig und allein darin, a) zu spüren, *»... daß hier etwas faul ist«*, und b) den Mut zu haben, kritische Fragen zu stellen. Das ist eine ganz einfache, aber enorm wirksame Regel, die nicht voraussetzt, daß »man argumentativ besser ist als der andere«. Sie setzt allerdings voraus, daß man den »Mut« und das »Selbstbewußtsein« hat, sich zu wehren, und diese Voraussetzung werden sicherlich die meisten erfüllen – aber leider nicht alle. Viele Menschen scheitern eben an dieser Voraussetzung. Die Gründe dafür sind sehr vielfältig. Sie können einerseits darin liegen, daß wir es in unserem Kulturkreis, oftmals aufgrund unserer Erziehung, nicht »gelernt« haben, uns »systematisch« zu wehren. Wir akzeptieren und »gehorchen«. Andererseits können die Gründe aber auch darin liegen, daß wir es mit einem Gegner zu tun haben, der uns angst macht, der uns in allem überlegen scheint, der ein Charisma hat, das uns einschüchtert, uns »ehrfurchtsvoll stumm« macht. Und ein dritter Punkt hat mit

uns selbst, mit unseren Gefühlen und Emotionen zu tun – kurzum: mit unserer Selbstbeherrschung. Wer erträgt schon eine Argumentation, die gegen uns, unsere Person als solche, gerichtet ist? Wir neigen um so eher zum direkten Widerspruch, je privater z. B. ein Vorwurf ist, denn diesen »erkennen« wir sofort, im Gegensatz zur »feingesponnenen, unfairen Dialektik« im nichtprivaten Bereich. Die eigentliche »Schwachstelle« in der Abwehr unfairer Dialektik etc. ist also nicht das »technische Instrumentarium«, sondern wir sind es selbst; es ist unsere (oftmals nicht vorhandene) Selbstdisziplin, die uns ständig »einen Streich spielt«.

Es läßt sich darum die einfachste und wirkungsvollste Abwehr in drei Punkten zusammenfassen:

1. **Die »richtigen Antennen« haben.**
2. **Selbstbewußtsein haben und (höflich) demonstrieren.**
3. **Fragen, fragen und nochmals fragen.**

In den meisten Fällen ist schon die **einfache Nachfrage** von verblüffender Wirkung:

»Sie haben gerade gesagt, daß ... XY ...! Würden Sie das bitte näher erläutern? Was verstehen Sie konkret darunter?«

»Warum ist das nach Ihrer Auffassung von so großer Bedeutung?«

»Jede Medaille hat zwei Seiten. Sie haben eine dargestellt. Wie sieht bei Ihnen die andere Seite aus?« (Nachhaken: Warum gerade so?)

»Welchen Spielraum haben in Ihren Überlegungen andere Meinungen, bzw. wie gehen Sie mit anderen Meinungen um?«

»Welche Bedeutung hat eine andere Meinung für Sie, bzw. wie haben Sie diese in Ihrem Konzept berücksichtigt?« Usw. usw.

Es bedarf keiner großen Phantasie, daß mit solchen permanenten Fragen auch ein geschulter Rhetoriker in Schwierigkeiten kommt. Er ist ständig in einer »Erklärungssituation«, d. h., er muß sich durch Ihre Fragen ständig »verteidigen«. Und Sie werden sehr schnell eine Feststellung machen, die dabei zwangsläufig auftreten muß: Der Gegner wird nervös, ungeduldig, oftmals böse. Das ist nicht selten ein Anlaß für ihn, das Gespräch abzubrechen – nicht jedoch ohne vorher auf »Ihr Unverständnis« hinzuweisen. Doch die ganz Coolen kontern dann lächelnd:

»Also wenn Ihr Konzept schon durch ein paar einfache Fragen zu erschüttern ist, wie soll es dann erst in der Praxis bestehen?«

Oder Sie rauben ihm die letzte Fassung mit der Bemerkung:

»Also wenn das alles so klar sein soll, wie Sie es darstellen …, ich weiß nicht! Aber lassen Sie uns fortfahren mit XY …« usw.

»Sie haben recht vielfältige Auffassungen. Es gab viel Gutes und viel Neues. Aber das Neue war nicht gut und das Gute nicht neu. Guten Tag!«

Ihre Art ist ja in der Tat unbestechlich. Sie nehmen nichts an. Noch nicht einmal Vernunft.

Wichtig ist einzig und allein dabei:
- ***Freundlich lächeln, Selbstdisziplin bewahren!***
- ***Cool bleiben, nicht provozieren lassen, immer »ruhig Blut«!***
- ***Keine eigenen Wertungen einbringen, nur offene Fragen stellen!***
- ***Kein »Nachgackern«, also ruhig die Antworten »so stehenlassen«!***

Wenn Sie den nächsten Behördengang planen, mit der Versicherung »verhandeln« müssen, eine Besprechung mit dem Abteilungschef haben, zum »ungenießbaren« Chef gerufen werden, eine Verhandlung mit »schlechten Karten« durchstehen müssen usw., dann bereiten Sie sich darauf mit einem halben Dutzend solcher Fragen vor – Sie werden erstaunt sein, wie Ihre »Mitmenschen« reagieren. Doch bleiben Sie immer höflich und freundlich, dann kann man Ihnen »nichts anhaben«.
Der Sinn liegt darin, sich durch kleine Erfolgserlebnisse »sicher« zu machen.

In den meisten Fällen ist es ratsam, die Antwort des Gegners »so im Raum stehenzulassen«, sie also nicht zu kommentieren oder zu widerlegen (»nachgackern«). Stellen Sie einfach eine neue Frage, ohne auf die vorhergehende Antwort einzugehen, z. B. mit den Worten: »Diese Antwort von Ihnen lassen wir einfach mal so im Raume stehen. Mich interessiert viel mehr, ob ABC …! Was ist dazu Ihre Auffassung?«

Das Nichtkommentieren einer Antwort, in die der Gegner möglicherweise viel Engagement gelegt hat, trägt auch dazu bei, diesen zu »demoralisieren«. Vielleicht wird er sagen: *»Es wäre aber schon wichtig, daß Sie dazu mal Stellung beziehen«*, dann haben Sie ein Signal, wie »wichtig« ihm Ihr (vermutlich gegenteiliger) Kommentar ist. Aber auch dann sollte man sich nicht von seinem Konzept **»nur Fragen stellen«** abbringen lassen, sondern ruhig und gelassen etwa wie folgt antworten:
»Da gebe ich Ihnen recht. Aber ich möchte die Antwort noch zurückstellen, weil mir noch nicht klar ist, in welchem Zusammenhang XY …! Wie erklären Sie sich den Sachverhalt XY?«

6.3.6 Das Kontern lernen

Ob Sie sich mit gemäßigten, flapsigen oder scharf-bissigen Antworten wehren: stets läuft alles auf eine einzige Methode hinaus: FRAGEN, FRAGEN, FRAGEN! War bisher Ihr Verhältnis zwischen Argumentation und Fragen zehn zu eins, so kehren Sie dieses Verhältnis um. Lernen Sie, mit der wirksamsten Waffe, die es in der Rhetorik gibt, umzugehen: **der Frage!** Das Gegenargument: *»Löcher in den Bauch fragen«* oder *»Ich fühle mich ausgefragt«* oder *»Falsche Fragen bringen neue Probleme«* etc. zieht nur dann, wenn grundsätzlich die Frage als Methode »überstrapaziert« wurde. Doch die Realität sieht anders aus. Bevor die meisten Diskutanten den Teufel mit *diesem* Beelzebub austreiben, sehen wir ein Schweizer Schlachtschiff in der Wüste untergehen.

Bei dieser Konter-Taktik geht es darum, durch ein hartnäckig-freundliches und ständiges »Dagegensein« den Gegner »auszuhebeln«, ihn zu zermürben. Diese Taktik ist vor allem dann erfolgreich, wenn Sie es mit Menschen zu tun haben, bei denen Sie die beschriebenen bissig-scharfen Methoden und Fragen nicht anwenden können, sich aber trotzdem nicht »jeden Bären aufbinden lassen wollen« (Kunden, Chefs, Vorgesetzte, Gäste, sog. »Respektspersonen«, Familie usw.). Es kommt darauf an, daß Sie zu den Schlüsselbegriffen Ihres Gegenübers sofort die Gegenposition aus dem Gedächtnis »abrufen« und diese in einen logischen Zusammenhang bringen. Da wir zu allen Positionen stets eine Gegenposition kennen, ist das zwar nicht schwierig, aber oftmals kommt uns der »zündende Gedanke« zu spät. In diesen Fällen »greift« dann wieder die Frage, um das »Dagegensein« einzuleiten. Doch zunächst zur »Gegenposition«, denn jedes »Pro« hat ein »Kontra«:

Pro	**Kontra**
Entspannung	Abschreckung
Religiosität	Abhängigkeit
Spaß	Naivität
Sport	Streß
Kommunikation	Manipulation
Interesse	Neugier
Zölibat	Homosexualität
Live	Aufzeichnung
usw.	

Es gilt, die Gegenposition in **Schlüsselbegriffen** schon während des Argumentierens zu erkennen und gedanklich zu »speichern«. Das können Sie täglich üben, und zwar mit den Begriffen »gut« und »schlecht«. Alles, was Ihnen gesagt wird, können Sie z. B. mit »gut« bezeichnen, aber gleichzeitig die Position »schlecht« erkennen, auch Kurioses (Gehaltserhöhung = mehr Leistung, technischer Fortschritt = Umweltschäden, Renovierung = hohe Kosten, TV-Kabelanschluß = weniger persönliche Kontakte, usw.).
Beginnen Sie nun mit Redewendungen, um das »Dagegensein« einzuleiten:

> *»Ist das eigentlich so, wie Sie das darstellen, denn wir müssen doch bedenken, daß ...!«*

»Zunächst einmal muß man wissen, daß es ...!«
»Ihre Auffassungen sind interessant, aber wichtiger ist, daß ...!«
»Der Sachverhalt muß doch anders dargestellt werden, und zwar ...!«
»Schon richtig, aber die Kernfrage lautet doch ...!«
»Es bleibt zunächst einmal dahingestellt, ob das so zutrifft. Vor allem muß man bedenken, daß ...!«

Falls Ihnen momentan nichts Passendes einfällt, arbeiten Sie mit **Gegenfragen**:

»Wie kommen Sie darauf?«
»Warum, glauben Sie, ist das so wichtig, wie Sie es darstellen?«
»Jede Medaille hat zwei Seiten. Wo bleibt die zweite Seite?«
»Wie wichtig ist für Sie denn die Meinung anderer?«

Auch hier gibt es eine **»Notbremse«**, falls »gar nichts mehr geht«:
Die Informationsfrage:

»Bitte geben Sie mir noch weitere Informationen zum Bereich XY!«

Haben Sie jedoch die **Schlüsselbegriffe** und deren **Gegenpositionen** erkannt, so bringen Sie diese in eine **logische Abfolge. Im folgenden Beispiel geht es darum, ob es eine *objektive Kommunikation* geben kann oder ob *Kommunikation auch Manipulation* ist. Gehen Sie *deduktiv* vor** (Grundschema):

1. Obersatz: *»Jede objektive Kommunikation erfolgt durch Menschen.*
2. Obersatz: *»Menschen haben ein subjektives Wertsystem und können manipulieren.*

Konklusion: *»Also kann in jeder Kommunikation auch Manipulation liegen.*

Im Zusammenhang gesprochen:
»Jede Kommunikation muß und wird immer durch Menschen gestaltet, indem diese Informationen austauschen. Das heißt, auch

wenn die Objektivität gewahrt werden soll, wird diese doch durch das Subjekt, also den Menschen, interpretiert; sie wird also subjektives Wertsystem mit allen Möglichkeiten des Subjekts, nach dem eigenen Wertsystem zu interpretieren und damit zu manipulieren. Somit liegt in jeder Kommunikation auch Manipulation durch das Subjekt.«
(Jetzt **Angriff** durch **Nachsatz**: *»Wie kommt es, daß Sie diesen entscheidenden Aspekt nicht gesehen haben?«*)

Zur Abwehr:
Die Frage *»Wie kommt es, daß Sie diesen Aspekt nicht gesehen haben?«* ist eine sehr häufig geäußerte **»Kampffrage«**, die auch Ihnen gestellt werden kann. Äußerst schwach wäre die *Reaktion: »Die habe ich schon gesehen, aber ... gack, gack, gack ...!«* usw.
Kontern Sie dialektisch:
*»Was **ich** gesehen habe und was **Sie** gesehen haben, sind Dinge, die sich in guten und schlechten Fragen äußern. Schlechte Fragen sind das Resultat schlampiger (unvollständiger) Recherchen. Beginnen wir also mit Ihrer letzten Frage ...!«* Usw.
Oder:
»Warum soll ich einen Aspekt sehen, der überhaupt nicht entscheidend ist? Wichtig ist doch einzig und allein, daß ...!« Usw.

6.3.7 Provokant, provokant ...

Es geht darum, einen »Gegner« auf der emotionalen Beziehungsebene zu attackieren und sich »erstaunt« zu entschuldigen, plötzlich »verborgene Motive« beim Gegner zu entdecken, die erklärbar sind, wie z. B. die »sexuelle Verdrängung«, die gesicherten Erkenntnisse der Sexualwissenschaft, und den Gegner als »sexuell Verklemmten« ... hinzustellen.
Ziel dieser Taktik ist es, den Gegner durch Unverschämtheiten und Schikanen zum Zorn zu reizen. Der Sinn dieser Taktik liegt darin, daß die meisten Menschen außerstande sind, im Zorn richtig zu urteilen und ihren Vorteil wahrnehmen zu können. Das wirkt dann besonders effektiv, wenn man sich nach dieser unfairen Attacke (scheinheilig) entschuldigt. Zunächst wird versucht,

durch unfaire Äußerungen auf der emotionalen Beziehungsebene den Gegner in Wut zu bringen:

»Sie hören sich wohl gerne reden, wie?«

»Wer hat Ihnen denn diesen Unsinn auf Ihr Manuskript geschrieben?«

»Ihr Auftritt ist ja bemerkenswert. Aber wissen Sie eigentlich, was Ihre Frau jetzt gerade macht?«

»Wieviel verdienen Sie eigentlich?«

»Bringen Sie erst einmal Ihr Äußeres in Ordnung. Dann reden wir über Ihre innere Haltung!«

»Vergessen Sie ja nicht, in der Pause einen Kaffee zu trinken, sonst müssen Sie sich nachher wieder durch Reden wachhalten!«

»Sie haben ja eine schöne Stimme, aber was Vernünftiges hört man nicht von Ihnen!«

»Reden Sie nur so weiter. Bei Ihrer Arbeit ist das kein Wunder!«

»Bleiben Sie ruhig bei dieser Meinung. Für SIE ist die gut genug!«

»Ich wiederhole mich? Ich habe doch nur versucht, Ihrer bescheidenen Intelligenz Rechnung zu tragen. Seien Sie mir doch dankbar dafür!«

»Sie müssen sich einfach mal ernsthaft bemühen, Sachverhalte zu begreifen. Auch wenn's Ihnen schwerfällt!«

»Was meinen Sie – hat sich mit Ihrer schwachen Antwort Ihr Image nun verbessert oder verschlechtert?«

»Ach wissen Sie, Herr Kollege, mancher der glaubt, er sei beschlagen, merkt gar nicht, daß er im Grunde nur behämmert ist!«

»Können Sie auch mal etwas zur Sache beitragen, statt nur forsche Forderungen (dummes Zeug etc.) in den Raum zu stellen?«

»Herr Kollege, Sie schweigen? Das ist ja ein ganz neuer Ton, den Sie da anschlagen!«

»Ihre Meinung ist zwar von vorgestern. Aber alle alten Sachen werden mit der Zeit wertvoller!«

»Seitdem Ihre Firma beschlossen hat, aus lauter Angst vor der Revision sich täglich in die Hosen zu machen, liefern SIE genau die Leistung, die den vollen Hosen entspricht!«

»Das haben Sie schön gesagt, Herr Kollege. Vielleicht kriegen Sie dafür das Kamener Kreuz am Bande!«

»Herr Kollege, es ist bewundernswert, wie Sie das selbstgestellte Problem gelöst haben. Leider war es das falsche Problem!«

»Ich habe im Grunde viel Verständnis für den Kollegen. Bis vor fünf Jahren dachte ich auch noch so!«

»Herr Kollege, Sie stehen im Mittelpunkt – und somit allen im Weg!«

»Ich warte, was von Ihnen noch kommt. Vermutlich halten Sie Ihre Argumente noch in Reserve, denn was Sie da gerade gesagt haben, können doch unmöglich Ihre besten Argumente gewesen sein!«

»Ihr Redebeitrag ist zu Ende. Ich danke Ihnen für dieses Gewäsch!«

»Gegen Ihren Vertriebsdienst sind freilaufende Hühner eine geschlossene Kampfformation!«

Wichtig vor allem: **DU-Botschaften** (siehe Abschnitt 5.4.6): ***»SIE** sind es doch gewesen, der …!«* oder: ***»SIE** sollten mal endlich …!«* Usw. Die Reaktionen des Gegners auf diese bewußt provozieren-

den Bemerkungen lassen nicht lange auf sich warten: geharnischter Protest, Aufregungen, wütende Entgegnungen usw. Dann aber argumentieren Sie »unschuldig« und »erstaunt«:
»Es ist mir völlig unerklärlich, warum der werte Herr Kollege so zornig ist. Ich schätze ihn als seriösen Menschen, und was ich gesagt habe, war doch anders gemeint, als er es verstanden hat. Aber, werter Herr Kollege, es muß ja Gründe geben, warum Sie so unsachlich reagieren. Vielleicht sind es gar Ihre schwachen Argumente …?«

Nochmals: Der Sinn liegt darin, daß die meisten Menschen im Zorn außerstande sind, richtig zu urteilen. Oft wird dann in der Wut vom Gegner versucht, mit der »Brechstange« an die Probleme heranzugehen, zu übertreiben, selbst unsachlich zu werden. Hierin kann eine Chance gesehen werden, z. B. unbedachte Äußerungen des Gegners zum Dreh- und Angelpunkt weiterer Gespräche zu machen.
Zweifellos schamlos und schäbig sind Ableitungen aus der Sexualpsychologie, wenn sie als »Waffe« eingesetzt werden – die redlichen wie die unredlichen Ableitungen, die nachprüfbaren ebenso wie die unprüfbaren, die gesicherten wie die ungesicherten. Hieß es früher noch schlicht: *»Du hast 'ne Macke!«* oder: *»Haben Sie Komplexe?«*, so werden heute raffinierte, sog. *»Ableitungen aus den Erkenntnissen der Sexualpsychologie«* verwendet, um den Gegner als Mensch in Mißkredit zu bringen. Wer heute das Nacktbaden befürwortet oder ablehnt, öffentliche Bordelle fordert oder verhindert, wer die Abtreibungsgesetze oder den Drogenkonsum liberalisieren will, die Todesstrafe fordert oder sie ablehnt, Gewalt verherrlicht oder verhindert, Pazifist oder Militarist ist, wer fleißig oder faul ist, ehrlich oder unehrlich, ruhig oder aufbrausend, anständig oder unanständig: sie alle sind dem Einwand ausgesetzt, daß ihre Verhaltensweisen, Einstellungen und Überzeugungen auf *»sexuellen Verdrängungen«* beruhen, die *»sich nachweisen lassen! Denn schon Sigmund Freud hat festgestellt, daß …!«* Der Psycho-Altmeister Freud würde sich im übrigen glücklich schätzen, daß er die Mischung seiner wissenschaftlichen Arbeit in heutigen Tagen mit Scharlatanerie, schamloser Halbbildung und unseriösen Absichten nicht zu erleben braucht.

Und doch ist das Beschreiten dieses Feldes für die wehrhafte Frau oftmals unverzichtbar. So leitet sie das Handeln des Gegners aus *»sexuellen Verdrängungen der gestörten Kindheit«* ab, so, wie es *»den gesicherten Erkenntnissen der Sexualwissenschaft entspricht«* – und degradiert den Gegner zum »Verklemmten«. Und wer glaubt und folgt schon den Argumenten eines »sexuell Verklemmten« ...?
Aber das könnte man(n) auch *gegen Sie* einsetzen!
Wappnen Sie sich darum stets mit einigen Theorien und Fachtermini aus der Sexualpsychologie. Besonders verblüffend ist es, bekannte Untersuchungen und bekannte Namen mit frei erfundenen Studien und Namen in Verbindung zu bringen, denn welcher Nichtfachmann hat schon die Übersicht und Kenntnis von allen Sexualtheorien. Immer wieder verblüffend ist folgende Vorgehensweise:
*»Nun, Herr Kollege, Sie kennen ja sicherlich den neuen **Kinsey-Report**. Interessant ist, daß das ›Gegenstück‹ von **George Gofman**, die ›Gofman-Studie‹ – übrigens z. Zt. in Amerika ein Bestseller –, genau das Problem behandelt und die Ursachen beschreibt, die ganz offensichtlich Ihrem Verhalten zugrunde liegen. Den sollten Sie mal lesen, Herr Kollege! Das würde Ihnen sicher helfen!«*
Kennen Sie George Gofman? Ich auch nicht. Habe ich aber gerade erfunden ...!

Eine weitere, zynische Methode der Provokation besteht darin, dem Gegner in ruhigem, eher traurigem Tonfall die »Grundfrage« vorzutragen, *»... daß Optimisten für eine gesunde Dynamik des Lebens und Pessimisten für eine krankhafte Stagnation bekannt sind. Doch für krankhafte Pessimisten bietet die Medizin heutzutage gute Lösungen, weil nachgewiesen ist, daß Mißmut meistens ein Gallenleiden ist. Manchmal sind es auch nur die Gallensteine ...!«*

Schlußendlich: **Um was geht es?**
Es geht darum, daß Sie

1. *Dialektik erkennen (»Antennen«),*
2. *Dialektik abwehren (fragen, fragen, fragen),*
3. *kontern (und evtl. provozieren).*

Doch nochmals: **Vorsicht!** So verlockend, wie der Erfolg dieser Methoden auch ist. Da und dort »richtig dosiert« angewandt, werden sie Ihnen helfen. Immer angewandt heißt »kommunikative/r Geisterfahrer/in« zu sein.

»Siegen« Sie sich nicht zu Tode!

7. Erfolgreich kämpfen – täglich!

7.1 Die Macht der Männer – ein Naturgesetz? Setzen SIE sich durch!

Männer haben die Macht, weil sie Männer sind.
Diese Logik verstehe, wer will – und kann. Doch Männer werden auf ihren Machtanspruch frühzeitig vorbereitet. Dabei helfen die Regularien und Mechanismen des Patriarchats, gleich einer Metallkugel in einem Spiel, die durch eine zwanghafte Richtungsvorgabe nur einen Weg zum Ziel nehmen kann.
Frauen stehen praktisch vor verschlossenen Türen. Und nur selten wagen sich Frauen daran, diese Türen zu öffnen. Durch den Machtanspruch und die Machtdemonstration der Männer unternehmen die meisten Frauen auch gar nicht erst den Versuch. Sie finden sich scheinbar mit der Rolle ab, die ihnen zugewiesen wurde – bestenfalls verbunden mit der Hoffnung, daß ihnen Macht zugestanden wird.

Daraus ergeben sich im Prinzip drei Möglichkeiten.
1. Möglichkeit:
Zunächst kann eine Frau in dieser Wartestellung verbleiben und sich z. B. eine Subkultur schaffen. Das ist bei vielen direkten Mitarbeiterinnen von Chefs zu beobachten. Die Fälle sind wahrlich nicht selten, daß eine Sekretärin »den Laden« besser kennt als ihr Chef. Sie hat alle Termine im Griff, organisiert perfekt, weiß um alle Dienstvorschriften und Gesetze, kennt die Kunden, Lieferanten und VIPs nicht nur mit Namen, sondern weiß auch um deren Befindlichkeiten, Stärken und Schwächen und (vor)formuliert sogar Entscheidungen. Das hat in vielen Fällen zur Folge, daß Anfragen usw. direkt an diese Sekretärin gestellt werden. Fällt sie durch Krankheit oder Urlaub einige Zeit aus, »läuft nichts mehr«. Sie hat sich eine Subkultur in einem Machtzentrum geschaffen, die ihr Ansehen, Respekt und Macht verschafft. Im Grunde könnte sie ihren Chef ersetzen oder zumindest in die Rolle einer Stellvertreterin schlüpfen. Doch sie bleibt Sekretärin und gelangt nicht einmal auf dem Papier in die zweite Führungsreihe. Und ihr Lohn? Wenn sie halb soviel »verdient« wie ihr Chef, gehört sie schon zu den Spit-

zenverdienerinnen ihres Geschlechts. Dafür genießt sie einige »Privilegien«, an die andere Kolleginnen nicht herankommen: Sie darf an Tagungen etc. teilnehmen (die sie selbst organisiert hat), jedermann kennt und begrüßt sie, hofiert sie und schmeichelt ihr, und ein schmucker Toast auf ihre »unverzichtbare« Arbeit wird bei keiner Ansprache fehlen. Danach hat sie dann die Aufgabe, die Tagung »nachzubereiten«. Wer sollte es auch sonst machen?

2. Möglichkeit:
Die zweite Möglichkeit besteht darin, um das »Recht der Frau« mit den Mitteln militanter Feministinnen und kreischender Emanzen zu kämpfen – wie immer das praktisch aussehen mag. Doch wie weit Theorie und Praxis in diesen (und anderen) Fällen auseinanderliegen, beweisen die Empfehlungen der Organisatoren des »Weltfrauentages« März '94 (z. B. »typische Dienste« als Frau an diesem Tage verweigern, selbstverständlich auch das berüchtigte Kaffeekochen für den Chef etc.). Solche Empfehlungen sind in ihrem Effekt nicht nur dümmlich, sondern auch gefährlich, weil sie Frauen in eine Situation bringen, die ihnen schwer schaden kann. In kleinen Betrieben, wo sich alle kennen, mag eine solche Verweigerungshaltung möglich sein. In einem Münchner Handwerksbetrieb mit vier Frauen im Büro weigerten sich an diesem Tag die Frauen, für ihren Chef Kaffee zu kochen. Es kam zu einer Diskussion über Frauenrechte. Doch der Chef besaß Humor – schließlich kannte er seine Damen. Kurzerhand kochte er für alle Frauen Kaffee. Dieser war jedoch so danebengelungen, daß die »Frauen-Demonstration« in lautem Gelächter endete. Man einigte sich schließlich: Die Frauen kochten Kaffee, und der Chef hatte für alle Kuchen zu besorgen.

Das kann aber z. B. in großbetrieblichen Hierarchien ganz anders enden, wie das Beispiel aus einem Stuttgarter Versicherungsunternehmen zeigt. Zwei Sachbearbeiterinnen vertraten lautstark, oftmals verbissen und rechthaberisch die Rechte der Frauen. Es entstand Unruhe im Unternehmen, weil die Mitarbeiterschaft gespalten war. Der »Weltfrauentag« bot für die beiden Frauen die beste Gelegenheit, die Frauenrechte so einzufordern, wie die beiden es für richtig hielten. Der Betriebsfrieden war gestört, aber

die Geschäftsleitung zeigte offenbar keinerlei Reaktion. Im Gegenteil, der auf dem Flur »abgefangene« und zur Rede gestellte Geschäftsführer zeigte mit einigen Wischiwaschi-Erklärungen *»Verständnis für die Frauenrechte ... und er würde sich wünschen ... wobei allerdings auf die gegenwärtige Lage ...«* usw.
Abgeblockt und voll daneben.
Einige Wochen war Ruhe im Unternehmen. Dann wurde plötzlich eine der beiden Frauen mittels hochgepäppelter Begründung (»Aufstiegschancen«) unter Beachtung des Arbeitsrechts zu einer anderen Dienststelle versetzt. Was sie jedoch nicht wußte, war, daß sie es nun mit einem sehr speziellen Arbeitsgebiet zu tun hatte, in das sie sich ohne besondere Aus- bzw. Weiterbildung nicht einarbeiten konnte. Diese Weiterbildung war also notwendig. Merkwürdigerweise konnte diese Weiterbildung nur in einer entfernten Außenstelle stattfinden ...! »In die Wüste geschickt« wird das genannt. Sie kündigte. Ihrer Kollegin ließ man ein sehr zweifelhaftes Glück zuteil werden. Sie teilte nun ihren Büroraum mit einer äußerst streitsüchtigen, rechthaberischen und dazu noch resoluten Frau um die 50 Jahre. Als sich die schriftlichen Beschwerden, Schikanen, Zeit- und Arbeitskontrollen dieser Frau über die »Frauenrechtlerin« häuften, kündigte diese völlig entnervt.

3. Möglichkeit:
Es ist der Weg, den ich den Frauen empfehle. Er beinhaltet, daß Frauen weder darauf warten, in die Phalanx der Führungsmächtigen aufgenommen zu werden, noch den Weg der militanten Feministinnen zu beschreiten. Dieser Weg setzt nicht die Männer pauschal auf die Anklagebank, aber er hat auch nicht zum Ziel, den Männern alles »nachzumachen«, sie zu kopieren oder als Frau die Rolle des Mannes zu übernehmen, denn ob das Matriarchat ebenso fatale Auswirkungen hätte wie das Patriarchat, bleibt so lange unbewiesen, wie es dieses nicht gibt. Dieser Weg, den ich als den **»zweiten Weg der Emanzipation«** bezeichne, geht von den bestehenden Verhältnissen aus und ist darauf gerichtet, sich als Frau Macht mit den »richtigen Mitteln« zu verschaffen.

Ob es »kluge Leute« waren, ist nicht leicht zu beurteilen, aber es gab eben diese Leute (Wirtschaftswissenschaftler), die ausgerechnet haben, daß eine sofortige und umfassende Gleichstellung der Frauen in allen gesellschaftlichen Bereichen rund 1000 Milliarden DM kosten würde – etwa soviel wie die deutsche Einheit. Damit würde die deutsche Wirtschaft zusammenbrechen, gleichgültig, welche Steuern die »Herren Volksvertreter« auf die Schnelle erfinden würden. Kein deutsches Unternehmen wäre mehr wettbewerbsfähig, viele Familien nicht mehr lebensfähig. Natürlich ist der Umkehrschluß bitter, denn wenn das so ist, muß festgestellt werden, daß die Wirtschaft offensichtlich u. a. nach dem Prinzip der Nichtgleichstellung der Frauen funktioniert und floriert.

»Frauen fehlt die notwendige Aggression, um sich in Hard Business zu behaupten. Männer sind einfach härter, aggressiver und zielorientierter. Frauen sind gefühlsorientiert, verlieren sich zu oft im Detail und scheuen sich, notwendigerweise auch Macht zu demonstrieren«, sinnierte ein Manager auf die Frage, warum Frauen kaum Führungsrollen erlangen.
Nur Vorurteile oder doch ein Quentchen Wahrheit?
Längst ist aus der Gruppendynamik bekannt, daß Aggressionen sich keineswegs positiv auf das Gruppenergebnis auswirken, im Gegenteil. Sie führen zu offenen und vor allem versteckten Widerständen der Gruppenmitglieder, die durch Aggressionen gemaßregelt wurden. Auf die Motivation und die Gesamtgruppenleistung bezogen, kann das zu verheerenden Ergebnissen führen. In der modernen Führungslehre kommt dieser Begriff darum auch gar nicht vor. Viel entscheidender ist die Sozialkompetenz, also die Fähigkeit, durch interaktive Prozesse eine Gruppenleistung zu erreichen, die stets höher ist als eine Einzelleistung. Hierbei sind angenehme Umgangsformen und positiv gestaltete zwischenmenschliche Beziehungen keineswegs hinderlich. Entscheidend ist für eine Führungsposition nämlich immer, daß das Ziel nicht aus den Augen verloren wird. **Führen heißt, andere dahin zu bringen, das zu tun, was man von ihnen erwartet und verlangt.** Das heißt konkret: Zielesetzen, Planen, Organisieren, Delegieren, Überzeugung, Beharrlichkeit und Durchsetzungsvermögen. Wenn letzteres nur mittels Aggressivität erreicht wird, besteht in den meisten Fällen die Gefahr, daß das Ziel nicht erreicht wird. Inso-

fern gibt es keinen vernünftigen Grund, warum Frauen keine Führungspositionen erlangen können.

Die Behauptung, Frauen verlieren sich zu oft im Detail, trifft allerdings auf viele Frauen zu. Entscheidend ist jedoch die Frage, was der Grund dafür ist. Es kann einerseits daran liegen, daß Frauen sich aus eigener Entscheidung heraus durch eine Subkultur Machtbefugnisse verschaffen wollen und sich darum in Perfektion üben bzw. sich Spezialkenntnisse aneignen und auf die Karte »Unentbehrlichkeit« setzen (siehe Möglichkeit 2).

Andererseits kann es auch daran liegen, daß Frauen, die frühzeitig auf »ihre Rolle« vorbereitet wurden und gelernt haben, den »Anweisungen von oben« Folge zu leisten, sich leichter ausnutzen lassen. Wer den betrieblichen Alltag kennt, weiß allerdings, daß das keineswegs immer mit böser Absicht geschieht oder gar ausbeuterisch gemeint ist, von Einzelfällen abgesehen. Das Zusammenwirken von Kollegen im Berufsalltag unterliegt anderen, meist einfacheren Strukturen. Wenn sich eine Fachfrau gerade in einem Spezialgebiet exponiert hat, sind ihre Kollegen allzu gerne geneigt, sich die eigene Sache einfach zu machen, indem sie lästige oder arbeitsintensive Arbeiten an die Fachfrau delegieren. Wird dies verbunden mit einem Kompliment (*»Frau Müller, das kann doch von uns keiner so gut wie Sie!«*) oder einer Hilflosigkeit (*»Also Frau Müller, ich stehe auf dem Schlauch. Wo muß ich denn die Bestellung anfordern? Ach, könnten Sie nicht für mich …?«*), übernimmt die liebe Kollegin nur allzu gern diese Aufgaben (die sie im übrigen nie wieder los wird!) und ist oftmals noch stolz auf die »Wertschätzung« ihrer Kollegen.

Frauen, die in Führungspositionen gelangen wollen, müssen darum das »Neinsagen« lernen, da sonst die Gefahr besteht, daß sie ihre Ziele aus den Augen verlieren. Denn Ziele zu setzen und diese konsequent zu verfolgen ist eine Führungsvoraussetzung. Chefs, die Führungskräfte aus der internen Mitarbeiterschaft rekrutieren, achten insbesondere auf diese Fähigkeit. Personalberater, die mit der Suche und Auswahl von Führungskräften beschäftigt sind, prüfen mit allen möglichen Mitteln (und oftmals Tricks) Bewerber/innen, ob diese sich zu sehr mit Details beschäftigen.

Das Neinsagen ist wahrlich nicht immer einfach, und es wird um so schwieriger, je öfters Sie »ja« gesagt haben. Doch einerseits können Sie das systematisch und konsequent erlernen (siehe Kap. 2.4), und andererseits ist das eine Frage, was Sie selbst wollen. Wenn Sie gute, erfolgreiche Arbeit leisten und ein klares Ziel vor Augen haben, wird es Ihnen leichter fallen, auch eine charmante, höfliche Bitte um Übernahme einer zusätzlichen Arbeit abzulehnen. Es besteht auch keinesfalls die Verpflichtung, das »Nein« langatmig zu begründen. Allerdings gilt auch hier die Regel: Der Ton macht die Musik. Eine andere Regel – Wie man in den Wald hineinruft, so schallt es zurück – wird dabei nicht immer richtig sein. Dem unfreundlichen Kollegen, der Ihnen in barschem Kommandoton einen zusätzlichen »Packen Arbeit auf den Schreibtisch knallt« und das evtl. noch mit einer Terminvorgabe verbindet, sollten Sie es nicht mit gleicher Münze heimzahlen. Er wird seine Unhöflichkeit ganz sicher nicht durch freundlichere Töne ersetzen, sondern eher mit noch mehr Aggressivität seinen Machtanspruch durchsetzen. Das hieße, das Verhalten des Mannes nachzumachen, statt Ihre eigene Persönlichkeit einzusetzen. Eskalieren die Emotionen, geraten Sie in den Nachteil (*»Beißzange, unverschämte Person, Zicke«* usw.). Lehnen Sie jedoch höflich, aber bestimmt diese zusätzliche Leistung z. B. mit einen Sachhinweis ab, befinden Sie sich stets auf der Sachebene. Wird diese kurz und gut begründet, sind Sie »aus dem Schneider«. Mit diesen Hinweisen wird auch deutlich, wie wichtig »Rhetorik für Frauen« ist (siehe Kap. 5). Aber auch Äußerlichkeiten und die Körpersprache sind Faktoren, die Sie einsetzen müssen (Kap. 3 und 4), um einen eigenen Stil zu entwickeln bzw. ein unverwechselbares Image von sich aufzubauen.

»Notwendigerweise auch Macht zu demonstrieren«, gehörte zu den Führungsvoraussetzungen, die der Manager (siehe oben) nannte. Darüber kann man geteilter Meinung sein. Viele Machtdemonstrationen von Männern, z. B. aus der psychologischen Kriegsführung, sind heutzutage längst allen Berufstätigen bekannt und

gelten als »olle Kamellen«. Wer z. B. einen Besucher zu lange warten läßt (über 15 Minuten), demonstriert keine Macht, sondern macht sich eher lächerlich. Wenn er dann noch mit einem sprachlichen Imponiergehabe den Besucher empfängt (*»Pardon, aber das war ein wichtiges Gespräch mit dem Herrn Minister«*), weiß der psychologisch geschulte Verkäufer zu diesem Zeitpunkt schon mehr über *ihn* als umgekehrt. Der Rest ist Routine: ständiges Beachten und Berücksichtigen seiner Prestige- und Machtmotive, keine direkten, sondern nur indirekte Widersprüche, keine eigene Unterwürfigkeit, aber auch kein eigenes Dominanzverhalten usw.

Macht läßt sich auf vielfältige Weise und mit unterschiedlichen Mitteln demonstrieren. Ein »richtiges Rezept, für alle gleichermaßen gültig«, gibt es selbstverständlich nicht. Es läßt sich aber sagen, was für Frauen falsch ist, nämlich ähnliche oder gleiche Machtdemonstrationen wie Männer zu zeigen. Macht kann durch Körpersprache, Rhetorik, Verhalten, Handlungen, Symbole usw. demonstriert werden. Demonstrieren heißt aber auch, daß der oder die andere diese Zeichen wahrnehmen. Also sollten Frauen sich nicht mit dem Kopieren männlichen Dominanzverhaltens beschäftigen, sondern mit der Wahrnehmung anderer. Frauen sollten sich die Fragen stellen:

1. Welche Ziele habe ich, und welches Image will ich von mir aufbauen?
2. Wie nehmen andere meine Leistung, meinen Stil, meine Symbole, mein Verhalten, meine Rituale, mein Image usw. wahr?
3. Wie kann ich die Wahrnehmung anderer steuern und lenken?

Zum Image: Wollen Sie in Ihrer Firma und bei den Kunden beliebt sein? Warum? Ein Unternehmer sagte mir einmal: *»Mitarbeiter, die besonders beliebt sind, haben keine Chance auf eine Führungsposition, denn Beliebtheit heißt auch Vertrautheit mit anderen. Der Schritt zur Kumpanei ist nicht mehr weit«.*
Und in der Tat. Entscheidend ist der Respekt, den andere vor Ihnen, d. h. Ihrer Fach- und Ihrer Sozialkompetenz haben. **Statt Beliebtheit achten Sie mehr auf Ihre Berechenbarkeit.**

»Tue Gutes und rede darüber« ist zur Wahrnehmungslenkung ein falscher Grundsatz. Besser ist dieser: ***»Tue Gutes und sorge dafür, daß andere darüber reden.«*** Die wohl wichtigsten Voraussetzungen zu Machterlangung und -erweiterung sind, neben der notwendigen Fachqualifikation, Information und Kommunikation. »Richtige« Informationen sind Machtmittel, unvollständige, falsche oder manipulierte Informationen führen zu Machtverlust. Die Gewinnung von Informationen durch den Zugang zu Informationsquellen ist die Conditio sine qua non (unerläßliche Voraussetzung). Ein (stets aktualisierter!) »Info-Pool« ist darum gemischt mit »quantitativen Daten« (Statistiken, Kostenplänen, technischen Daten usw.) und »qualitativen Daten« (Befragungsergebnissen, biographischen Daten, Besonderheiten, Bedürfnissen, Absichten, Hobbys, Einstellungen etc.). Da bekanntlich »Wissen Macht ist«, hat die- oder derjenige keine Macht mehr, wenn kein Wissen vorhanden ist oder das Wissen leichtfertig aus der Hand gegeben wurde. **Nicht jede Diskussion eignet sich darum zur Weitergabe spezieller Informationen. Mitunter ist Schweigen machtvoller als Reden.** Betrachten Sie Informationsgewinnung wie ein Spiel um Punkte, in dem gewinnt, wer die meisten Punkte hat. Und betrachten Sie Informationsweitergabe und -ausspielung wie ein Schachspiel, in dem Sie keine Figur verschieben können, ohne daß das nicht Einfluß auf das gesamte Spiel hat. Übrigens: Auch das Bluffen gehört dazu …

Ein Kennzeichen des Machtspiels der Männer ist, daß Frauen der Zugang zur Informationsgewinnung versagt oder zumindest erschwert wird. Die Männer wissen schon, warum sie das tun. Hier ist für Frauen Fingerspitzengefühl, eine »gute Nase«, Raffinesse und Hartnäckigkeit erforderlich. Untrennbar ist darum mit der Information die Kommunikation verbunden. Unternehmen, die an der Weiterentwicklung ihrer Unternehmenskultur arbeiten, schenken diesen beiden Faktoren größte Aufmerksamkeit. Erst die Fähigkeit, mit anderen positiv zu kommunizieren, wird Sie in die Lage versetzen, wertvolle Informationen zu gewinnen. Auch hier der Hinweis auf die Bedeutung des Kapitels 5, »Rhetorik für Frauen«.
»Druck erzeugt Gegendruck«, und da die Männer am »besseren Drücker« sitzen, ist eine offene Machtdemonstration von Frauen

wenig hilfreich. Frauen mußten es stets lernen und haben es immer verstanden, »ihre Macht« aus der »zweiten Reihe« heraus – oftmals mit Raffinesse – auszuüben. Eine Frau, die sich im Winter auf verschneiter Straße keine kalten Füße und Hände einhandeln will, stellt sich halt hilflos neben Schneeketten und Reifen ihres Autos. Es findet sich schon ein hilfsbereiter Mann ...

Unglaublich jedoch, wie im privaten Bereich die Machtverhältnisse zwischen Mann und Frau real aussehen können. *»Herr im Haus bin ich, und was meine Frau sagt, wird gemacht«* – mit diesem Spruch verspotteten sich ganze Männergenerationen selbst. Aus unzähligen Beispielen ist bekannt, wie im privaten Bereich die Umkehrung der männlichen Rollendominanz und die »untergeordnete Position« der Frau tatsächlich »funktioniert«:

Ein Vorstandsvorsitzender (!) eines 3000 Mitarbeiter umfassenden Unternehmens erzählte mir vertraulich, daß er jeden Morgen (trotz Haushaltshilfe) Brötchen holen, zweimal am Tag zu Hause anrufen und sich bei seiner Frau jeweils abends aus dem Hotel melden muß, wenn er infolge Dienstreise dort übernachtet.

Ein Marketingleiter erzählte mir, daß er sich nach Feierabend gerne der Gartenarbeit widmete, Rasen mähte, Blumen pflanzte und die Gartenlaube instand hielt, obwohl ihm *»eigentlich durch seinen Beruf kaum Zeit dazu blieb«*. Seine Mitarbeiter nannten die Erklärung: Der Garten und das Haus gehörten seiner Ehefrau, und sie »ordnete an«.

In einem Münchner Lokal war ich u. a. verabredet mit einem jungen Ehepaar. Sie war eine sehr schöne, junge Frau, er war der klassische »Macho-Typ«, und sein Auftreten und seine Sprüche waren geradezu exemplarisch. Beide lobten sich gegenseitig »hoch«. Den scheinbar achtlosen Hinweis der Frau: *»Mein Holger kann auch bügeln!«* nahm ich zum Anlaß, bei dem Ehepaar und ihren Bekannten etwas »nachzubohren«. Heraus kam, daß Holger nahezu die gesamte Hausarbeit verrichtete, weil die Frau sich weigerte, mit solchen *»profanen Tätigkeiten ihr Leben zu verschwenden«*, und für eine Haushaltshilfe reichte Holgers Geld nicht.

Aber auch eine andere Seite muß erwähnt werden. Stellvertretend für alle zwischenmenschlichen Beziehungen, gekennzeichnet durch Liebe, Anstand und gegenseitige Achtung, soll folgendes Beispiel gelten:

In meinem Bekanntenkreis gab es ein (kinderloses) Ehepaar um die 60 Jahre, das seit über 30 Jahren verheiratet war. Vor einigen Jahren wurde bei der (sehr lebenslustigen!) Frau Krebs festgestellt, der sich schnell ausbreitete und die Frau ans Bett fesselte. Von nun an übernahm der Mann in umsichtiger und geradezu rührender Art jahrelang alle Aufgaben, die seine Frau vorher scheinbar so mühelos und von ihm unbemerkt erledigt hatte. Sie starb nach unsäglichen Schmerzen in seinen Armen. Mit unvorstellbarer Haltung organisierte und durchstand dieser Mann die Beerdigung. Knapp drei Wochen danach verstarb er selbst.

Zurück zur beruflichen Welt. Traditionell stehen Männer an der Spitze und üben Macht aus, selbst wenn sie formal keine Macht haben (z. B. »Arbeitsanweisungen« von Männern an Frauen in einer gleichen Hierarchieebene). Frauen nehmen die untergeordneten Positionen ein und gelten als *»karrieresüchtig, aggressiv, Mannweib/unweiblich«* etc., wenn sie zur Macht streben. Da es Männer aus ihrem traditionellen Rollenverständnis heraus gelernt haben und sie vorbereitet wurden, die Führungsrolle einzunehmen, erzeugt eine Umkehrung dieser Rangfolge bei ihnen Irritationen, Ängste und auch Schamgefühle. Eine aus den eigenen Mitarbeiterreihen rekrutierte Frau als Vorgesetzte akzeptieren zu müssen empfinden viele Männer darum als Niederlage. Geradezu »bedrohlich« für das männliche Selbstverständnis (oft verwechselt mit »Ehre«) wird es dann, wenn Neider (z. B. im Kollegenkreis) oder Antreiber (z. B. im Familienkreis) Beobachter und »Kritiker« solcher Entwicklungen sind.

Aus einer Untersuchung in England ist bekannt (für Deutschland gibt es noch keine offiziellen Zahlen), daß 1993 über 700 Männer von ihren Frauen mißhandelt und geschlagen wurden, aber nur 5 % aller Fälle angezeigt wurden. Obwohl das angesichts der allseits bekannten Gewalt von Männern gegen Frauen eher unglaublich erscheint, klärt sich dieses Phänomen schnell auf. Aus der Untersuchung geht nämlich auch der Grund für das männliche Verhalten hervor: das Schamgefühl der Männer, diese Vorfälle öffentlich zu machen, z. B. durch eine Anzeige oder die Bekanntmachung im Kollegenkreis. Zu groß sei die Angst, so die Untersuchungsergebnisse, daß sie von anderen ausgelacht werden. *»Stellen Sie sich vor, ich komme Montags mit einem blauen Auge ins Büro und muß auf die Frage, wie das zustande kam, antworten: Meine Frau hat mich geschlagen. Mich würde doch niemand mehr ernst nehmen!«*, so eine typische Aussage.

In Zoten und Witzzeichnungen wird diese Umkehrung als Verhaltensdevianz karikiert, und Männer, die sich das »gefallen lassen«, werden als »Waschlappen, Pantoffelhelden, Schwächlinge« etc. stigmatisiert. Beispiel: Die nudelholzschwingende Ehefrau, die ihren angetrunkenen Mann zu später Stunde an der Wohnungstür erwartet; oder auch Zoten: Kind ruft aus dem Badezimmer: *»Mama, wo ist denn der Waschlappen?«* Antwort: *»Der ist um acht Uhr ins Büro gefahren!«*
Die Angst vor der Lächerlichkeit, davor, entgegen den traditionellen Vorgaben des männlichen Rollenklischees von einer Frau »überrundet« zu werden, ist auch ein Grund dafür, daß Männer verbissen an ihrer Macht festhalten und alles unternehmen, Frauen den Zugang zur Macht zu erschweren. Haben Frauen dann aber die Macht, dürfen sie keineswegs damit rechnen, daß die Männer sie nun offen und fair unterstützen. Aus sehr vielen Beispielen ist bekannt, daß das Spiel »Knüppel zwischen die Beine werfen« mit der gleichen Intensität und Gemeinheit betrieben wird wie die Rachespiele eines verschmähten Liebhabers. Und noch ein Phänomen ist bemerkenswert: Gehören Frauen zu dem »Spiel«, werden Intrigen der Männer wirksamer. Kein Wunder also, wenn dann jeder Fehler einer Frau doppelt zählt …

Frauen, die kein Gefühl und kein Gespür für Macht haben, werden diese auch niemals erreichen. Da Machterlangung aber für Frauen durch die Rituale männlichen Dominanzverhaltens erschwert wird, müssen Frauen einerseits eine besondere Sensibilität für Spiele mit der Macht, Machtverhalten, Machtbeziehungen und Ausdrucksformen der Macht in der Männerwelt entwickeln. Andererseits müssen Frauen ihren eigenen Machtstil aufbauen und ausagieren, der nicht nach männlichem Vorbild demonstriert werden kann. Eine Frau, die männliches Machtverhalten zeigt, wirkt bei Männern ***und*** Frauen aggressiv, egoistisch, vertrauenshemmend und abstoßend (*»Flintenweib, Blaustrumpf, Emanze«* usw.). Doch gerade diese Vorurteile bieten den Frauen außergewöhnliche Chancen, einen eigenen, neuen und zukunftsorientierten Führungsstil zu entwickeln (der ohnehin in der verkrusteten Manager-Männerwelt erforderlich ist! Stichwort: Unternehmenskultur). Leider muß in vielen Fällen bei einer »Frau an der Spitze« festgestellt werden, daß Machtausübung nur geschlechtsspezifisch, aber nicht notwendigerweise inhaltlich geändert wurde. Ebenfalls kein Wunder, daß diese »Vorzeigefrauen« von Männern (Politikern, Journalisten, Gewerkschaftlern etc.) besonders gehätschelt und hervorgehoben werden.

Machterlangung heißt auch Machtakzeptanz, d. h. Anerkennung der Machtspiele anderer, um damit zu zeigen, daß Sie das Spiel verstanden haben und »mitmischen« werden. Aber es muß »Ihre Art« sein. Und Sie müssen genau wissen, was andere wissen *müssen* bzw. nicht wissen *dürfen* – und das zielorientiert ausspielen. Sachkenntnis, Informationen, Rhetorik, Körpersprache und Selbstbewußtsein, das aus dem Selbstwertgefühl als Frau entsteht, sind dabei Ihre wichtigsten Voraussetzungen. Doch viele Frauen, die fachlich hochqualifiziert sind, verlassen sich zu sehr auf diese Fähigkeiten und spielen nur diese aus – oftmals mit eiskalter Professionalität. Auf andere wirken solche Frauen bedrohlich, weil Humor und Menschlichkeit fehlen. Besonders im Medienbereich und im Wissenschaftsbereich ist zu beobachten, daß sich qualifizierte Frauen so in ihr eigenes Können verliebt haben, daß sie arrogant, kalt und stets besserwisserisch auftreten. Diskussionen und Gespräche sind oft mühsam, weil bei diesen Frauen die Fähigkeit verkümmert ist, mit Charme und Humor auch mal »fünfe gerade sein lassen« zu können oder menschliche Regungen zu zeigen. Sie kommen mit ihrer Verbissenheit bei ihrer Umwelt nicht an. Sobald jedoch eine qualifizierte Frau auch Humor und Gefühle zeigt, ändert sich geradezu schlagartig das Verhalten der Umwelt. Im Medienbereich ist das längst erkannt und mit dem Urteil *»Die kommt (nicht) rüber«* versehen worden. »Rüber« kommen Frauen z. B. im Fernsehen, die beides können. Der unbestechliche Maßstab sind die Einschaltquoten.

Im Berufsleben ist das nicht immer einfach. Abhängig von der Branche entwickeln sich auch typische Umgangsformen untereinander, die den eigenen Stil sehr stark beeinflussen. Die Umgangsformen von Angestellten in Banken, Werbeagenturen, Versicherungsunternehmen, Handwerksbetrieben, Produktionsstätten etc. lassen sich nicht beliebig austauschen. Die z. B. in der Bauwirtschaft anzutreffende »deftige Bausprache« kann zu einer Adaption des eigenen sprachlichen Verhaltens führen, die für andere Branchen völlig ungeeignet ist und oftmals einen Branchenwechsel verhindert. Hier wirken wieder ritualisierte Vorurteile, an denen Frauen schwerer zu tragen haben als Männer. Ein übernommener Sprachstil und lockere Umgangsformen (z. B. fluchen, Kraftausdrücke, ein- oder zweideutige Witze etc.) können von Männern toleriert werden, Frauen empfinden das häufig als »Stillosigkeit, kein Benehmen« usw. Für eine Frau, die »nach oben« will, bedeutet das einen »Eiertanz«, denn stets muß sie den »richtigen« Weg zwischen Verbundenheit, Kollegialität und notwendigem Abstand finden.

Doch das ist zugleich auch eine Chance, daß der eigene Stil, eigene Umgangsformen und Verhaltensweisen von der Umwelt »wahrgenommen« werden. **Stets den notwendigen Abstand zu wahren: darauf sollten Sie Ihr ganzes Geschick und Ihre ganze Aufmerksamkeit legen.** Jeder Tag bietet dazu unzählige Gelegenheiten. Die Nachbarin, der Sie nicht rechtzeitig signalisierten, daß Sie mit Klatsch und Tratsch im Hause nichts zu tun haben wollen, werden Sie nicht mehr los. Die gemischte Geburtstagsfeier, die zu einem Schmutzige-Witze-Marathon ausartet, sollten Sie schon deswegen rechtzeitig verlassen, weil die meisten Witze ohnehin Frauen als dümmliche Sexopfer oder sexbesessene Monster darstellen. Dem anzüglichen Kollegen im Betrieb sollten Sie deutlich, unmißverständlich und vor allem nicht zu spät sagen, daß Sie sich seine Anzüglichkeiten verbitten. Schwieriger wird's auf den berüchtigten Betriebsfeiern, weil – ausgelöst durch Alkoholkonsum – selbst »graue Mäuse auf dem Tisch tanzen«. Psychologisch wirken nämlich Betriebsfeiern wie ein Ventil, die hierarchisch strukturierte Ordnung scheinbar legal zu durchbrechen, sich also in einer täglich zu beachtenden Ordnung jetzt frei verhalten, »Unordentliches« leisten zu dürfen. Die meisten Verhaltensformen entstehen dabei durch latente Wünsche und Begierden. Das übliche massenhafte »Bruderschaftstrinken« entsteht häufig aus dem Wunsch, den Abstand und damit eine Machtstruktur zwischen zwei Personen abzubauen. Umgekehrt ist es Ausdruck von männlichem Machtstreben, sich mit einer Kollegin nicht nur zu duzen, sondern viel wichtiger: den Bruderschaftskuß auszudehnen, Busen und Po zu begrabschen (jetzt »legal«!) und eine latent entstandene sexuelle Begierde konkret umzusetzen. Werden Sie erwischt oder wird bekannt, daß (bitte Rangfolge beachten!) *»Sie vom Kollegen Meier vernascht wurden«*, können Sie sich in den meisten Fällen hannenswerte Aufstiegschancen abschminken. Wenn Sie Pech haben, steht's auch noch in Ihrem Zeugnis: *»Im Kollegenkreise beliebt, ungezwungen, pflegte menschliche Kontakte und Geselligkeit«* etc. Natürlich soll und kann nicht verschwiegen werden, daß zur »flotten Betriebsnummer« immer zwei gehören. Und es ist auch bekannt, daß es Frauen gibt, die es auf Betriebsfeiern geradezu darauf anlegen, mit einem Kollegen, den sie schon lange »im Auge hatten«, für zwei, drei Stunden zu verschwinden. Aber die Beurteilung wird immer gleich sein: Der »Star« ist der Jäger, der Mann. Die Frau war nur die Gejagte, die Beute, die erlegt und jetzt ausgewaidet wird.

Ihr Weg nach oben, sich in der Männerwelt zu behaupten und an der Macht zu partizipieren, setzt weiterhin voraus, daß man(n) zu Ihnen Vertrauen haben kann. Vertrauens*würdigkeit* und Vertraulichkeit sind dabei zu unterscheiden. Vertraulichkeiten sind *eine* Sache. Eine *andere* Sache ist es, daß Vertrauenswürdigkeit dort endet, wo die Vertraulichkeit Überhand gewinnt – das wird leider allzu oft mißachtet. Hier gilt ebenfalls: **Vertrauen gewinnen heißt auch Abstand halten.** Es ist nur ein kleiner Schritt von einer »Vertrauensperson« zum Mißbrauch als »seelischer Mülleimer«.

Mit Ihrem Verhalten als Frau senden Sie Signale aus, die in der Männerwelt erst noch »gelernt« werden müssen. Männer haben ihre eigenen Machtsignale, die erkannt, respektiert oder bekämpft werden. Frauen können diese nicht »übernehmen«, sondern müssen spezifische Signale aussenden und Rituale präformieren, an die sich Männer gewöhnen müssen (und auch können!). Aber hier kommt es auf Berechenbarkeit und Glaubwürdigkeit an. Männer (natürlich auch Frauen) können nur das beurteilen, was sie rollenspezifisch »gelernt« haben, was sie real mit »der Frau an der Spitze« erfahren und kennen. Und diese »Erfahrung« ist aus Männersicht keineswegs immer positiv. Nicht einmal 2 % aller entscheidenden Führungspositionen sind mit Frauen besetzt. Aus rechtlichen Gründen können hier keine namentlichen (dennoch sehr bekannte!) Beispiele genannt werden. Als unnahbar, eiskalt, verbissen und machtversessen müssen einige bekannte Top-Führungsfrauen aus Gewerkschaft, Wirtschaft, Medien und Politik bezeichnet werden. Es stellt sich in diesen Fällen zwangsläufig die Frage nach dem Sinn des Geschlechterwechsels. (*»Wo ist der Unterschied zur Männermacht?«*)

7.2 *»Kommt 'ne Frau zum Arzt ...«* – Männerhumor und Zoten

Humor und Lachen haben eine außergewöhnlich wichtige Funktion in unserem Leben. Beide können das Leben erleichtern, zeitweilig ablenken von unseren Problemen und Zwängen, können Spannungen und Aggressionen abbauen, können verbinden, können eine psychosomatische Entlastungsfunktion haben, können eine Außenseiterrolle verhindern, können sogar »verkaufsfördernd« sein und können Menschen einen Wert zuweisen, den diese anders niemals erlangen würden.

Aber Lachen kann auch trennend, verletzend und gemein sein, kann zerstören, peinlich, rassistisch und selbstverständlich ... frauenfeindlich sein. Maßstab für ein Pro oder Kontra sind die Unterscheidungen, ob es sich um humorvolle Bemerkungen, Stories, Zoten, schmutzige oder saubere Witze, nette Scherze oder jene handelt, die nur auf Kosten anderer gemacht werden – wann und wie sie erzählt werden, warum und vor welchem Zuhörerkreis.

Ein solches »Beziehungsdickicht« zu strukturieren und zu definieren, ist mühsam und vor allem wenig sinnvoll. Jeder Lebenserfahrung entspricht die Tatsache, daß humorvolle Menschen beliebt und humorlose Menschen unbeliebt sind. Für Männer haben Lachen und Humor eine besondere Bedeutung. Auch hier sind die Wurzeln in der Rollenzuweisung in frühen Kindertagen zu sehen. Jungen »lernen« das Lachen über aggressive Comics, Freund-Feind-Bilder, Spiele bzw. Worte und finden daran mehr Freude als Mädchen. Dieses Verhalten kann sich zwar während des Heranwachsens ändern, aber bei vielen Männern ist dieses juvenile Verhalten auch in »gesetzten Lebensjahren« festzustellen. So ist zu erklären, daß es vielen Männern eine »diebische Freude« bereitet, ihre Freunde, Kollegen und andere Menschen mit einem Scherz »reinzulegen« oder sich über sie lustig zu machen (dicker Bauch, Glatze, Kleidung usw.). Guter Indikator, was »beim Volk ankommt«, sind Fersehsendungen. Zu beobachten ist, daß oftmals auf mehreren Kanälen gleichzeitig Streiche mit versteckter Kamera gesendet werden.

Das Dominanzverhalten der Männer führt dazu, daß es unterschiedliche Einstellungen und Ausprägungen zu Spannungen, Aggressionen und Feindseligkeiten zwischen Männern und Frauen gibt. Männer müssen dieses abbauen und finden in gesellschaftlich akzeptierten Witzen und Zoten dafür ein Forum. Dabei ist es aber keinesfalls so, daß nur Angehörige der mittleren und unteren Gesellschaftsschichten sich dieses Ventils bedienen. Gerade Führungskräfte bis hin zu Vorstandsvorsitzenden erzählen ein- bzw. mehrdeutige Witze oder hören sich diese gerne an. So ist z. B. vom ehemaligen Bundesaußenminister Genscher bekannt, daß er nicht nur ein Meister im Witzerzählen ist, sondern sich auf seinen langen Auslandsflügen auch gerne mit Menschen umgab, die besonders gut Witze erzählen konnten. Bekannt ist aus der Geschichte auch die »Tabakrunde« von Friedrich I. (Soldatenkönig), dem Vater des »Alten Fritz«, der besonders drastische Zoten und Witze in diesen Männerrunden liebte.

Witze haben auch eine wichtige psychologische Aussagekraft. Durch das Erzählen bestimmter Witze fühlt man sich Eigenschaften, Neigungen, Rassen usw. überlegen (Witze über Schwule, Neger, Türken, Sprachbehinderte, Sodomie etc.) und kann demonstrieren, daß man »anders« ist. Witze können aber auch entlarven, wie z. B. Witze über stupiden Kommiß und dümmliche Militärs (Hauptmann von Zitzewitz: *»Können Sie nicht grüßen?« »Pardon, Herr Hauptmann, aber das ist ein Hydrant.« »Egal, auch Akademiker müssen grüßen …!«*), oder sie können einen Standesdünkel treffen. So erzählte ich in einer Ärzterunde, die sich (nervtötend!) gegenseitig lobte, folgenden Witz:
Zwei Ärzte streiten sich am Krankenbett, wer die richtige Therapie hat. Sterbensängstlich schaut der Patient die beiden Streitenden an. Plötzlich sagt einer der Ärzte: *»Das werden wir ja morgen früh bei der Autopsie sehen, wer von uns beiden recht hatte …!«*
Entsetztes Schweigen in der Runde. Die Stimmung war dahin. Das gegenseitige Loben allerdings auch …

Es entspricht nicht der »Norm«, daß Frauen Witze und Zoten erzählen; sie sollen nur mitlachen, oftmals lauter als die Männer. Scherze, Witze und Spaß zu machen, also auch hier die Initiative zu ergreifen, ist offensichtlich ein Privileg der Männer als Dominanzbeweis. Nicht mitzulachen, auf Scherze und Zoten gar nicht, empört oder verärgert zu reagieren, heißt oftmals auch … Ausschluß. Doch selbst, wenn eine Frau in einer Männerrunde Witze erzählt, sind diese nach dem gleichen Strickmuster wie die von Männern erzählten Witze. Doch was versteht man unter Humor, wo endet er, und wo beginnt die Geschmacklosigkeit? Das wird jede und jeder verschieden sehen. Dennoch folgende Empfehlungen:

1. Frauen werden es nicht ändern, daß sich Männer Witze jeglicher Kategorie erzählen. Abhängig von der Situation und den Personen sollten Sie jedoch dann das Feld räumen, wenn nach Ihrer Meinung Grenzen des guten Geschmacks überschritten werden (schmutzige, gemeine, frauenfeindliche, rassistische, blasphemische, sodomistische etc. Wortbeiträge, Witze oder Zoten). Verständigen Sie sich evtl. mit anderen anwesenden Frauen über den gemeinsamen Weggang.

2. Wo immer es möglich ist, sollten Sie sachlich, aber konkret und bestimmt den erniedrigenden Inhalt der Beiträge ansprechen. Fragen Sie, welches Ziel mit dem Beitrag erreicht werden sollte (wirklich nur »lachen« oder peinliches, unüberlegtes Dominanzverhalten gegenüber »anderen«, wie Frauen, Ausländern, Behinderten etc.).

3. Humor und Lachen verbinden, haben somit eine soziale Funktion. Falls der Männerhumor nicht gerade in die unter Punkt 1 beschriebene Kategorie fällt, sollten Sie die wichtige Gabe entwickeln, auf den Humor der Männer »auf Ihre Art einzusteigen«. Nichts ist für Männer schlimmer als eine »sich pikiert abwendende Frau«, weil sie irgendeine Bemerkung zu ernst genommen hat. Es können peinliche Situationen für den betreffenden Mann entstehen, die er Ihnen möglicherweise lange »nachträgt« (neuer Feind!).

4. »Einsteigen« auf den Männerhumor darf nicht heißen, diesen stets zu beklatschen. Entwickeln Sie Ihren eigenen Stil, indem Sie nicht nur reagieren, sondern agieren. Doch wenn Sie re-

agieren, dann nicht schnippisch oder zickig (leider tun das viele Frauen!), sondern zeigen Sie dem Mann, daß seine Bemerkung ***nicht*** gesessen hat und daß Sie es verstehen, »auf einen Schelm anderthalbe zu setzen« (humorvolle Gegenbemerkungen, Zitate, Aphorismen usw.; siehe Kap. 5 und 6). »Agieren« Sie, indem Sie von sich aus humorvolle Bemerkungen anbringen. Wenn das mit Lächeln und Charme erfolgt, können Sie nichts falsch machen.

5. Nehmen Sie bestimmte Bemerkungen nicht stets persönlich. Für viele Männer gehören flapsige oder spitze Bemerkungen, Sprüche und oftmals eine gewisse Schnoddrigkeit zu einem »Ritual« in der Arbeitswelt. Frauen nehmen überraschende Bemerkungen irritiert, nicht selten verletzt auf und »tragen schwer an diesem Problem«. Für Männer haben auch danebengelungene Scherze eine entlastende Funktion, für Frauen gilt meistens das »Entweder-Oder«.

6. Für Frauen emotional enorm schwierig zu verkraften sind bösartige, zynische, bissige und sehr verletzende Bemerkungen von Männern. Doch stets mit gleicher Münze heimzuzahlen heißt, sich »totzusiegen«. Versuchen Sie zu erkennen, daß diese Spezies von Mannsbildern meistens Komplexe hat und Probleme mit sich herumschleppt, die sie mit ihrem Verhalten zu verdecken sucht. Sie werden »sein Problem« nicht lösen können, aber Sie können Probleme bei sich selbst verhindern. Und das »funktioniert« nur über die Schiene **»Selbstbewußtsein – Selbstdisziplin/Gelassenheit – Humor«**. Sie zeigen ihm, allen anderen und vor allem sich selbst, daß Sie die Klügere und Stärkere sind. Das gilt insbesondere im Umgang mit Chefs, Vorgesetzten, Kunden, fiesen Kollegen etc. Als »schwach« gelten Sie, wenn Sie davonlaufen, heulen, meckern, auf Rache sinnen, sich echauffieren, verkriechen, krank melden, Kollegen einbeziehen, Arbeit verschleppen/boykottieren usw.

Bleiben Sie sich, Ihrem Stil und Ihrem Ziel treu. Es ist falsch, stets nachzugeben, weil Sie eine Frau sind. Bedenken Sie: Der Klügere gibt nach – so lange, bis er der Dumme ist ...!

7.3 Flirt, Erotik und Sex – Tummelplatz der Mißverständnisse

Ob es uns angenehm oder unangenehm ist, ob es stört oder die Arbeitsfreude steigert, ob teppichbeißende Emanzen stets nur die Männer verurteilen, ob es verschärft unter Strafe gestellt oder liberalisiert wird: wo Männer und Frauen zusammenkommen, sind Flirt, Erotik, Sex im Spiel, und damit Macht. Das läßt sich ebensowenig austricksen wie etwa der Wetterverlauf. Daß es sexuelle Belästigungen und Frauenfeindlichkeit gibt, ist eine Sache. Es ist aber eine andere Sache, mit welchen Mitteln manche »Frauenrechtlerinnen« das Problem lösen wollen. Mit nahezu dogmatischer Männerfeindlichkeit hat es eine kleine Minderheit geschafft, der Mehrheit von Frauen und Männern ihre Sexualmoral aufzuzwingen. Es scheint diese selbsternannten Heilsbeterinnen auch nicht im geringsten zu stören, daß sie dabei die gleichen Methoden anwenden, die sie auf der anderen Seite so vehement bekämpfen. Das ist eben jener fatale Weg, der letztlich auf eine üble, menschenfeindliche Konfrontation zwischen Männern und Frauen hinausläuft. Bereits jetzt sind Männer und Frauen – vorwiegend in der Arbeitswelt – verunsichert. Es wird wieder einmal an den Symptomen »herumgedoktert«, statt das Übel an der Wurzel zu bekämpfen.

Mit dem neuen »Beschäftigtenschutzgesetz« erhöht sich die Unsicherheit über das, was ein »sexuell bestimmtes Verhalten« ist und wann die »Würde des Menschen verletzt ist« (FOCUS, 19/1994). Danach können sogar danebengelungene Bemerkungen, möglicherweise als Komplimente gedacht, als sexistisch eingestuft und angezeigt werden. Erstaunlicherweise gibt es dabei stets nur eine Denkrichtung: Alle sexistische Gewalt geht grundsätzlich von den Männern aus. Die betriebliche Praxis sieht allerdings anders aus. Nicht etwa, daß es die Frauen sind, die sexuelle Belästigungen ausüben – das kann zwar durchaus der Fall sein, und es gibt viele Fälle, in denen das nachgewiesen wurde. Aber die Problematik wird ganz offensichtlich zu sehr auf die generelle »sexuelle Geilheit« von Männern als Macht- und Unterdrückungsinstrument gegenüber Frauen als einzige Ursache reduziert. Im Zusammenle-

ben der Geschlechter, insbesondere im Berufsleben, gibt es aber noch eine Vielzahl weiterer Aspekte, die Ursache eines wie auch immer gearteten Dominanzverhaltens von Männern sein können. Selbstverständlich können auch Antipathie, Neid, Mißgunst, Wut, verletzter Stolz, Angst usw. Ursachen eines frauenfeindlichen Verhaltens sein. Aber: Die gibt es unter Männern ebenfalls. Die berechtigte Angst der Männer besteht nun vor allem darin, daß mit einem solchen undifferenziert formulierten Gesetz Fälle denkbar und durchführbar werden, nahezu jeden unbescholtenen Mann unter Druck zu setzen, ja, seine Existenz vernichten zu können – unabhängig von Schadensersatzforderungen an einen Betrieb, der »das hätte verhindern müssen«.
Daß das nicht so weit hergeholt ist, beweisen viele Fälle, die bereits jetzt in den Schlagzeilen sind:

Der Chemielehrer, der eine Schülerin gebeten hat, ihm nach der Unterrichtsstunde beim Wegräumen der Substanzen und Geräte behilflich zu sein, wird wenig später von der Schülerin beschuldigt, daß er sie sexuell belästigt habe. Hat dieser Lehrer keinen Zeugen, ist er »geliefert«.

Der Freiberufler, der lediglich eine weibliche Bürokraft hat (also die meiste Zeit mit ihr alleine ist), wird des gleichen Vergehens beschuldigt. Auch er kann, wenn ihm der Gegenbeweis nicht eindeutig gelingt, schlicht »seinen Laden zumachen«.

Ein weiterer (Einzel-)Fall? Ein sehr gutaussehender 31jähriger Mann »genießt« es in einem großen Dienstleistungsunternehmen, daß er »Hahn im Korb« ist. Besonders von einer jungen Kollegin ist bekannt, daß sie »hinter ihm her« ist. Ganz offensichtlich ist sie jedoch »nicht sein Typ«. Als eine neue Sachbearbeiterin eingestellt wird, entdeckt der Mann für die Neue »sein Herz«. An einem Freitagnachmittag, als die meisten schon den Betrieb verlassen haben, stellt die junge Kollegin den Mann sehr eifersüchtig zur Rede. Dieser verhält sich in seiner Erwiderung ungeschickt, indem er antwortet: *»Was geht Sie das überhaupt an? Sind wir verheiratet? Wenn Sie glauben … dann …!«* Usw. Am nächsten Montag wundert sich der Mann zwar, daß die Kollegin nicht anwesend ist, aber noch mehr wundert er sich, daß er wenig später von der Polizei *»wegen des Verdachts der Vergewaltigung und sexuellen Nötigung in Tateinheit mit. …«* usw. verhaftet wird.

Ein anderes Beispiel ging 1994 durch die Medien: Der Bürgermeister einer Gemeinde in Bayern lud die Chefin des Fremdenverkehrsvereins in sein Büro. Über drei Stunden soll die »Besprechung« gedauert haben, aus der sich weitere »Verkehrskontakte« zwischen den beiden entwickelt haben sollen. Nach einiger Zeit jedoch mußte der Bürgermeister diese Chefin infolge Sparmaßnahmen entlassen. Zwei Jahre nach dieser »Besprechung« verklagte die Frau den Bürgermeister wegen sexueller Nötigung, Vergewaltigung usw. Ein entsprechendes Gutachten, ebenfalls zwei Jahre danach erstellt, bescheinigte der Frau Glaubhaftigkeit. Der Bürgermeister verlor alle Ämter und wurde zu 15 Monaten auf Bewährung verurteilt. Er legte Berufung ein. Entscheidung der 2. Instanz bei Drucklegung noch unbekannt.

Wer die Arbeitswelt kennt, weiß, welches Gefahrenpotential in den Möglichkeiten steckt, die das Beschäftigtenschutzgesetz eröffnet. FOCUS: *»Es wird Auslegungssache der Gerichte sein, ob auch das Erzählen unanständiger Witze, das Anstarren von Frauen und Hinterherpfeifen unter diesen Tatbestand fällt.«* (Nr. 19/1994, S. 172) Weiterhin wird es Streitpunkt werden, so FOCUS, ob das Aufhängen von Pin-up-Girls dazu zählt und ob ein Vorgang rückwirkend zur Belästigung erklärt werden kann oder nur zum Zeitpunkt des Versuchs. Besonders schlimm wird es sich auswirken, wenn der Vorschlag einiger überdrehter Feministinnen Gesetz würde, daß die Beweislast umzukehren sei, d. h., der Mann muß nachweisen, daß die Beschuldigung nicht zutrifft – sonst wird er verurteilt. Begründungen dieser fragwürdigen RechtlerInnen: *»Frauen erheben Anschuldigungen nicht aus Jux und Dollerei«* … und *»Die Rechtsordnung lebt damit … daß auch einmal Unrecht gesprochen wird«*. Argumentiert wird mit einem mehr als »faulen Gutachten« unter Zugrundelegung von hanebüchenen Methoden (FOCUS 19/1994, S. 171f.). Erstaunlicherweise sprechen sich nach einer repräsentativen Umfrage zwei Drittel der Frauen aller Altersgruppen und jedes beruflichen Status gegen solche Gesetze aus (FOCUS, 19/1994, S. 173) – ein eindrucksvoller Beweis, wie weltfremd militante Feministinnen sind. Um was geht es denen eigentlich? Um eine Konkretisierung der überfälligen Gleichberechtigung von Frauen und um ein dazu notwendiges Miteinander mit den Männern – oder um einen blindwütigen Kampf gegen alles Männliche, der zu Mißtrauen, Konfrontation, Dissoziation zwischen den Geschlechtern und letztlich zu Mogelpackungen (»Quotenfrau«) bzw. zur trotzigen Machtdominanz der Männer führt? **Mitunter entsteht der Eindruck, daß die militanten Emanzen wie Militärs vorgehen: Sie stellen schwerbewaffnete Wachen vor Objekten auf, die keiner stürmen will.**

Die Kehrseite der Medaille. Unfaßbar sind die Meldungen, wonach sich eine Frau hilfesuchend an eine Polizeiwache wendet, um eine Vergewaltigung anzuzeigen. Genüßlich lassen sich die Beamten den Hergang schildern, fragen nach Details und forschen vor allem danach, inwieweit die Frau nicht »selbst schuld an dem Ereignis war«, denn *»... meistens tragen die Frauen eine erhöhte Mitschuld durch ein aufreizendes Verhalten«* (Kommentar eines Polizeisprechers 1993 in Bayern vor laufender Kamera).
Unfaßbar auch die Schamlosigkeit, mit denen manche Männer ihre Machtbefugnisse gegenüber Frauen ausnutzen. Wie soll sich eine Sachbearbeiterin verhalten, die von ihrem Chef sexuell belästigt, aber auf ihren Job und damit auf das Einkommen für ihre Familie angewiesen ist? Natürlich, so die feministischen Patentlöserinnen, kann sie sein Verhalten anzeigen. Möglicherweise wird der Chef-Grabscher bestraft. Aber sie selbst wird wohl kaum noch in dem Betrieb bleiben können. Und dann? Die berühmt-berüchtigten Emanzen haben ihr Schäflein im trockenen ...

Es geht den Frauen nicht nur um die plumpen Grabscher, die Po und Busen einer Frau direkt und unmittelbar betatschen. Frauen sollten sich dann mit der klassischen Methode wehren, nämlich der wohlplazierten Ohrfeige. Sie haben Angst vor der »Reaktion« dieser Männer? Die würden zurückschlagen, glauben Sie? Riskieren Sie's! Und Sie werden erleben, daß 99 % aller Männer »für Sie Partei ergreifen« werden. Auch die, mit denen »Sie nicht gerechnet haben«. Diese Ihre Spontanreaktion gehört zu den ungeschriebenen Gesetzen des Geschlechterverhaltens. Denn in solchen Fällen greift ein uraltes Männerklischee: Eine Frau schlägt man(n) nicht! Argumentieren Sie nicht mit dem restlichen 1 % der Männer! Schweine wird es immer geben …!

Es geht vor allem um die Männer, die raffiniert-bösartig, unverschämt-geil, aber dennoch (juristisch unangreifbar) Frauen durch Sex-Mobbing demütigen, um Männermacht und Begierde zu demonstrieren: Der Kollege, der einer Frau »behilflich« ist, eine Akte aus dem oberen Regal zu ziehen, und dabei ihre Taille umgreift und seine Hand »völlig unbeabsichtigt« auf ihren Po gleiten läßt. Oder der Kollege, der die Kollegin in einem Türeingang erwartet, um mit seinen Händen, die einen Gegenstand umgreifen, scheinbar zufällig ihren Busen zu berühren. Oder der Kollege, der mit einer taktlosen Bemerkung einer älteren Kollegin, die in ihrem Wert- und Normensystem noch den Begriff »Schamgefühl« kennt, seine Hand auf ihren Po klatscht. Oder der Kollege, der im vollbesetzten Aufzug fährt und sein erigiertes Glied an den Oberschenkel einer Frau drückt. Oder der Kollege, der »ach, wie peinlich« vor einer Kollegin stolpert und dabei »zufällig« ihren Mund und ihren Busen berührt. Oder der Kollege, der bei einer Zweierbesprechung »vertrauensvoll« seine Hand auf das Knie der Kollegin legt … usw. usw.

Es gibt unzählige weitere Beispiele. Doch jede »unterstellte Absicht« kann der Betreffende mit »Empörung« erfolgreich von sich weisen – und doch war es im Grunde eine beabsichtigte »sexuelle Belästigung«. Und dann käme noch eines erschwerend hinzu: Wenn es der Chef war …? In den Redaktionen bekannter Emanzenblätter wird das wohl nicht auftreten. Wozu und warum auch? Aber in der realen Arbeitswelt …?

Doch mitunter sehen und empfangen Männer sexuelle Signale von Frauen, die gar nicht ausgesendet wurden. Das hängt damit zusammen, daß für Männer zwischen Frauen und Sexualität eine enge Beziehung besteht. Unsere moderne Medienwelt unterstützt diese Vorstellung. Schauen Sie sich Fernseh- und Kinofilme an oder lesen Sie die millionenfach verbreiteten »Frauenzeitschriften«. Keine Reportage und keinFilm, in dem nicht eine Frau nach dem »gängigen Männerklischee agiert und funktioniert«. Flirt, Erotik und Sex gehören immer dazu, sonst läßt sich die Reportage »nicht verkaufen«. Daran gewöhnen sich ohne Zweifel viele Männer. Und also entspricht es der »gelernten Gewohnheit« von Männern, daß sie sexuelles Verhalten von Frauen »erwarten können« oder daß Frauen, was oftmals wichtiger ist, auf sexuelle Signale der Männer (sprich: Begierde) »eindeutig reagieren müssen«. Wenn sie's nicht tun, nun ja, dann sind diese Frauen frigide, zickig, lesbisch ... o. ä.

Für Männer gehören Sex und Macht zusammen, aber sie verwechseln beides. Sex ist eine Form der Machtausübung, um Frauen dadurch demütigen zu können, daß sie ein Verhalten ungestraft demonstrieren, was eine Frau scheinbar nicht kann. Die Palette der Möglichkeiten ist für Männer sehr umfangreich, und dadurch kann die Arbeitsbeziehung für Frauen schwierig sein. Das ist insbesondere dann der Fall, wenn es sich um die sogenannten »charmanten« Männer handelt, die nette Komplimente verteilen oder das Unergründliche an Frauen in einen mystischen Bereich verklären.
Beispiele:
»Frauen wollen nicht verstanden, sondern geliebt werden.«
»Wer als Mann sagt, er kenne die Frauen, weiß nichts von ihnen.«
»Eine Dame ist eine Frau, die es einem Mann leichtmacht, ein Herr zu bleiben.«
»Zerbrechen Sie sich darüber nicht Ihr hübsches Köpfchen.«

Strenggenommen sind diese und ähnliche Bemerkungen frauenfeindlich, denn dahinter steht die Auffassung, daß Frauen ohnehin nichts verstehen oder nur in ihrer vorgegebenen Rolle als Frau leben wollen. Eher unverständlich ist es da, wenn eine Frau an der Spitze auch noch solche Trends fördert:
»Es ist manchmal schwer, Frauen zu verstehen, man muß sie nur mögen. Und wenn man sie mag, muß man sie nicht mehr verstehen« (Birgit Breuel, Chefin der Treuhand-Gesellschaft und Ex-Wirtschaftsministerin in Niedersachsen, April 1992). Eher schmunzelnd läßt sich da ein Spruch des Journalisten Henning Venske betrachten:
»Frauen, die die gleichen Rechte wie Männer fordern, sind auf jeden Fall bemerkenswert genügsam.«

Nun sind nicht alle Männer Meister des Wortes, und es wäre im Zusammenleben der Geschlechter nahezu unerträglich, jedes Kompliment auf frauenfeindliche Hintergründe zu prüfen. In den Arbeitsbeziehungen muß auch eine gewisse Entspannung vorhanden sein, und die entsteht nicht dadurch, daß jeder kleine Flirt als sexistisch oder machtdominant verdächtigt wird. Ein gutes Regulativ ist dabei immer noch der Humor. Aber Frauen sollten gute »Antennen« entwickeln, wann Männer z. B. Sex als Machtmittel einsetzen – gleich, ob bewußt oder unbewußt. Der häufigste Fehler, den Frauen allerdings begehen, besteht darin, daß sie emotional zu heftig reagieren; sie sind empört und empfinden es als eine Unverschämtheit, Anzüglichkeit usw. und demonstrieren dieses lautstark oder deutlich vor anderen. Doch nur selten können sie damit rechnen, daß ihr Verhalten von anderen Männern gebilligt wird. Das würde nämlich voraussetzen, daß gerade diese Männer Sex als Machtmittel verschmähen.

Problematischer wird es, wenn sich Frauen mit einem Arbeitskollegen einlassen und diese Beziehung bekannt wird. Geschieht das z. B. unter Alkoholeinfluß nach einem Betriebsfest und brüstet sich der Mann bei seinen Kollegen auch noch damit, daß er die Kollegin XY »vernascht« habe, so dürfte der Ruf und damit die Aufstiegschance für die Frau »gelaufen« sein. Jede Frau weiß heute, wie gefährlich es ist, mit einem Kollegen »etwas anzufangen«. Liebesaffären zerstören meistens die Arbeitsatmosphäre, und in aller Regel sind dann die Frauen benachteiligt. Der Ratschlag, generell keine Liebesbeziehung im Betrieb einzugehen, ist natürlich leicht gegeben, aber oftmals schwer durchzuhalten. Viele Männer sind durchaus nicht ungeschickt in ihrem Liebeswerben und lassen sich »etwas einfallen«. Insbesondere für alleinstehende Frauen und solche, die z. B. in einer Ehekrise leben, ist es sehr schwer, an die Beteuerungen nicht zu glauben, diese stets abzuwehren und dem Liebeswerben widerstehen zu können. Für Männer ist es sehr reizvoll und oftmals schmeichelhaft, die attraktive Kollegin unbemerkt von den anderen, die sie ebenfalls hofieren, auf ihrer Seite zu wissen. Und in der eher nüchternen Arbeitssituation und dem Versteckspiel vor anderen baut sich bei beiden ein Spannungspotential auf, welches sich irgendwann, z. B. an einem Wochenende, entlädt. Aber es gibt immer ein »Danach«! Fragen Sie sich also, wer im Konfliktfall entlassen wird, ob die »heißen Schwüre« sich wirklich realisieren lassen, oder noch einfacher, was im günstigsten und was im schlechtesten Fall bei dieser Beziehung für Sie herauskommen kann.

Festzuhalten bleibt, daß überall dort, wo Männer und Frauen zusammenkommen, eine besondere Atmosphäre entsteht, in der Flirt, Erotik und Sex eine Rolle spielen – bewußt oder unbewußt. Mit Gesetzen läßt sich das nicht verhindern. Denn nochmals: Männer sehen Sex oft da, wo er gar nicht existiert, viele Signale einer Frau werden von den Männern als Sex-Signale interpretiert. Männer »erwarten« eine Antwort auf ihr »Balzverhalten«, Männer bringen Frauen stets mit Sex und Macht zusammen, und das Wichtigste: Sex ist für Männer eine von vielen Möglichkeiten, ihre Macht über Frauen zu demonstrieren.

In diesem Zusammenhang müssen aber auch einige typische Männerargumente beleuchtet werden:
»Vielen Frauen macht es Spaß, begrabscht zu werden.«
»Frauen legen es darauf an, die Männer wild/scharf zu machen.«
»Frauen macht es genauso viel Spaß zu … wie Männern. Beide trennt nicht die Lust, sondern gesellschaftliche Regeln.«

»Wozu als Mann heiraten, wenn man schon einen Papagei für 100,– DM haben kann?«

»Soviel brauchen wir Frauen nicht ausgeben. Kamele kriegen wir umsonst, mein Herr …!«

»Frauen sind selbst schuld, wenn sie belästigt werden. Warum kleiden sie sich, gehen oder schauen so aufreizend?«
»Frauen gehen in ihrer Koketterie einem natürlichen Trieb nach, für die Fortpflanzung zu sorgen. Das ist ein Grunderhaltungsprinzip der Natur, ohne das wir alle längst ausgestorben wären oder gar nicht existieren würden.«

Genausowenig wie es ein einheitliches Verhaltensmuster »der Frauen« gibt, gibt es ein typisch sexistisches Verhalten von Männern – auch wenn die militanten Feministinnen nicht müde werden, die Dinge auf den Kopf zu stellen. Die Auswüchse dürften wohl in beiden Geschlechtergruppen gleich verteilt sein. Machos und Paschas, die ein frauenfeindliches Verhalten analog ihren Sprüchen haben, sind leicht auszumachen und noch leichter in ihre Schranken zu verweisen – wenn *frau* will. In den meisten Fällen ist keine Antwort die beste Antwort. Wenn Sie erst versuchen, dem sexistischen Spruch eines Machos zu kontern, wird ihn das eher noch zu weiteren Anzüglichkeiten motivieren. In vielen Fällen hilft auch ein uralter Trick, nämlich daß Sie das Gespräch auf Ihren festen Freund oder Ehemann bringen. Der Jagdtrieb, der auf schnelles, unkompliziertes »Erlegen der Beute« gerichtet ist, läßt bei Männern im allgemeinen dort nach, wo mit einem Kontrahenten zu rechnen ist. Findet die »sexistische Anmache« in Gegenwart anderer statt, so kann es vorteilhaft sein, den Mann nicht direkt für sein schweinisches Benehmen zu maßregeln, sondern ihn einfach stehenzulassen. Sie werden sich wundern, wie viele (auch Männer!) sich mit Ihrem Verhalten solidarisieren und dem schamlosen Schürzenjäger Vorhaltungen machen. Wiederholt sich ein solcher Vorgang, hilft in der Tat die schriftliche Beschwerde beim Arbeitgeber.

Anders beim Flirten. In der Tat verstehen es viele Männer, charmant, originell und oftmals kunstvoll zu flirten. Es ist längst erwiesen, daß sich ein Flirt so lange positiv auf die gesamte Arbeitsatmosphäre auswirkt, wie sich dahinter nicht die klare Absicht zum Sex gegen den Willen der Frau verbirgt. Wird sie nicht bedrängt, sondern als Frau respektiert, entstehen keine Probleme. Doch oftmals werden Grenzen überschritten, oder, was noch häu-

figer ist, der Mann versucht gegen den Willen der Frau mit ihr zu flirten. Vielleicht macht er sich Hoffnungen, weil er falsche Signale empfangen hat. In einem Lokal kann die Frau das dadurch beenden, daß sie geht. In der Arbeitssituation hat der Mann viele Möglichkeiten, ihr nachzustellen und sie anzusprechen. Weglaufen kann sie nicht.
Doch auch in solchen Situationen sollte Ihre Reaktion angemessen sein. Den Flirtversuch zum Anlaß nehmen zu wollen, sich selbst vor den Kollegen interessant zu machen, und mit einer »Überreaktion« zu antworten, kann »ein Schuß nach hinten« sein und dazu führen, daß sich alle Kollegen von Ihnen abwenden. Besser ist das klärende Gespräch unter vier Augen. Sagen Sie dem Kollegen z. B., daß Sie sein Verhalten zwar bemerkt hätten und auf eine freundschaftliche Arbeitsbeziehung mit ihm großen Wert legen, Sie aber keine darüber hinausgehenden Kontakte möchten. Doch denken Sie auch an die Verletzlichkeit der Männer, hinter der wahrlich nicht immer sexistische Absichten stehen müssen. Vielleicht hat sich ein Kollege ganz einfach Hals über Kopf in Sie verliebt. Geben Sie ihm bei einem solchen Gespräch die Möglichkeit, sein Gesicht zu wahren, und lassen Sie ihn nicht »kalt abfahren«. Sagen Sie ihm, daß Sie seine Gefühle verstehen, aber nicht erwidern können. Entspannen Sie die Situation dadurch, daß Sie ihn fragen: *»Was können wir beide in Zukunft tun, damit wir zu einem kollegialen Verhältnis ohne Absichten kommen?«* Übrigens: Gespräche dieser Art sind auch nicht dazu geeignet, mit der Arbeitskollegin »durchghechelt« zu werden.

Ohne Zweifel aber gibt es auch Frauen, die es offen und direkt, aber auch indirekt, darauf anlegen, Männer scharf zu machen. Und nicht immer sind sich solche Frauen der Konsequenzen ihres Verhaltens bewußt. Bei Prostituierten ist das anders. Jede betont mit einer scharfen Sex-Kleidung und entsprechendem Verhalten einen bestimmten »Typ«, weil sie weiß, daß nahezu jeder Mann auf »seinen Typ von Frau« reagiert und weil sie eben diesen Mann für ihr »Geschäft« heranlocken will. Das Ziel und die Konsequenzen sind sowohl der Prostituierten als auch dem Freier bekannt: Es geht um reine Triebbefriedigung. Neuere Untersuchungen geben jedoch darüber Aufschluß, daß die Männer zwar vordergründig betrachtet bei Huren Sex haben wollen, sie aber unbewußt auch die Demütigung und Erniedrigung einer Frau »kaufen« – auch wenn dann im Bordell selbst die Frau die Macht über den Mann hat. Letzteres soll es übrigens in bürgerlichen Schlafzimmern auch geben ...

Frauen haben sich zu allen Zeiten modisch gekleidet, und jede Zeit hatte ihren erotischen Reiz. Bei unseren Großeltern hat schon die sichtbare schlanke Fessel so manchem Mann den Kopf verdreht. Als in unserer Zeit Miniröcke und Hot pants Mode wurden, verschlug's einer ganzen Männergeneration die Sprache. Jedes Jahr werden wir mit neuen Modetrends konfrontiert. Aber hat es jemals irgendeine Moderichtung gegeben, in der nicht der erotische Reiz einer Frau unterstrichen werden sollte? Selbst nach der sehr kurzlebigen Sackkleid- und Maximode schlug der Trend wieder ins Gegenteil um.
Der erotische Reiz und die Signale, die von einer Mode ausgehen, dürfen selbstverständlich kein Freibrief für Männer sein, sich einer Frau gegenüber sexistisch zu verhalten. Doch nochmals: Männer empfangen oft Signale des Optischen und des Verhaltens einer Frau, die überhaupt nicht ausgesendet wurden. Eine Frau, die bisher z. B. nur halblange Kostümröcke getragen hat und ganz einfach einmal einen kurzen Rock mit einer figurbetonten Bluse und den neuen, modischen Strümpfen tragen möchte, weiß, was sie im Büro an Blicken, Getuschel und Bemerkungen der lieben Kollegen zu ertragen hat (*»Jetzt will sie's aber wissen«, »Die will die Männer scharf machen«, »Die sucht für heute abend einen ...«* usw.). Was immer wir an Gesetzen erfinden, wie immer wir uns moralisch entrüsten: das Männerverhalten läßt sich kurzfristig nicht ändern. Zu tief sitzen die historisch gewachsenen Wurzeln des Patriarchats, und zu fest verankert sind die Verhältnisse. Es wird ein sehr langsamer Prozeß der Veränderung werden, bei dem das Verhalten der Frauen eine entscheidende Rolle spielen wird. Soviel steht fest: **Aus eigenem Antrieb wird sich die Männerherrschaft nicht verändern.** Aber sie verändert sich auch nicht, wenn alle Männer pauschal auf die Anklagebank gesetzt werden, sondern nur dann, wenn gemeinsam mit den Männern die Gleichberechtigung der Frauen vorangetrieben wird. Doch solange sich

Frauen selbst nicht wehren, wird sich nichts Wesentliches verändern.
Auch das Verhalten der Frauen selbst ist entscheidend. Eine Frau muß erkennen und reagieren, wann Machtspiele und Sex von Männern eingesetzt werden. Die »richtige Reaktion« kann in Einzelfällen allerdings sehr schwierig werden. Wenn ein Kollege z. B. – scheinbar als freundschaftliche Geste gemeint – seinen Arm um die Kollegin legt, um sie, evtl. noch mit einem Kosenamen (*»tolle Lady, Supergirl, Herzblatt«* etc.), zur Konferenz zu begleiten, so demonstriert er – bewußt oder unbewußt – Macht über die Kollegin. Was soll sie also tun? Drückt sie unwirsch den Arm weg und echauffiert sich, zieht sie das Unverständnis aller Kollegen auf sich (*»So eine Zicke, das war doch nur nett gemeint«* usw.). Das Verhältnis untereinander dürfte damit einen Knacks bekommen haben. Doch diese Frau könnte versuchen, durch ähnliche Machtgesten einen »Gleichstand« zu demonstrieren, indem sie ihm – eher unweiblich – auf die Schulter klopft und sagt: *»So, mein Lieber, dann wollen wir mal in der Verhandlung sehen, was du kannst!«* Oder: *»Prima, Verehrtester. Was machen denn Frau und Kinder?«* Je nach Situation und Person kann auch ein flapsiger Spruch geeignet sein: *»Na, mein Lieber, machst du immer noch diese herrlichen Laubsägearbeiten?«* Oder: *»Na, du toller Hecht. Fährst du immer noch deinen alten Manta mit den runderneuerten Reifen?«*

Schwieriger wird es, wenn z. B. der Chef solche Machtspiele ausübt. Hier kann meistens nicht mit gleicher Münze zurückgezahlt werden. Aber Sie können Ihr Machtspiel auf eine andere Ebene verlagern, um Ihrem Chef damit indirekt zu sagen, daß Sie sein Machtspiel erkannt haben. Möglich wäre z. B., daß Sie einem Kollegen die Tür aufhalten mit der Bemerkung: *»Und jetzt müssen wir auch etwas für den Kollegen Meier tun. Bitte!«* Oder Sie fordern einen Kollegen auf, auf »diesem Stuhl hier« Platz zu nehmen, usw. Im Grunde kann das Verhalten des Chefs und des Kollegen wirklich harmlos, unüberlegt und ohne Absicht sein. Gefährlich wird es aber dann, wenn Männer z. B. in gemischten Konferenzen mit Bemerkungen über Frauen, Aussehen, Verhalten und Sex Machtspiele demonstrieren, weil sie damit stets eine bestimmte Absicht verfolgen. Wenn Frauen z. B. an Geschäftsbesprechungen und Verhandlungen teilnehmen, haben sie auch eine entsprechende Kompetenz und Zuständigkeit. Die Männer begreifen in diesen Fällen besonders deutlich Frauen als unberechenbare Konkurrenz, weil Männer eben nur mit »Männerritualen« umgehen können. Sie versuchen darum sehr häufig, mit sexuellen Machtspielen Frauen abzuwerten, zu verunsichern oder einzulullen. Der Versuch wird insbesondere bei jungen Frauen und solchen mit niedrigem beruflichem Status angewandt – weniger bei älteren oder beruflich gleichgestellten Frauen. Hier heißt es »wachsam sein«. Versteckte Abwertung und Verunsicherung sind dabei noch leichter zu parieren als charmantes, witziges Einlullen. In den meisten Fällen genügt der Hinweis auf die Sache, die Wiederholung der eigenen Frage oder auch eine humorvolle, aber selbstbewußte Bemerkung: *»So, so, Herr Meier. Nun kenne ich Ihre Auffassung. Ich habe auch eine. Wollen Sie die mal hören?«* Vorsicht ist geboten bei versteckten Anspielungen, z. B.: *»Also, Frau Schneider, wenn Sie die Zahlen bis Montag parat haben, dann habe ich auch etwas für Sie parat, nämlich eine Einladung zum Abendessen!«* Mit der schnippischen Antwort: *»Die können Sie sich sparen!«* werden Sie nicht viel erreichen. Erfolgreicher ist in solchen Fällen eine humorvolle Bemerkung: *»Na gut, Herr Meier, dann lassen Sie uns mal über die Voraussetzungen sprechen, die* ***Sie*** *erfüllen müssen, damit mir das auch gelingt.«* Entkrampfen Sie aber solche Situationen stets durch ein freundliches Lachen, und kommen Sie dann unmittelbar zum Thema zurück: *»Ich möchte noch einmal auf den Umsatz im Gebiet XY zurückkommen. Was ist der Grund, daß …?«* Usw.

Besondere Vorsicht ist dann geboten, wenn sexuelle Fähigkeiten, Wirkungen oder Ausstrahlungen der Männer in Frage gestellt werden. Sagt z. B. ein Mann in Gegenwart anderer: *»Also, Frau Schneider, Sie sind schon eine Sünde wert!«*, so stellen Sie mit einer evtl. Antwort: *»Das können Sie wohl kaum beurteilen!«* seine sexuellen Fähigkeiten in Frage. Darin sind Männer äußerst sensibel und empfindlich, und nicht selten führt eine solche Verletzung zu einem »neuen Feind«. Bewährt hat sich in solchen Fällen stets der Humor: *»Es freut mich, daß Sie das so sehen. Ich bevorzuge allerdings die Arbeitswelt, und da haben Sünden ja bekanntlich keinen*

Wert!« Natürlich reizt es, mit einer scharfen Antwort zurückzuschlagen. Und dann? Dann ist »Ruhe«, meinen Sie? Falsch. Oberflächlich vielleicht. Aber Sie haben sich mindestens einen neuen Feind geschaffen, der unter der Oberfläche gegen Sie agiert. Raffinierter ist es, die Fassung zu bewahren und mit humorvollen Antworten dem Mann die Chance zu geben, sein Gesicht zu wahren – insbesondere in Gegenwart anderer Männer.

Schwierig, oftmals kompliziert wird es für Frauen, wenn Männer charmant, höflich und originell Komplimente machen. Schwierig ist es vor allem deswegen, weil liebenswerte Komplimente durchaus keinen manipulativen Charakter haben müssen, sondern ganz einfach die Bewunderung für eine Frau ausdrücken können. Kompliziert wird es für Frauen deswegen, weil sie sich – ob sie wollen oder nicht – bei Verhandlungen oder Streitgesprächen mit diesen Männern in einer gefühlsmäßig nicht guten Situation befinden. Einerseits wollen Frauen ihren Standpunkt durchsetzen, andererseits müssen sie dazu möglicherweise Taktiken und Verhaltensformen anwenden, die sie den Komplimenten zufolge nicht haben bzw. anwenden. Hier sollten Frauen gut überlegen, ob sie solche Komplimente einfach nur »über sich ergehen lassen« und sich geschmeichelt fühlen oder ob Person, Situation und Sachverhalt geeignet sind, nach dem kurzen Bedanken für das Kompliment mit einem kleinen Redebogen darauf zu verweisen, daß ihnen auch andere Verhaltensformen nicht fremd sind. Wie überall macht auch hier der Ton die Musik, und darum sollte es stets eine humorvolle Erwiderung sein. Entscheidend ist, was erreicht werden soll. Mitunter ist es ratsam, auch bei kleinen Gelegenheiten zu signalisieren, daß das bewunderte Verhalten, die Eigenschaften oder gar Äußeres und das Selbstbewußtsein zur Gleichberechtigung als Frau zwei Dinge sind.

Männer können Komplimente aber auch gezielt einsetzen, um Frauen einzulullen, geschickt zu demütigen bzw. herabzusetzen oder um sie zu verunsichern. Häufig geschieht dieses in Besprechungen und Verhandlungen, aber auch – oft genug beobachtet – bei gesellschaftlichen Anlässen. Der anwesenden Frau werden von einzelnen Männern Komplimente über ihr Aussehen, ihre interessanten Gedanken oder gar ihren Erfolg gemacht. Üblicherweise erfolgt Zustimmung der anderen Männer, und nicht selten unterhalten sich diese dann untereinander und ergänzen die Komplimente. Die Frau kann dann nur staunend, geschmeichelt und lächelnd zuhören. Was soll sie auch anderes machen? Doch hier ist Vorsicht geboten. Warum tun diese Männer das? Die Antwort kann nur lauten: Weil sie diese Frau nicht als gleichwertig und gleichberechtigt akzeptieren und ihre Auffassung in scheinbar legale Komplimente verpacken. Das merkt eine Frau spätestens dann, wenn sie eigene Gedanken einbringen will, ein bestimmtes Ziel verfolgt und mit ihrer Meinung im Widerspruch zu den Männern steht. Sie darf ganz sicher sein, daß die Männer jede Gelegenheit nutzen werden, auf die vielfältigste Weise neue Komplimente auszusprechen und geschickt in ihre Argumentation einzubinden. Das Ziel ist klar. Die Frau soll »ausgeschaltet« werden, indem sie als nicht gleichberechtigte Partnerin zurückgesetzt wird, denn die Komplimente werden taktisch eingesetzt. Diese sind damit genau betrachtet keine Aufwertung der Frau, sondern eine Abwertung, eine Rückversetzung in die Rolle als Frau.

Hier gilt es, Fingerspitzengefühl, Augenmaß – aber auch Beharrlicheit zu zeigen. Natürlich könnte sie, wenn sie das Machtspiel durchschaut hat, sich nichts anmerken lassen und weiterverhandeln. Aber diese Taktik scheitert oft im Detail. In den meisten Fällen ist es besser, das Kompliment aufzugreifen, sich kurz zu bedanken und zur Sache überzugehen. Je öfter das erfolgt, um so eher werden die Männer begreifen, daß ihre Taktik »Einlullen mit Komplimenten« nicht aufgeht. Doch auch hier sollten Ton und Inhalt nicht bissig sein. Freundlichkeit und Humor sind der Beweis für Überlegenheit. Damit wird das Männerverhalten entlarvt, daß die Komplimente sich nicht auf die Frau an sich beziehen, sondern taktisch eingesetzt werden.

»Die schläft sich nach oben«, »Die ist lesbisch«, »Die hat was mit dem (verheirateten) Kollegen Schulz«, »Die soll früher mal im Rotlichtviertel gearbeitet haben«, »Die ist sexuell pervers« usw.

Die wohl mieseste und schmutzigste Waffe, die Männer gegen

Frauen einsetzen können, sind **Gerüchte und Verleumdungen**. Das Perfide an einer Verleumdung ist, daß immer etwas hängenbleibt. Es gibt keine Möglichkeit, sich lupenrein zu rehabilitieren, besonders nicht im Sexualbereich. Gerüchte werden aus sehr unterschiedlichen Gründen in die Welt gesetzt. Es kann verletzte Eitelkeit sein, Rache, Eifersucht, Machtdominanz, sexuelle Unterdrückung, Sensationslust, Wichtigtuerei, Taktik, pure Gemeinheit usw., aber auch Angst oder Unsicherheit. Dagegen ist im Grunde kein Kraut gewachsen; alle wissen es, niemand sagt etwas, nichts ist greifbar. In Prominentenkreisen ist zu beobachten, daß zunehmend viele Frauen (auch Männer) an die Öffentlichkeit treten – natürlich PR-wirksam. Doch was soll die namenlose junge Kollegin tun, der nachgetuschelt wird, sie sei lesbisch?

Nicht jede Frau hat den Mut, so zu handeln, wie es eine junge, sehr attraktive Frau in einem Münchner Unternehmen konnte. Ihr war bekannt geworden, daß ein junger Kollege, der nach einer Betriebsfeier sehr aufdringlich wurde, aber letztlich keinen Erfolg hatte, gezielt im Unternehmen verbreitete, sie sei lesbisch. Anläßlich einer Kaffeepause, zu der sich die Mehrzahl aller Kollegen (auch der junge Mann) traf, nahm sie ihren Mut zusammen: *»Übrigens, ich hörte von dem Gerücht, daß ich lesbisch sei!«* Alles schwieg plötzlich und schaute sie an. *»Unabhängig davon, daß das niemanden etwas angeht, möchte ich dennoch sagen, daß das falsch ist. Richtig ist, daß mich jemand vernaschen wollte. Da habe ich ihn rausgeschmissen. Aus Wut darüber setzte er das Gerücht in die Welt, ich sei lesbisch!«* – dabei lachte sie zum Schluß. Ohne den betreffenden Kollegen anzusehen, wußte jeder im Raum, wer gemeint war. Es folgte eine kurze Schrecksekunde aller, dann brach nahezu brüllendes Gelächter aus. Nur einer lachte nicht mit, sondern bekam einen roten Kopf … Das Gerücht war vom Tisch.

Da im Regelfall nicht auszumachen ist, wer ein Gerücht oder eine Verleumdung in die Welt gesetzt hat, ist ein klärendes persönliches Gespräch nicht möglich. Selbst eine Anzeige gegen Unbekannt scheitert meistens daran, daß sich plötzlich niemand mehr erinnern will, wann er/sie was von wem gehört hat. Darum bleiben meistens nur zwei Möglichkeiten: Entweder das Gerücht wird vollständig ignoriert und es wird auch mit keinem Wort Stellung bezogen, oder die Betreffende geht voll in die Offensive. Das kann z. B. dadurch geschehen, daß Sie ein Schreiben aushängen oder verteilen, in dem auf die Verleumdung Bezug genommen und bei weiterer Verbreitung auf strafrechtliche Konsequenzen hingewiesen wird (Abstimmung mit dem Betriebsrat und der Geschäftsleitung wichtig). Falls dieses Geschütz zu groß ist, bleibt noch der Weg der Solidarisierung von Frauen untereinander. Das setzt natürlich voraus, daß es keine Frau war, die ihrer Rivalin mit Gerüchten schaden wollte. Doch in den meisten Fällen sind es schwache und feige Männer, die Gerüchte und sexuelle Verleumdungen als Mittel der Unterdrückung und Machtausübung gegen Frauen einsetzen. **Hier sollten Frauen Solidarität demonstrieren – nicht gegen »die Männer« allgemein, sondern gegen das Verhalten einzelner Feiglinge, Frauen mittels Sexualität abzuwerten, zu demütigen und zu unterdrücken.**

7.4 Frauenrechte vertreten – zu jeder Gelegenheit!

Vergessen Sie nicht: Die Männer werden in das Patriarchat »hineingeboren«. Dafür können auch sie nichts. Natürlich verhalten die Männer sich »systemkonform«, und der einzelne kann die Verhältnisse nicht ändern. Aber es ist keinesfalls so, daß alle Männer deswegen ohne Würde, Anstand und Gleichberechtigungswillen gegenüber den Frauen sind. Und darum werden Frauen, die sich »mit den Männern wehren«, statt »gegen« sie, den Erfolg haben. Es ist auch noch nicht untersucht worden, welches Potential in der Masse der Männer vorhanden ist, um die Gleichberechtigung der Frauen mitzutragen und aktiv mitzugestalten. Wenn nur klar wäre, daß es gemeinsam mit den Männern geschieht – und nicht gegen sie. Nicht nach den »Spielregeln« der Männer, sondern nach einem gemeinsamen Konzept. Diese Chance wurde von den militanten Feministinnen, kreischenden Exotinnen und dogmatischen Emanzen verspielt.

Verständlicherweise werden angesichts dieser Aussage nun viele Frauen auf die »Realität« schauen, auf ihren Macho-Mann, ihre Kollegen, ihren Chef und sicher auch auf die Statistik. Diese besagt ungeschönt, daß sich in den führenden Positionen der Wirtschaft nur insgesamt 2 % Frauen befinden. In den Vorständen der Deutschen Aktiengesellschaft sind es gerade einmal 0,7 %, und in den Aufsichtsräten liegt der Prozentsatz bei strammen 0,3 %. Ein etwas anderes Bild zeichnet sich in der zweiten Führungsebene ab. Dort sind es 6–8 %, daran haben auch die Quotenregelung und die Frauenförderung nichts geändert. Und eine Trendwende zu zweistelligen Zahlen ist nicht zu erkennen. Im Gegenteil. Um aus der Schußlinie der Kritik »frauenfeindlich« zu geraten, verfallen immer mehr Unternehmen auf den Trick, »Vorzeigefrauen« einzustellen, Betriebskindergärten einzurichten oder die Statistik zu frisieren, indem Betriebspsychologinnen und Ärztinnen, EDV-Spezialistinnen, Referentinnen oder – wie kürzlich geschehen – Telefonistinnen (Chefin der Telefonabteilung) kurzerhand zu Führungskräften hochstilisiert werden.

Hinter jedem erfolgreichen Mann steht eine starke Frau – auch das ist genau betrachtet ein frauenfeindlicher Spruch. Umgekehrt ist dieser Satz noch nie verwendet worden. *Warum sollen sich Frauen nur über den Mann definieren?* In Schweden, wo die Gleichstellungspolitik erstaunliche Ergebnisse erzielt hat, sind 81 % der Ehefrauen von Managern ebenfalls berufstätig. Die Kinderfrage scheint bei uns das Regulativ zu sein, oder auf den Punkt gebracht: Entweder Familie oder Beruf – beides läßt sich nicht vereinbaren. Warum? Die Entwicklung des schwedischen Patriarchats ist – bis auf unbedeutende Ausnahmen – nicht anders verlaufen als bei uns. Es haben also die gleichen Verhältnisse vorgeherrscht. Und doch ist die Gleichstellung der Frauen in Schweden weltweit führend. Aber die Schweden haben auch den Ausbau öffentlicher Kinderbetreuungsstätten in einem Ausmaß vorangetrieben, das in Deutschland nicht einmal in den kühnsten Prognosen für die nächsten 20 Jahre erscheint. Sie schaffen sogar Teilzeit-Chefpositionen, so daß Familienarbeit von Männern und Frauen abwechselnd übernommen werden kann – in Hinblick auf Kinder-*Er*ziehung und damit Kinder-*Be*ziehung eine hochinteressante Variante zum arbeitsabgeschlafften Papi, den die Kinder meistens erleben.

»Wer sich nicht wehrt, landet am Herd!« **»Und wer nicht hören will, muß spülen ...!«**

Solche Programme kosten natürlich Geld. Wir Deutschen haben infolge der immensen Kosten der Wiedervereinigung kein Geld – jedenfalls werden die Politiker nicht müde, uns das zu erzählen. Und so nehmen wir brav alle Steuereinfälle der Finanzpolitiker hin und zahlen. Natürlich meinen viele, daß bei Banken, Großunternehmen und Reichen mehr Geld zu holen sei als bei den Arbeitnehmern. Doch das täuscht, denn dazu müßten Gesetze, Steuerbestimmungen etc. geändert, Privilegien und Subventionen abgebaut werden – ein enormer Aufwand, der auch an der bestehenden Ordnung des Patriarchats rütteln würde. Politisch klüger ist es darum, über einheitliche Steuerzuschläge alle gesellschaftlichen Gruppen, Unternehmer und Arbeitnehmer, gleichermaßen zur Solidarität heranzuziehen. Denn so kommt das Geld letztlich wieder denen zugute, die es zuvor bezahlt haben. Vielleicht sollten wir diese Ordnung des Patriarchats so lassen, wie sie ist. So schlecht ist sie nun auch wiederum nicht. Außerdem können wir eh nichts ändern – »die da oben« machen sowieso, was sie wollen!

Damit müssen wir uns abfinden.

Vor allem die Frauen ...!

8. Das letzte Wort
… natürlich von einer Frau!

***»Frauen mißtrauen den Männern im allgemeinen zuviel – aber im einzelnen zuwenig!
Glauben Sie darum dem Autor kein Wort … !!«***

(Eine kritische Bekannte)

Bitte beachten Sie
die folgenden Seiten

Wolf Ruede-Wissmann
SUPER SELLING
Rhetorik
Dialektik
Verkaufs-
psychologie
Wirtschaftsverlag Langen Müller/Herbig